Clínica Psicanalítica
com crianças

CARLOS BLINDER
JOSEPH KNOBEL
MARÍA LUISA SIQUIER

Clínica Psicanalítica com crianças

DIREÇÃO EDITORIAL:
Marlos Aurélio

CONSELHO EDITORIAL:
Fábio E. R. Silva
Márcio Fabri dos Anjos
Mauro Vilela
Ronaldo S. de Pádua

CAPA:
Cristiano Leão

DIAGRAMAÇÃO:
Tatiana Alleoni Crivellari

COORDENADOR DE TRADUÇÃO:
José Tolentino Rosa

TRADUÇÃO:
Leonardo Córdova
Lucinéa Scaboro
Vera Lucia Monegato
Sybele de Campos Wassal

COPIDESQUE E REVISÃO:
Luiz Filipe Armani
Pedro Paulo Rolim Assunção

Todos os direitos em língua portuguesa, para o Brasil, reservados à Editora Ideias & Letras, 2021.

Coleção Psi-Atualidades

Título original: *Clínica Psicoanalítica con Niños*
Carlos A. Blinder, Joseph Knobel e María Luisa Siquier
© Editorial Síntesis
3ª impressão

Avenida São Gabriel , 495
Conjunto 42 - 4º andar
Jardim Paulista – São Paulo/SP
Cep: 01435-001
Editorial: (11) 3862-4831
Televendas: 0800 777 6004
vendas@ideiaseletras.com.br
www.ideiaseletras.com.br

Dados Internacionais de Catalogação na Publicação (CIP)
(Câmara Brasileira do Livro, SP, Brasil)

Clínica psicanalítica com crianças/ Carlos Blinder, Joseph Knobel e María Luisa Siquier; [tradução: coordenador: José Tolentino Rosa; Lucinéa Scaboro, Sybele de Campos Wassall, Vera Lúcia Monegato].– Aparecida, SP:
Ideias & Letras, 2011.

Título original: *Clínica Psicoanalítica con Niños*
ISBN 978-85-7698-094-0

1. Crianças – Desenvolvimento 2. Crianças - Psicologia 3. Intervenção (Psicologia) 4. Psicanálise 5. Psicanálise clínica. I. Siquier, María Luisa. III. Título

11-05821   CDD-155.19083

Índice para catálogo sistemático:
1. Psicanálise com crianças: Psicologia 150.19083

*À minha neta María Lynch,
aos nossos filhos Gabi Blinder,
María Knobel e Julia Knobel*

Sumário

Prólogo 9

Capítulo 1. Introdução 13
   1.1. As origens 13
   1.2. Os principais expoentes 15
   1.3. Particularidades 28

Capítulo 2. O processo diagnóstico 35
   2.1. Primeiras entrevistas 35
   2.2. As entrevistas devolutivas 48

Capítulo 3. O enquadre 55

Capítulo 4. A transferência em crianças 69

Capítulo 5. A interpretação do brinquedo 85
   5.1. Aproximações teóricas sobre o brincar 85
   5.2. O espaço transicional 88
   5.3. Intervenções do analista sobre o espaço potencial ... 93
   5.4. Intervenções do analista sobre o brincar 120

Capítulo 6. A interpretação de desenhos 133
   6.1. O lugar do desenho na psicanálise com crianças ... 133
   6.2. Um olhar sobre o desenho 135
   6.3. O desenho evolutivo 138
   6.4. O desenho na clínica 140
   6.5. A clínica com o desenho 142

Capítulo 7. A interpretação dos sonhos 167
   7.1. Os sonhos na infância 167
   7.2. Os sonhos na clínica 174
   7.3. Sonhos, mitos, contos 192

Capítulo 8. Quando não se instala a latência: crianças hiperexcitadas sexualmente 213
   8.1. A latência 213
   8.2. O que ocorre atualmente? 214
   8.3. Consequências 218

Capítulo 9. O TDAH: *transtorno ou sintoma?* 223
   9.1. Introdução 223
   9.2. Os sintomas 224
   9.3. A medicação 225
   9.4. Conclusões 227

Capítulo 10. O trabalho com os pais em psicanálise de crianças 231
   10.1. Introdução histórica 231
   10.2. O trabalho com os pais 233
      10.2.1. Conselhos ou receitas? 243
      10.2.2. Segredos e mentiras 252
      10.2.3. Pais separados 254

Capítulo 11. O final da análise 259

Bibliografia 277

Prólogo

Todo texto tem uma história; este livro tem uma. Começamos a trabalhar como psicanalistas em Barcelona nos anos 1980, em uma época de formação menos regrada, em que apareciam novas ideias em nosso horizonte. Nós nos formamos como terapeutas indo a grupos de estudo nos quais podíamos compartilhar nossos medos e nossa inexperiência com outros pares, guiados por mestres que nos ensinavam seu saber, seu pensamento teórico e sua própria clínica.

E no frutífero começo dos anos 1980 chegou até Barcelona María Luisa Siquier. Nós sabíamos de sua valentia e integridade. Os militares golpistas haviam assassinado um de seus filhos. Sabíamos que quando ela teve que sair da Argentina, elegeu o Rio de Janeiro com a esperança de voltar. E sabíamos de sua extensa formação na clínica psicanalítica com crianças e adolescentes.

Aluna dos primeiros tempos de Arminda Aberastury, foi a primeira psicóloga a ensinar técnicas projetivas nas faculdades de psicologia em Buenos Aires e de Rosário. Em Buenos Aires fundou a primeira escola de clínica de crianças e escreveu, com seus colegas daquela época, um livro que ainda é um clássico: *As Técnicas Projetivas e o Processo Psicodiagnóstico*. No Rio de Janeiro voltou a unir um grupo de alunos com os quais fundou outra escola de formação e atenção.

Quando tivemos conhecimento da sua chegada em Barcelona começamos a trabalhar com ela em grupos de estudos e supervisões. Um grupo que nos enriquecia e que, de algum modo, foi o germe do que logo seria a escola de Clínica Psicanalítica amb Nens i Adolecents.

Passaram-se alguns anos e nosso interesse em aprofundar sobre estes temas aumentou. A colaboração com María estreitava laços. Crescemos com nossos mestres daquela época e, juntos, nos enriquecemos tanto intelectual como afetivamente.

Em 1992 decidimos fundar uma escola de formação em Barcelona. A chegada da escola de Clínica Psicanalítica amb Nens i Adolescents teve uma boa acolhida. Conseguimos integrar a um grupo de professores de diversas trajetórias, pensamentos e percursos. Algo que só a María Luisa podia fazer; ela conhecia a todos, foi mestre de muitos e amiga e colaboradora de outros tantos.

Entusiasmados com o projeto, nós enfrentávamos juntos a um desafio: como se transmite a psicanálise das crianças? Como se interpreta um desenho, uma resposta de um CAT, de um Rorschach? Como conduzir uma entrevista com pais?

Os alunos aprendiam na Escola a sistematizar conceitos que lhes permitiam fazer-se terapeutas de crianças. Como sempre em psicanálise, o trabalho pessoal que cada um fazia era fundamental, mas compartilhar ideias, textos e situações clínicas, em definitivo, aprender a clínica pura e dura, e poder sustentar e compartilhar essa clínica fez e continua realizando um trabalho fundamental.

María Luisa voltou a conseguir o que já havia logrado nas outras escolas que havia fundado: deixar plantada a semente da dúvida e a vontade de aprender e saber escutar aos pacientes. O andamento de uma escola onde diferentes formas de pensamento do campo psicanalítico se encontravam e promoviam o desejo de aprender e de saber foi um primeiro passo.

Com 10 anos de caminhada, um novo desafio se apresentava a nós: e se fosse possível plasmar num texto as ideias centrais sobre a psicanálise de crianças? Nas aulas da clínica seguimos usando os textos clássicos da técnica de Melanie Klein e Arminda Aberastury, mas não ignorávamos que aqueles grandes clássicos também necessitavam uma adaptação aos novos tempos. Assim surgiu a primeira edição deste livro.

E descobrimos com muita alegria que não somente nossos alunos começaram a consultá-lo, a utilizá-lo, a discuti-lo. Muitos colegas de outras partes do mundo nos parabenizaram por esta iniciativa.

Um livro de clínica psicanalítica não perde vigência: de fato os que continuamos ensinando psicanálise seguimos lendo a Freud, a Ferenczi e a Winnicott, com a capacidade de surpreender-nos de sua enorme atualidade e utilidade clínica.

Mas também é certo que as crianças as quais dedicamos nossa prática são filhos de uma época que muda, que se modifica, e que, nesse intercâmbio, nesse par complementar, tínhamos que agregar a este livro, escrito a seis mãos em 2004, algumas situações que nos voltam a interrogar como clínicos e como psicanalistas: crianças que manejam *tablets* aos dois anos, crianças que são filhas de uma sociedade líquida que termina criando novas patologias.

A psiquiatria vai produzindo medicamentos para remendar sintomas, medicando a infância e oferecendo respostas imediatas que as vezes são remendos que ocultam problemáticas mais complexas. De modo que, agora, era necessário conservar intacto esse livro de 2004 agregando aspectos de 2017.

María Luisa, desde sua posição de mestre e formadora de formadores, continua nos guiando e impulsando para poder publicar esta nova revisão deste seu último livro. E nós nos sentíamos orgulhosos de haver crescido a seu lado e poder tornar a dar mais uma volta sobre este texto, sabendo que não somente é o fruto de um trabalho muito pessoal entre nós e nossa mestra, como também de 25 anos de funcionamento de uma escola que já formou grandes psicanalistas de crianças e que continua sendo o lugar que queria nossa diretora: um lugar para pensar e aprender; um lugar para fugir dos dogmas e continuar amando a liberdade de pensar e de criar.

É a nossa amiga e mestra a quem queremos dedicar esta segunda edição. Se pensamos que a gratidão é a resposta do bebê ao amor que a mãe lhe dá, é essa gratidão que desejamos que fique registrada neste prólogo. Uma gratidão que seguramente muitos colegas que nos leem compartilharam conosco.

Carlos Blinder
Joseph Knobel
Julho de 2017

Capítulo 1

Introdução

1.1. As origens

A psicanálise foi se aproximando pouco a pouco da clínica com crianças, primeiro por meio de lembranças do paciente adulto, da sua própria infância e, depois, pelas teorizações sobre a sexualidade infantil. A criança foi incluída posteriormente na prática através de um adulto: o seu pai.

A primeira aproximação, por intermédio das lembranças do adulto, foi um modo indireto de constatação e que se chocou com a amnésia infantil, permitindo conceituar a chamada "lembrança encobridora". Freud articula os conceitos de lembrança, repetição e elaboração como pontos centrais na direção do trabalho analítico: a lembrança permite a elaboração e modifica a repetição. Clichês são repetidos, quer dizer, protótipos infantis que na relação de transferência se manifestarão com o analista. Na transferência se constata o que o adulto tem de criança, ou seja, sua organização mais estrutural, sua neurose infantil. Assim, por meio da clínica com os adultos se chega então à criança; mas esta criança da psicanálise ainda está por ser teorizada.

Na obra de Freud, a criança é herdeira do narcisismo parental, sua majestade, o bebê, o lugar teórico de origem, o saber da sexualidade infantil, o lugar de inscrição dos aspectos que, *a posteriori*, revelarão seus efeitos, o representante privilegiado da presença do falo, na série de equivalências simbólicas, função filial dentro do circuito edípico. É também uma construção: a da neurose infantil produzida na análise de um paciente adulto.

A inclusão da criança na prática se dará mesmo através do trabalho *O Pequeno Hans*, em que Freud teoriza sobre a sexualidade e ressalta a importância da sexualidade infantil. O pequeno Hans, ao falar de seus sintomas, confirma a teoria. Já concluído o período da exploração do inconsciente em suas obras sobre o sonho, a psicopatologia da vida cotidiana, teorização e busca de correlatos mediante comprovações clínicas para defender, ante o mundo científico da época, seus revolucionários descobrimentos.

Mas, a análise do pequeno Hans, como foi indicado, ocorre por mediação de um adulto: seu pai, a qual foi possível porque houve condições especiais, já que os pais estavam convencidos da teoria freudiana e faziam parte do incipiente núcleo psicanalítico. O pai acompanhava as instruções de Freud, a mãe havia realizado uma breve incursão na psicanálise como paciente de Freud e, então, tinham disponibilidade para escutar um discurso inquietante.

Como pano de fundo se desdobra a relação entre a psicanálise e a pedagogia e o tema da formação do analista: se é necessário ser médico ou se é possível uma análise "profana". Neste trabalho, Freud disse: "É verdade que por interesse da criança a influência analítica deve combinar-se com medidas pedagógicas. Esta técnica espera, todavia, seu desenvolvimento".

Não foi fácil delimitar o lugar do analista de crianças e, como foi exposto anteriormente, a aproximação à clínica infantil foi paulatina. Tem sido necessário reivindicar a criança, dar-lhe um lugar, assim como Freud reivindica a sexualidade infantil, frente às concepções assépticas, assexuadas e paradisíacas da infância.

A relação e às vezes a confusão entre psicanálise e pedagogia ainda mantêm suas sequelas e expressam uma resistência em conceituar a criança como um sujeito na análise. Isso encobre o conceber a criança como incompleta, insuficiente e imatura, descentrada de seus desejos, uma situação em que o adulto é a medida do que falta na criança para completar-se, em vez de concebê-la como um lugar de origem de pulsões que seguirão um desenvolvimento autônomo, em meio a distintas linhas genealógicas. O psicanalista não é um pedagogo.

A criança ocupa um lugar privilegiado no imaginário do adulto, que se recusa a deixar de imaginar a infância como o paraíso perdido e pensá-la como uma época de transtornos, dificuldades e patologias que validam a intervenção do psicanalista. Estas resistências são em grande medida as que causarão a enorme distância entre as teorizações e a clínica infantil, apesar de que o próprio pequeno Hans revelou a Freud o caráter típico da neurose infantil. A inclusão da criança na prática infantil levou seu tempo.

Assim como em suas origens existiu uma grande distância entre a teoria e a prática na psicanálise com crianças a favor do desenvolvimento da teoria, na atualidade haverá o favorecimento do desenvolvimento da prática, com menor produção teórica, em comparação com a psicanálise de adulto.

1.2. Os principais expoentes

Historicamente, considera-se Hermine Von Hug-Hellmuth a primeira psicanalista de crianças. Discípula de Freud, é introduzida por ele nas reuniões das quartas-feiras na qual lê, entre outros trabalhos sobre crianças, o tratamento que faz com seu meio-sobrinho, de quem se encarregou desde a morte de sua mãe.

Desde 1913 publica vários artigos sobre a vida mental infantil na revista *Imago*. Em 1919 publica o *Diário Íntimo de uma Adolescente*, que foi escrito muito antes, já que seu prólogo é uma carta escrita por Sigmund Freud à autora, datada de 27 de abril de 1915. Em uma parte dessa carta, Freud escreve:

> Este diário íntimo é uma pequena joia. Realmente creio que jamais tenha sido possível explorar com tal clareza e realismo as perturbações psíquicas que caracterizam o desenvolvimento da criança de nosso nível social e cultural nos anos da pré-puberdade (Geissmann & Geissmann, 2003, p. 63).

No congresso de Haya de 1920, Von Hug-Hellmuth apresenta seu trabalho "Sobre a técnica de análise de crianças", considerado o primeiro texto técnico. Sugere, entre outras coisas, que as primeiras sessões são fundamentais: é necessário certificar-se de conquistar a confiança da criança, evitar a sugestão, interpretar a transferência negativa e deixar que ela brinque. É importante destacar como ela inicia este artigo: "A meta da análise de crianças e de adultos é a mesma: recuperar a saúde mental, restabelecer o equilíbrio da psique perturbada por impressões conhecidas e desconhecidas por nós [...]". É interessante destacar alguns assistentes entre os ouvintes desse trabalho: Anna Freud, Melanie Klein, Oskar Pfister e Eugénie Sokolnicka, todos com importantes contribuições para a história da psicanálise com crianças.

Esta pioneira da psicanálise com crianças morre muito jovem e de forma trágica: seu meio-sobrinho – o mesmo com quem ela tentou aplicar sua técnica psicanalítica –, ao tentar roubá-la, a estrangula em setembro de 1924.

Melanie Klein credita a Von Hug-Hellmuth, em 1927, o mérito e a honra de ser a pioneira, mas discorda da ideia de que as crianças pequenas não são analisáveis e da ação educativa da psicanálise – disputa histórica que travará com Anna Freud.

Muito além desse reconhecimento explícito de Melanie Klein sobre a obra e o pensamento de Hug-Hellmuth, quem verdadeiramente produz e promove uma mudança na psicanálise de crianças é a própria Klein. Esta troca não acontece somente no campo da análise infantil. Com Klein se edifica uma nova escola de psicanálise, a chamada escola inglesa, com verdadeiras reformulações que envolvem a obra de Freud e também uma nova doutrina quanto à técnica de cura, a análise didática e a formação dos analistas.

Melanie Klein nasce em Viena, em 1882, e vive uma infância e adolescência difíceis, suportando vários lutos significativos. Em 1910 se instala com sua família em Budapeste, onde depois de ler *A Interpretação dos Sonhos*, torna-se uma entusiasta da psicanálise. Começa sua primeira análise com Ferenczi, em 1914, que a incentiva a dedicar-se à análise de crianças.

Em 1919 já é membro da Sociedade Psicanalítica de Budapeste, onde apresenta seu primeiro caso de análise de uma criança de cinco anos: "A novela familiar em seu estado nascente", o caso Fritz, que na realidade era Eric, seu terceiro filho. Em 1921 se instala em Berlim e em 1924 começa sua segunda análise, desta vez com Karl Abraham. Neste mesmo ano apresenta, no VII Congresso da IPA, em Salzburgo, seu trabalho: "A técnica de análise de crianças pequenas", apresentação que dá início às duas posições antagônicas sobre a análise com crianças, a kleiniana e a sustentada por Anna Freud.

Durante sua estada em Berlim faz amizade com Alix Strachey, que a convida para ir a Londres dar conferências e expor seus novos pontos de vista teóricos. Finalmente, em 1926, é convidada por Ernest Jones e se instala em Londres. Ali morre em 22 de setembro de 1960.

São muitas as contribuições teórico-clínicas que Klein realiza durante os 34 anos em que morou em Londres. Quanto a polêmica com Anna Freud, esta tem seu ponto álgido durante as Assembleias Extraordinárias e as Discussões Controvertidas, que ocorreram entre 1942 e 1944. A partir dessas Discussões Controvertidas, a Sociedade Britânica de Psicanálise fica dividida em três grupos e a formação em dois de ensinamentos.[1]

Quanto às novas contribuições teóricas que fazem referência à análise de crianças, é importante destacar o descobrimento do Superego Arcaico, do Édipo Precoce, o descobrimento da posição depressiva e da posição esquizoparanoide, a demonstração da importância do símbolo no desenvolvimento do ego, a relação de objeto, o objeto bom e o objeto mau, a inveja e a identificação projetiva.

As contribuições técnicas enfatizam um empenho especial na análise da transferência, da transferência negativa e do manejo da angústia na sessão da análise, tudo isso unido às numerosas contribuições que tanto ela como seus discípulos fizeram sobre a técnica do jogo.

Um ano após de sua morte publica-se *A Narrativa da Análise de uma Criança*, o famoso caso Richard.

Suas contribuições à análise com crianças não se devem exclusivamente a seus aportes teórico-clínicos, mas também pela quantidade de

---

1 N.T.: Ver King, P. & Steiner, R. (1998). *As Controvérsias Freud - Klein 1941-1945*. Coleção nova biblioteca de psicanálise. Vol. 11, 1. ed. Rio de Janeiro: Imago.

analistas dos quais tratou, assim como os que supervisionou, formando um grupo muito forte e muitas vezes muito controvertido, dentre os quais se destacam C. Scott, D. W. Winnicott, S. Isaacs, J. Riviere, P. Heimann, H. Segal e H. Rosenfeld.

Anna Freud, sua principal rival nas controvérsias e conflitos da Sociedade Britânica de Psicanálise, também o foi no terreno da análise com crianças.

Anna nasce em Viena em 1895. A sexta e última filha do casamento de Freud. Após a morte prematura de sua irmã Sofia e o casamento de sua irmã Matilde, Anna fica como a única filha mulher na casa dos Freud e se converte em discípula, confidente, cuidadora e enfermeira do próprio pai. Este também foi seu analista, por dois períodos: de 1918 a 1920 e de 1922 a 1924.

Em 1922, Anna apresenta seu primeiro trabalho com o título de *Fantasias e Sonhos Diurnos de uma Criança Excessivamente Dependente*. Em 1925, cria o "Seminário de crianças" – que acontece no apartamento da família Freud. Em 1927 publica sua principal obra: *O Tratamento Psicanalítico de Crianças*. Nesta obra está fundamentada a base de sua própria concepção sobre a psicanálise com crianças, na qual, segundo Anna, deve ser sempre ligada à pedagogia do ego em detrimento da exploração do inconsciente infantil.

Como pano de fundo se destaca a já comentada correspondência entre Freud e Pfister (1909 a 1939), que se centra na relação entre psicanálise e pedagogia.

Uma vez instalada com sua família em Londres, em 1938, publica seu famoso livro *O Ego e os Mecanismos de Defesa*. Próxima às posições da Psicologia do Ego, Anna Freud retoma a noção de defesa como central em uma análise, que já não se apoia no id, mas na possível adaptação do ego à realidade.

Sua obra sobre os mecanismos de defesa tem aceitação na psicanálise norte-americana e marca o nascimento do chamado "annafreudismo", segunda grande corrente representada na International Psychoanalytical Association (IPA).

Em 1952 funda a Hampstead Child Therapy Clinic, um centro de atenção e investigação sobre suas ideias no trabalho com crianças e seus pais.

Depois da morte de seu pai, Anna se ocupa não só da publicação das obras completas do mesmo e de cuidar de seus arquivos, mas também dos outros membros da família. Morre em Londres em 1982, na mesma casa para onde havia se mudado, em 1938, atualmente convertida no Museu de Freud.

Outra pioneira a ser mencionada em psicanálise de crianças é Eugénie Sokolnicka, polonesa de nascimento, que foi membro fundadora da Sociedade Psicanalítica de Paris. Em 1913, no momento de ruptura Jung-Freud, ela se decanta por Freud com quem se analisa durante um ano. Sigmund Freud a impulsiona a trabalhar e pesquisar no campo da análise de crianças. Em 1920, Sokolnicka publica *Análise de um Caso de Neurose Obsessiva Infantil*, o qual foi um dos primeiros trabalhos sobre a clínica de crianças, que teve muita repercussão no estudo posterior de sua técnica e de seu pensamento. Contemporânea e conhecida de S. Morgenstern – de quem se falará no capítulo sobre desenhos –, ambas polonesas, sofrem diferentes guerras e lutam muito pelo reconhecimento da psicanálise na França. A aceitação delas no círculo do poder médico da época é igualmente difícil, e sofrem o mesmo trágico destino: ambas se suicidaram.

Não se pode deixar de mencionar nesta breve introdução sobre as pioneiras da psicanálise com crianças, uma outra mulher, novamente com uma vida extremamente dura e difícil, mas incansável lutadora a favor do movimento psicanalítico e de seu aprofundamento teórico.

Sabina Spilrein, nascida na Rússia em 1885, realiza sua primeira análise com Jung em 1904, estuda medicina e psiquiatria e ingressa na Sociedade de Psicanálise de Viena em 1911. Mais conhecida na história da psicanálise por ter sido quem introduziu a *pulsão de morte*, em 1912 apresenta um trabalho sobre o que ela denominou a *pulsão destrutiva*, trabalho no qual Freud se inspirou para escrever sua tese em "Muito além do princípio do prazer".

Também conhecida por uma relação passional com Jung, o que de algum modo favoreceu a ruptura de Freud com Jung anos mais tarde. Mas dessa relação ficam documentos e relatos que permitem realizar uma história novelada sobre sua vida. A mulher de Jung intervém escrevendo à família de Sabina alertando-a sobre esta relação passional, que Jung nega em princípio, mas a própria Sabina Spilrein implica Freud no assunto, que lhe escreve uma carta em 1909. Freud intervém aconselhando Sabina para se afastar de Jung e, provavelmente por causa desse escândalo, Sabina Spilrien abandona Viena e se instala em Genebra.

Nessa sua etapa de trabalho na Suíça, é a época em que investiga sobre a linguagem infantil, a afasia e os problemas de simbolização. Dessa época é celebre seu texto "A gênese das palavras papai e mamãe". Na mesma etapa seu aluno mais conhecido, que logo será seu paciente em análise, é Jean Piaget. E é possível deduzir dessa análise a influência das ideias psicanalíticas em todo o posterior pensamento piagetiano.

Incansável lutadora pela causa psicanalítica, por conselho de Freud, regressa a Rússia em 1923, onde é uma das fundadoras da Sociedade Russa de Psicanálise. Prontamente o novo regime russo se declara contrário à psicanálise. Em 1924, regressa à sua cidade natal de Rostov, exerce oficialmente a profissão de médica, clínica geral, mas na realidade cuida de crianças difíceis e de adolescentes delinquentes, tratando-os com a psicanálise.

Em 1942 é brutalmente assassinada pelas tropas de ocupação alemã, junto com seus dois filhos, na porta da sinagoga de Rostov.

Até agora se tem falado das mulheres pioneiras na psicanálise com crianças. Entretanto, o pai fundador da psicanálise com crianças foi D. W. Winnicott.

Nasceu em Plymouth, em 1896. No ano de 1920 obtém seu diploma de médico e em 1923 é nomeado pediatra no Hospital de Crianças de Padington, posto que ocupa por 40 anos. Neste mesmo ano começa sua análise com James Strachey, que dura dez anos. Supervisiona seus casos com Melanie Klein de 1935 até 1941. Melanie Klein lhe pede que seja analista de seu filho Eric, mas sob sua supervisão. Winnicott aceita tratar analiticamente Eric Klein, mas abandona a supervisão com a mãe de seu paciente. Contudo, sua segunda mulher, Clare Britton, começa uma análise com Klein. Pouco tempo depois, Winnicott começa uma segunda análise com Joan Riviere.

Durante o período das grandes controvérsias no seio da Sociedade Britânica de Psicanálise, Winnicott se mantém no grupo dos independentes. Anos mais tarde, de 1956 a 1959 e de 1965 a 1968, é eleito presidente dessa associação.

As inovações teóricas que este autor trouxe para a psicanálise de crianças são numerosas e são tratadas extensamente em vários capítulos deste livro. Não se pode deixar de mencionar que Winnicott se separa muito cedo da posição teórica de Klein e, mais do que se interessar pelos fenômenos de estruturação interna da subjetividade, se interessa pela relação do sujeito com seu ambiente, especial e primordialmente a mãe.

Conceitos tão importantes com o de *holding* (apoio) e *handling* (manejo), a mãe suficientemente boa, o processo da dependência para a independência, o verdadeiro e falso *self*, o medo do desmoronamento, o uso do analista, o ódio na contratransferência, a psique-soma e toda a teoria sobre o brincar e o espaço transicional, fazem da produção teórica e clínica deste pioneiro da psicanálise infantil uma figura indispensável.

Winnicott também introduz elementos técnicos e práticos na clínica com crianças como a técnica do brincar, do jogo do rabisco e entrevistas muito breves entre mãe e filho. Não se pode esquecer que em seus 40 anos, no Hospital de Padington, atendeu e analisou mais de 60 mil casos.

Além de todas essas contribuições teóricas-clínicas, Winnicott também luta pela divulgação da psicanálise: entre 1939 e 1962 mantém um programa radiofônico para a BBC, também faz inúmeras entrevistas para pais, professores e pedagogos.

Ele tinha uma verdadeira paixão por crianças, como a demonstrada no *Caso Piggle*, publicado depois de sua morte. Piggle tinha dez anos quando começou seu tratamento, uma terapia por solicitação da menina que durou três anos. O texto sobre o caso, assim como os casos publicados sobre clínica psicanalítica infantil, mostra claramente como Winnicott se afasta dos conceitos ortodoxos da IPA quanto à duração das sessões, a neutralidade analítica e a não relação com os pacientes fora do enquadre.

Winnicott morreu em 1971 devido a problemas cardíacos diagnosticados desde 1948. Sua última obra, *Brincar e Realidade*, ficam como um legado condensado de sua obra e de seu pensamento.

Entre os pioneiros da psicanálise com crianças, não se pode deixar de mencionar Françoise Dolto. Suas ideias teórico-clínicas também constituem outra maneira de entender a infância, suas patologias e o possível tratamento das mesmas.

Nasceu em 1908, e logo na sua infância sofre várias mortes difíceis de superar: seu tio falece quando ela tem sete anos e sua irmã quando está com 12 anos. Em 1932 inicia seus estudos de medicina, depois de ter estudado enfermagem. Em 1934 inicia sua análise com Laforgue, que durará três anos. Começa a trabalhar no Serviço de Heuyer, onde conhece e trava amizade com Sophie Morgenstern. Logo Pichón a leva para trabalhar no Hospital Bretonneau onde, apoiada por ele, apresenta em 1939 sua tese "Psicanálise e Pediatria". Ela deseja ser pediatra, mas Laforgue e Sophie Morgenstern a incentivam a ser psicanalista. Um ano antes, em 1938, Dolto conhece Lacan, de quem fica amiga e colega inseparável. Em 1939 é titular da Sociedade Psicanalítica de Paris, onde realiza seminários e supervisões com Hartmann, Garma, Lowenstein e Spitz.

Em 1940 começa a trabalhar no Hospital Trosseau e lá permanece durante 38 anos.

Junto com Lacan participa de todos os movimentos e rupturas no conflitivo movimento psicanalítico francês. Em 1953, com Lacan, Lagache e outros, se demite da Sociedade Psicanalítica de Paris, criando a Sociedade Francesa de Psicanálise. Esta sociedade se divide e não é reconhecida pela IPA. Lacan funda então a Escola Freudiana de Paris, à qual Dolto se filia. Já em 1980, Lacan estimula a dissolução da EFP, mas Françoise Dolto se opõe.

Durante todos os anos que trabalha como psicanalista pouco publica; é ao final de sua vida que começa a editar seus trabalhos. Em 1971 publica *O Caso Dominique*, depois de tê-lo apresentado em um colóquio no ano de 1967, organizado por Maud Mannonni, sobre as psicoses na infância. Ali expõe pela primeira vez as 12 sessões realizadas com este garoto psicótico de 14 anos. Nesse primeiro caso publicado por ela se vê claramente como utiliza sua particular e específica técnica, o que a autoriza a fazer parte da história da psicanálise com crianças.

Em 1981 surgem *A Dificuldade de Viver* e *No Jogo do Desejo*, em 1982 seus seminários de análise com crianças e, em 1984, *A Imagem Inconsciente do Corpo*.

Durante os últimos 15 anos de sua vida, esta lutadora pelos direitos da infância e pelo reconhecimento da psicanálise de crianças se dedica a participar com afinco de programas de rádio e televisão – atividade extremamente criticada nos meios psicanalíticos da França; chegam a comentar que ela havia abaixado o divã à rua.

Dolto interrompe suas atividades como psicanalista em 1978, o que não a impede de publicar e difundir suas ideias e, inclusive, colocá-las em prática. Em 1979, cria a Casa Verde. Morre em agosto de 1988 acometida de uma grave infecção pulmonar.

Enfatiza-se que algumas de suas ideias modificaram importantes conceitualizações, como aconteceu com todos os pioneiros. Não se pode deixar de mencionar as que afirmam que o ser humano é um ser de "filiação de linguagem" que se insere em um mundo transgeracional. Também é fonte autônoma de desejo já desde a concepção. A chegada ao mundo constitui a representação de três desejos: o da mãe, o do pai e o do próprio sujeito. Desde a vida fetal o ser humano está na busca de comunicação, e, ao longo de toda a sua vida, Dolto não deixou de proclamar que deve-se falar com as crianças e que estas entendem tudo.

O ser humano deseja se libertar de estados regressivos, deve afrontar e superar as castrações umbilical, oral, anal e edípica. Para Dolto, as classificações de oral, anal e genital não traduzem somente o encontro das pulsões com um prazer da zona erógena, mas expressa também um modo de encontro com o outro, associado no inconsciente a essas zonas do corpo, fontes de excitação.

Dolto encontra vínculos entre as neuroses dos pais e de seus filhos, que serão os portadores de dívidas transgeracionais não pagas.[2] Essa ideia central da teoria doltoniana tem sido elaborada com maior profundidade por sua aluna e discípula Maud Mannonni, outra das pioneiras da psicanálise com crianças. Em seu texto *A Primeira Entrevista com o Psicanalista*, desenvolve os conceitos de sua colega e mestra por meio de muitos casos clínicos.

Quanto à técnica, Dolto modifica em seu pensamento o modo de enquadre, não trabalha com brinquedos, somente com lápis, papéis, massa de modelar e sobretudo com a fala, a linguagem.

Dolto deixa uma obra importante centrada na resolução da dificuldade de se viver.

A partir da Primeira e Segunda Guerra Mundial, as correntes migratórias da Europa atingem igualmente os psicanalistas. Muitos migram para a América, tanto do Norte como do Sul, onde formam novos psicanalistas e novas sociedades psicanalíticas.

Dentre as sociedades psicanalíticas, funda-se uma muito próspera em Buenos Aires. A Associação Psicanalítica Argentina se constitui em 1942, por Angel Garma, Celes Cárcamo, Marie Langer, Arnaldo Rascovsky e Enrique Pichón Rivière.

Um de seus membros fundadores é Angel Garma. Nasce em Bilbao, em 1904. Sua família muda-se para Argentina em 1908 e Garma regressa a Madri com 17 anos para estudar psiquiatria com Gregório Marañon.

Em 1928 muda-se para Berlim para estudar psicanálise e fazer sua própria análise. Em 1931, regressa a Madri, onde durante cinco anos trabalha como psicanalista e formador de analistas, com a ideia de fundar a Sociedade Psicanalítica Espanhola, propósito que acaba interrompido pela guerra civil. Foi o primeiro psicanalista espanhol. Devido à guerra civil se muda para Paris em 1936, onde supervisiona Françoise Dolto e continua sua formação analítica. A ideia de regressar à Espanha desaparece com a instauração do regime franquista, e é quando então ele se decide mudar novamente para Buenos Aires.

---

2 N.T.: Para Serge Lebovici, do grupo de Bobigny, o mandado transgeracional passa inconscientemente de uma geração para outra por meio do inconsciente circulante na família, cujos membros apresentam os sintomas, mas não têm consciência de sua causalidade.

Uma das primeiras pacientes de Angel Garma em Buenos Aires é Arminda Aberastury, pioneira da psicanálise de crianças na Argentina.

Arminda Aberastury nasce em Buenos Aires em 1910, estuda magistério e muito jovem se casa com Enrique Pichón Rivière, outro dos fundadores da Associación Psicoanalítica Argentina (APA).

É a primeira tradutora para o espanhol da obra de Melanie Klein, com quem manteve uma larga correspondência, além de visitá-la assiduamente em Londres, para supervisão com ela e discussão de materiais clínicos e teóricos. Introdutora do pensamento kleiniano na Argentina, Aberastury reconhece que, apesar de sua admiração pela obra de Klein, desenvolve junto com seus colaboradores suas próprias teorias sobre a psicanálise com crianças e sobre a metapsicologia infantil. De fato, ela postula uma fase genital prévia, durante o primeiro ano de vida da criança. Esse conceito teórico é exclusivamente seu, como também o é o teste que criou para o diagnóstico de crianças. O jogo de construir uma casa foi criado por ela e seguido por várias gerações de terapeutas argentinos.

Outra de suas grandes contribuições é o incentivo à criação de grupos de orientação para pais, também de grupos de orientação para pediatras e para odontopediatras.

Suas contribuições mais importantes giram em torno *da criança e seu brincar*. Assim se intitula um de seus livros divulgados, tarefa a que se dedica durante toda sua trajetória profissional. Forma analistas de crianças, mas também difunde a psicanálise de crianças em todos os níveis possíveis da sociedade. As fantasias de cura que as crianças têm já nas primeiras sessões da análise, a percepção da enfermidade e a morte são outras de suas contribuições.

Aberastury relata em seus escritos técnicos, histórias clínicas de crianças muito pequenas. Na aula *magna* da Faculdade de Medicina de Buenos Aires, apresenta junto com Angel Garma o caso de uma criança tratada aos sete meses de idade de uma rinite crônica.

Apesar da pouca idade de muitos de seus pacientes, Aberastury insistia em que o primordial era a linguagem, que tinha que falar com as crianças tivessem a idade que tivessem: "[...] somente as palavras podem fazer consciente o inconsciente, e esta é a meta que temos que alcançar com nossas interpretações".

Como muitas outras pioneiras da psicanálise de crianças, ela teve um final trágico. Suicidou-se em Buenos Aires, aos 62 anos, deixando inacabada uma importante obra, mas também um legado de inúmeros discípulos e colaboradores que fazem com que a Associação de Psicanálise Argentina seja uma das poucas sociedades de psicanálise com um departamento voltado exclusivamente para a formação de crianças e adolescentes especiais. Atualmente, este departamento leva o seu nome.

Muito longe dali e da Europa – no mesmo ano em que Arminda Aberastury se casou com Enrique Pichón Rivière –, Garma supervisiona Dolto em Paris e Sigmund Freud se prepara para o exílio em Londres, uma neozelandesa começa os estudos em psicologia na Universidade de Otago. Opta por cursar psicologia para depois estudar psicanálise após ficar fascinada com a leitura de *Psicopatologia da Vida Cotidiana* – uma edição de bolso que "devorou" aos 17 anos.

Decidida a viajar para Londres e iniciar sua formação analítica, ela tem que esperar até o final da Segunda Guerra para realizar esse sonho junto com seu marido e os dois filhos.

Na Nova Zelândia escreve a vários analistas ingleses para que a recebam e a aconselhem. Joyce McDougall se encontra com Anna Freud em Londres, em 1950, para solicitar sua entrada no Centro de Formação de Analistas de Crianças de Hampstead. Ali, pouco tempo depois, começa sua formação analítica e inicia sua terapia com um analista do *middle group*, já que não lhe interessava tomar partido nas disputas entre os dois outros grupos de psicanalistas.

Pouco tempo depois, D. W. Winnicott lhe oferece a possibilidade de assistir como participante-observadora, junto a um grupo seleto de colegas, às consultas que ele realiza no Hospital de Crianças de Padington com mães e filhos. A partir de então inicia-se uma estreita relação profissional entre eles.

Mais tarde, por questões de trabalho do seu marido, Joyce McDougall tem que ir para Paris, onde se estabelece. Pouco tempo após chegar em Paris, Serge Lebovici lhe passa o caso de um menino psicótico que, por sua vez, havia chegado a ele por meio de Margaret Mahler. Lebovici lhe confidencia que encaminhava o pequeno Sammy a ela porque era a única que podia fazer uma análise em inglês em Paris.

Começa vendo Sammy cinco vezes por semana. Isso surpreende os analistas franceses, mas ela defende sua técnica: "é assim que se analisa uma criança". Ao finalizar a análise, devido ao retorno de Sammy a Chicago, nos Estados Unidos, para se tratar com Bettelheim, Lebovici lhe propõe publicar o caso, já que era o primeiro que se realizava na França com sessões tão frequentes. Assim, surge a primeira edição em francês de *Diálogos com Sammy*, um dos primeiros livros sobre o relato completo da análise de uma criança. Pouco tempo depois publica-se a versão em inglês, e Winnicott pede a McDougall para escrever o prefácio, no qual, na primeira versão inglesa deste famoso texto, Winnicott diz: "Este livro é melhor quando lido duas vezes".

A relação profissional e de amizade entre McDougall e Winnicott dura até a morte de Winnicott. Joyce McDougall, por sua vez, prossegue aprofundando seus estudos sobre os aspectos teóricos e clínicos das psicoses, na psicanálise e seus alcances e da importância dos primeiros anos de vida na formação do psiquismo.

No período entre a publicação do caso *O Pequeno Hans* até os *Diálogos com Sammy*, foi traçado um percurso com os principais pioneiros da psicanálise de crianças.

Cada um desses pioneiros, com suas histórias particulares e pessoais ao fundo, cada um com suas novas e originais contribuições que foram ampliando o campo específico da análise com crianças. Todos eles com suas lutas e dificuldades, tanto frente aos próprios colegas, como frente a outros discursos que interpelaram esta especialidade.

Todos com um denominador comum: colocar a criança no lugar que merece; ser respeitada em sua própria capacidade de viver e a de ser escutada a partir de seu próprio desejo.

1.3. Particularidades

Desde o início se vê então que a psicanálise de criança tem tido certos sinais que a fazem diferente: surge desde "a criança que existe no adulto", que aparece mediada por um adulto, o pai do pequeno Hans, se diferencia da pedagogia e não é imprescindível que os analistas de crianças sejam médicos: nem Anna Freud, nem Melanie Klein, nem Arminda Aberastury o foram.

Estas marcas vão desenhando a silhueta de uma especificidade, com tonalidades reivindicatórias, de defesa do caráter analítico da prática e, sobretudo, da não diferença essencial entre psicanálise de crianças e de adultos. Há uma demanda de legitimidade que insiste ainda hoje e que remete aos primeiros registros da prática psicanalítica com crianças.

A criança, definida como perversa polimorfa no pulsional também é polimorfa em seus meios de expressão e a primazia da linguagem verbal não está, todavia, instalada nela. Se bem que o que torna humano é o falar e converter-se em um ser de desejo, há que se respeitar a recusa da criança pela palavra, dar-lhe tempo e valorizar os outros modos de expressão: o brinquedo e o desenho. A criança fala quando pode, mas também o faz com seus jogos, seus desenhos e seu corpo. Aprender a ler esses distintos textos que ela propõe requer distintas teorias, que nem sempre se articulam.

As crianças sonham, relatam fantasias diurnas, brincam e desenham. São produções homólogas às de um adulto em tratamento. Em psicanálise, não existe nenhuma criptografia de interpretação a priori, e é necessário aprender os elementos do léxico básico de cada criança. Nos escritos dos pioneiros se observa que os analistas de adultos se desconcertam quando estão à frente de uma criança, e a análise infantil constitui uma das aplicações mais difíceis da técnica analítica.

Interpretar é deixar que os próprios interessados ensinem ao analista a falar como criança e como bebê. Alguns analistas conseguiram ser bebês sábios, daí a eficácia particular de suas palavras; algumas afiadas, como bisturis, cortam o cordão umbilical, outras, como agulhas, costuram uma identidade, e outras, tensas como molas, retornam ao desejo. Parecidas com as que utilizam as crianças quando não são suas próprias palavras, traduzem com elas os movimentos gráficos de seus desenhos, de seus movimentos manuais na massinha de modelar ou de seus corpos na sessão. Todas essas expressões estão equilibradas com adequados fragmentos corporais e que compõem a grande linguagem de fundo do inconsciente. Transmitem um fragmento de experiência vivida, estimulam a linguagem infantil escondida em cada um, embora pareça caída em desuso.

A presença dos pais é outro elemento importante entre suas especificidades. O analista é aquele a quem se dirigem os pais e a criança, depois de fracassos, dissabores, incertezas e feridas narcísicas. É aquele em quem se pode confiar, mas também é quem pode ser usado como juiz, fiscal ou defensor, em um julgamento no qual costumam atiçar velhas e novas discórdias pessoais. Sua difícil tarefa será de não se deixar aprisionar por estes limites e ajudá-los a articular sua demanda, incluindo os pais pontualmente no tratamento de seus filhos. A intervenção do analista varia desde promover o desdobramento do saber inconsciente até os limites do ato, levando-se em conta que o eixo deve passar por não esquecer jamais o sofrimento da criança.

O analista de crianças deve cumprir sua regra de abstinência. Sai-se dela quando se vê atrapalhado por múltiplas manipulações, por exemplo a de manter segredos inconfessáveis e inconfessados. Seu trabalho consistirá não somente em falar da verdade não dita, mas também de dar tempo para elaborar os lutos e as feridas narcísicas, de cujos efeitos a clínica precisa dar conta.

Pensar teórica e clinicamente a psicanálise de crianças é se perguntar sobre a diferença adulto-criança. Se essa é aceita somente a partir de um saber abrangente, e, portanto, adultomórfico, que a nega ou a torna especificidade, se negarão, reprimirão ou deslocarão as interrogações fundamentais desta diferença com um saber que a encobre e a revela ao mesmo tempo.

O grupo de analistas de crianças é um grupo minoritário e, como tal, exposto simultaneamente à supervalorização e à subestima. Por que esta mescla de admiração e simpatia e, ao mesmo tempo, as dificuldades para incluir-se no campo?

Se o analista de adultos trata de ver a incidência que toda criança tem no paciente adulto, por que a criança real, com plena liberdade de ser, provoca tal afastamento? São conhecidos os argumentos superficiais que o justificam: ser necessário um lugar especial, não se cumprir estritamente o enquadre temporal, e mais timidamente, algumas razões mais verdadeiras: "Não saberei o que fazer com a criança", "como fazer-me entender com ela?", e o maior problema: a inclusão dos pais no tratamento.

Assim, isoladamente, pode parecer que os analistas de crianças são seres que têm o valor de enfrentar os pais, o raro privilégio de ter um lugar especial onde alojar o pequeno analisado, e outro mais raro ainda: o de entender-se com a criança. Isso pode supor um sincero entusiasmo por aqueles que possuem estes dons, pois essa admiração choca com a fantasia, bastante encoberta, de identificar a análise de crianças com a própria criança, como aparece no imaginário de cada um. No extremo oposto, pode-se identificar o analista de criança com os pais dela.

Existe um fato paradoxal que se repete com frequência: o contato iniciático dos terapeutas começa pelas crianças mediado pelo preconceito adulto mórfico de seu não saber e de sua imaturidade. Como a escassa formação e a falta de análise impedem a correção desse erro, procura-se um atalho ao difícil caminho pelo lado do pedagógico. Talvez a identificação do analista de crianças com a criança faça com que existam mais analistas de crianças entre os principiantes: quando crescem se vão. Esse efeito imaginário tem tido um forte peso na teoria e na prática clínica com crianças: em sua história tem menos teóricos, menos trabalhos metapsicológicos e maior ênfase na prática.

A dificuldade consiste em ver a criança cara a cara, viver e suportar sua dependência e seu desamparo, porque neste cara a cara está a presença desencarnada da própria infância, com sua dependência e suas vicissitudes. Esse paraíso perdido se vê acima e tem que aguentar seu desmoronamento. Sabe-se o quanto é impactante ver a criança se despojar de suas pulsões parciais e que pouca distância há da palavra ao ato quando eclode, defeca, blasfema na relação com objetos que personificam seus fantasmas insuportáveis, num contexto social que também a aliena. Esta alienação apresenta duas modalidades extremas e inquietantes: a da pura presença do outro social e a falta absoluta de referentes, em que não há para ele os direitos humanos, só um corpo que pode sofrer maus-tratos, mas sem uma palavra que o valorize.

O imaginário social, que não é realmente aquele de *O Pequeno Hans*, modifica-se e se enriquece constantemente, mas em última instância nos remete aos velhos mitos que a humanidade criou para lidar com a vida, a morte, os pais e o sexo.

Exercer a clínica psicanalítica é um direito que se conquista. Ninguém melhor do que Freud para testemunhar a angústia de enfrentar os próprios fantasmas.

O psicanalista que trabalha com crianças e que não tenha conhecimento sobre o próprio desenvolvimento pode cometer sérios erros ainda que leve em conta os fantasmas e a transferência como método de escuta do inconsciente. A criança paga muito caro por sua adaptação ineficaz, e deve-se buscar teorias que a expliquem e a reformulem a partir da própria psicanálise. Somente quando se conhece estas teorias se está em condições de escolher, levando em conta que às vezes se exige uma batalha diante do deslumbramento que produz o novo, assim como a banalização a que conduz sua transformação em um emblema.

Deveria se ter a convicção de que, em psicanálise com adultos e com crianças, os conceitos são ferramentas para pensar e não determinações a seguir, nem ídolos a sacralizar, e que é imprescindível que se pense junto com outros analistas. Sem seu reconhecimento, sem o reconhecimento da comunidade, a condição do analista não existe. O nascimento da psicanálise se deve ao desejo de saber e ao desejo de curar, e se este não resultou da experiência de um só homem foi porque, para muitos outros, estes dois desejos puderam seguir preservando uma aliança que faz a união entre o acesso à verdade e o acesso à cura.

A mudança das psicopatologias dos que hoje demandam o saber psicanalítico: os transtornos narcísicos, a psicose, as perversões, os transtornos psicossomáticos, é necessário que se formulem novas interrogações sobre a própria atividade prática. A psicanálise consegue com essas patologias efeitos similares aos que obtém com as neuroses? É necessário para o analista estar advertido dos efeitos da deterioração pelos quais os conceitos estão sempre ameaçados. A astúcia do ego, começando pelo seu próprio, tenderá a anular o que se apresenta sob a aparência de algo diferente. Não pode haver *status quo* teórico; na falta de novas contribuições, toda teoria se mumifica. Teoria e prática devem almejar inovações que confirmam que continuam vivas. Ao contrário, teríamos que anular as contribuições e modificações que respeitam o projeto fiel da definição que Freud lhe deu, para que o futuro da psicanálise não se convertesse em o "porvir de uma ilusão".

No entanto, não somente as patologias se modificaram como também se tornaram mais graves, com maior complexidade, obrigando os analistas a um alerta permanentemente quanto as teorizações e correlatos na clínica sobre estas novas complicações, sobre estas novas estruturas psicopatológicas. Também mudou radicalmente o lugar que a criança ocupa na sociedade e o que ocupa no imaginário coletivo. Foi transformando-se ao longo da história, pois não era nada nem ninguém há um século e meio. Agora, a cada dia – a começar pelo social –, a criança é um poderoso consumidor que se tem em conta. Um exemplo concreto se encontra nos meios de comunicação; não tem publicidade que não utilize a criança como chamariz, como modelo ou como consumidor direto. A escolarização mudou radicalmente e as novas leis sobre a educação dão conta disso. Uma consequência imediata deste fenômeno é: a criança passa mais horas no colégio do que em sua casa, e muitas vezes está em casa dedicando-se ao colégio. Enquanto isso, tanto as escolas como as leis que pretendem regê-las estão tentando adaptar-se a elas, criando grandes e graves confusões. Na pedagogia atual se avalia tudo isso: mantê-la na escola ou ensiná-la? A pergunta é tão atual como no princípio do século XX: o que é educar? A distância que se manteve entre pedagogia e psicanálise também não contribuiu para uma resposta interdisciplinar. Algumas correntes da psicologia, que se aproximam mais do terreno da pedagogia, se limitam a medir conhecimentos, avaliar e qualificar, classificar e separar, com consequente dano para a criança. Agudizando-se a competência, deteriora-se a amizade e o companheirismo, e se desvalorizam as relações intergeracionais. A criança volta a ser um sujeito desfigurado, atrapalhado entre um consumidor de bens e um consumidor de conhecimentos, desvanece o saber, o verdadeiro saber sobre si mesmo.

Se o lugar da criança mudou no social é porque o particular de cada família também mudou o seu funcionamento. Atualmente não fica claro, em muitos casos, para que se tem filhos: para cumprir um mandato superegoico por parte dos pais? Por que vai tê-los? O desejo de ter filhos ficou deslocado, às vezes a limites insuspeitáveis. As contribuições que permitem o extraordinário avanço das ciências possibilitam escolher o sexo do filho desejado? As novas técnicas de reprodução assistida mostram um novo estilo de paternidade. Desde que se possa manipular até a concepção, como não vão mudar os modelos parentais? Até quando falha a técnica também foram introduzidas mudanças: as novas leis de adoção internacional também permitem a escolha de uma criança de tal ou qual raça, desse ou daquele país.

Faz-se necessário pensar nas atuais e futuras repercussões de todos esses pseudos avanços sobre o psiquismo infantil. A psicanálise de crianças se defronta assim com uma nova especificidade que volta a se chocar com o narcisismo parental.

O estatuto social da criança contemporânea nas sociedades avançadas está mais enfático: a criança existe mais para a sociedade, e esta também deve assumir o cuidado com elas. Desde o discurso manifesto dos pais, a importância e a necessidade do trabalho, às várias ocupações em que se vê envolvido o adulto, tudo isso faz com que a criança esteja mais sozinha, buscando novas formas de estruturação e, portanto, novas formas de estar no mundo.

Situar-se neste novo mundo ao qual a criança chega, inserir-se em uma linha de filiação que o sustente para poder crescer, tem sido tarefa de todas as crianças, de todas as épocas, de todas as culturas. A psicanálise de crianças então aparece como um método, uma prática, que tentará guiar essas crianças, escutando-as como são, libertando-as de fantasmas parentais e sociais, assegurando ao infante o saber algo sobre si mesmo e poder ser assim o dono de seus próprios desejos.

Freud expõe em *A Interpretação dos Sonhos* uma ideia que repete em outros textos no decorrer de sua obra: que o maior desejo que sempre tem uma criança é chegar a ser adulto. Uma das missões da análise de crianças é que esse desejo chegue a realizar-se, mas sem que as amarras dos sintomas, das patologias e dos fantasmas que nela habitam, não permitam que a consecução desse desejo seja uma mera repetição, muito além do princípio do prazer.

Capítulo 2

O processo diagnóstico

2.1. Primeiras entrevistas

As entrevistas iniciais com as crianças e seus pais são as primeiras aproximações a uma situação que os preocupa e que acontece de estar disfarçada como o conteúdo manifesto de um sonho.

Como no trabalho do sonho, o trabalho da procura implicará abrir outras vias ao conteúdo manifesto remetendo-se ao latente, no desejo que se move na própria história e ao Édipo como organizador e estruturante.

Trata-se de chegar mais além do sintoma, ao que não se vê à primeira vista.

Haverá que determinar se é possível essa passagem do manifesto ao latente e se o narcisismo dos pais o permite, pois na psicanálise com crianças a situação se torna mais complexa, já que se esclarecem as histórias, os desejos e os Édipos dos pais que sobredeterminam o do filho.

Se vê com maior crueza o que o condiciona como humano: estar sujeito aos demais, aos outros.

O que marcará a atitude do tratamento é o desejo de saber da criança e de seus pais sobre o que ocorre. Nestas primeiras entrevistas terá que avaliar a permeabilidade da palavra do psicanalista e, de onde escutam, como ocorrem as transferências. Podem aparentemente aceitar o que foi dito e depois rebatê-lo, criticá-lo, racionalizá-lo, defendendo-se de uma intensa perseguição e até confundir-se.

A problemática da criança pode estar condensando e deslocando um conflito familiar latente. Às vezes encontra-se casos em que as entrevistas iniciais têm permitido desdobrar um funcionamento familiar patogênico, substrato de fantasias e mitos familiares. Estas crianças podem ser as mais saudáveis da família. A tarefa será considerar se a criança é quem realmente precisa de tratamento, ou bem orientar um tratamento para o pai, a mãe, ou um irmão, ou tratamento do casal ou da família. É preciso destacar esta questão já que acontece de se orientar tratamentos a crianças cuja situação familiar é incapaz de sustentar as mudanças na subjetividade do pequeno paciente e, ou o retiram muito rapidamente do tratamento, para decepção e frustração dos profissionais, ou o tratamento não consegue ajudar a criança a desprender-se dos laços que a unem à situação familiar e esse tratamento é vivenciado como um verdadeiro fracasso.

Caso Montserrat

Montserrat tem 12 anos. Os pais foram encaminhados pela pediatra porque a menina "se fecha em casa, também no banheiro, onde passa horas, tem muito papel no banheiro e não sabem se se masturba, é viciada em TV, não quer sair da sua infância (não quer crescer) e dorme mal".

A mãe conta que em casa o ambiente não é bom. Montserrat tem uma irmã, dois anos mais velha, que é muito agressiva: a agride, cospe, quebra portas e cristais. Outro dia, a irmã lhe deu um tapa. Montserrat disse que com sua irmã maior não se pode conviver, que tem que ir embora de casa. A mãe justifica: "Sempre foi assim, é sua forma de ser... e não há nada a fazer".

Voltando a Montserrat, contam que nela tudo foi atrasado: não engatinhou, andou aos dois anos, é tímida, é "um furgão, é daquelas crianças desajeitadas". Passa horas olhando-se frente ao espelho, e pelas manhãs a mãe precisa ajudá-la a se vestir. Todas as noites a mãe lhe conta histórias antes de dormir, "é um momento íntimo das duas, a sós e sem testemunhas". Começou a falar aos oito anos, quando parou de chupar o dedo. Deixaram que continuasse com esse comportamento porque, quando sua irmã foi proibida de chupar o dedo, mudou e ficou agressiva, sem registrar que a esta idade, aos dois anos, nasce Montserrat.

Sobre as relações do casal, a mãe conta que cuida de tudo, se queixa que o marido é distraído: o deixaram em um seminário "e ali apodreceu". O pai participa pouco na entrevista e delimita: "Falo comigo mesmo antes de me deitar, não preciso me mostrar ao mundo...". Já se perfilam certas discordâncias entre eles.

Avançam um pouco mais na imagem que têm de Montserrat. Diz a mãe: "Tem algo estranho em seu andar... estranho, desarticulado, algo de subnormalidade, no aspecto de seu olhar. Em seu quarto há um cheiro especial, forte, ácido, desagradável, como o de jovens marginais. Seu nome, o escolhemos para ter personalidade...".

De passagem, a mãe conta que descobriram um tumor em sua mama e que pode ser maligno, e que há um ano morreu uma prima do pai com a idade que ela tem agora (51 anos) de câncer de mama. Isso tudo é contado sem sinais de angústia, como tampouco quando falam das agressões da filha maior.

Não lhes parece oportuno consultar sobre a filha maior pois o fizeram há anos e a filha não quis prosseguir no tratamento, e provavelmente eles não insistiram.

É evidente a alta patologia familiar. Além da problemática de Montserrat, destaca-se a violência da filha maior, a negação da mãe frente a seu possível câncer e a desconexão do pai, ao que logo acusará a mãe de que ela responde com a mesma violência da filha maior.

Montserrat conta que vem ao consultório porque vai mal nos estudos e seus pais se aborrecem com ela porque não se importa com isso. Relaciona-se mal com a irmã, discute com ela e a contesta. Também me conta que é muito lenta em tudo... "minha mãe me veste, por costume...".

É pedido a ela que faça o teste House, Tree and Person (HTP), cujos desenhos não são apresentados aqui, mas cujas histórias sim:

Da CASA dirá: "Aí vive uma família muito numerosa, muito aventureira; a casa está em um povoado e uns senhores querem derrubá-la, mas eles não deixam, dizem que é outra casa, lhes dão outra direção e o pai faz a voz do chefe e lhes diz que derrubem a outra casa. Depois vem um que fala muito, um vendedor, com outro que diz que tem um detergente que é muito bom e que deve experimentá-lo. Mas destrói a roupa, lhe faz furos como a água sanitária. Se queixam ao vendedor, mas ele já se foi do povoado e não tem mais remédio senão esquecer o assunto".

Há uma forte referência transferencial: o terapeuta parece ser este vendedor que pode destroçar suas roupas, deixá-la com buracos e abandoná-la... não haverá remédio? O pai "tem" a voz do chefe nesta casa, mas o chefe na casa verdadeira, aquele que supervisiona tudo, parece que é a mãe.

Da ÁRVORE dirá: "Aí vivem animais: dois pássaros que lutam porque querem ter uma árvore só para eles... têm inveja, pensam que se vivessem juntos viveriam pior, mas ao final pensam que é melhor compartilhar as coisas".

O conflito com a irmã, as lutas em que parecem disputar a árvore: a mãe e a intenção de compartilhá-la parece projetar-se nessa história.

A primeira PESSOA que desenha é um menino: "É muito travesso, gosta de doces, ninguém aceita o cabelo dele, mas ele aceita e gosta. Vive fazendo brincadeiras pesadas com as pessoas. Em casa, não gosta de ajudar, porque lhe pedem que ajude em coisas pesadas para ele. Ele gostaria de ter muitos globos para ir à Lua, não, melhor dizendo, para jogar".

Parece representar a irmã com suas "brincadeiras pesadas". Outro dia conta que colocou o cachorro no forno. E expressa seu desejo de ir à Lua, distante, que é o seu intento que provavelmente realiza ao fechar-se em seu quarto e no banheiro.

Ao pedir que desenhe uma MENINA, diz: "Ela é muito simpática, mas às vezes se aborrece e é egoísta. É muito frágil, fraquinha, não quer que ninguém a toque porque fica muito nervosa".

Parece alertar da sua extrema fragilidade, que não a toque, que ela também pode aborrecer-se muito.

Depois das entrevistas diagnósticas se vê que, além do tratamento psicoterapêutico para Montserrat, é indicado encaminhar sua irmã mais velha para uma consulta e trabalhar também com os pais para apoiar a situação familiar, e em especial com a mãe para enfrentar sua enfermidade.

Encaminha-se a filha maior para um serviço de psiquiatria infantil de um hospital da rede pública, com um relatório para que seja orientada a uma "ação terapêutica muito intensa e urgente, um tipo de 'hospital dia', devido ao grave quadro de descompensação comportamental com graves crises de agressividade". Aconselham que esse tratamento não seja substituído por uma psicoterapia ambulatorial, que seria insuficiente pelas características e pela gravidade do caso.

A resposta dos pais é ambígua: negam a gravidade do transtorno da filha maior, assim como negam a gravidade da enfermidade da mãe a quem já tinha sido sugerido há vários meses que fizesse uma biópsia pré-operatória, mas ela consulta um especialista em medicina natural que lhe aconselha "uma medicação para dissolver as células cancerígenas e eliminá-las pela urina".

Aliada a esta negação, Montserrat lhe diz: "Você será eterna, não morrerá nunca". Sua filha mais velha comenta: "Tomara que você morra de um câncer maligno".

Os pais aceitam a indicação da proposta terapêutica para Montserrat, mas se fixam na resistência da filha mais velha e, depois de uma série de entrevistas, decidem interromper: "Deixamos ela chorando, não quer vir mais...".

Em uma entrevista anterior, Montserrat havia anunciado isso, relatando um sonho: "O ministro da Educação diz que vão fechar os colégios por um ano. E vem uma escavadeira para derrubar o colégio... e todos os colégios da Espanha. E acontece que tinham sequestrado o ministro. O malfeitor era jovem, de uns 40 anos, com barba... e outro mais velho, de 60 anos, calvo. O sequestro foi para pedir dinheiro, porque o outro não lhe havia deixado fazer coisas ou porque ele havia feito algo com sua mulher".

Associa que está contente porque não vai mais ao colégio (sua análise?), mas se assusta quando tudo foi derrubado. Parece ser o temor diante da fragilidade da estrutura familiar, qualquer movimento de mudança é recebido como uma escavadeira que derruba tudo.

Então tem que se considerar o grau de tolerância dos pais frente a futuras mudanças, quando as coisas começam a se modificar.

As mudanças sofrem desestabilizações de estereótipos que às vezes implicam em várias gerações. Consultar pode ser colocá-los à prova e questioná-los.

Entretanto, haverá outro critério a considerar, e é assim que o analista em questão é o indicado a levar esse processo em frente, suportando as transferências que surgem e o mobilizam nesses encontros, transferências com a criança e com seus pais e, às vezes, até com os que os encaminham, como o professor ou o pediatra.

Para isso tem que se dar um tempo; fixar-se um período de espera para chegar à orientação diagnóstica correta da criança, de seus pais e do analista frente a eles. Um autodiagnóstico que permita saber se o analista está disposto a oferecer-se como continente dessa relação transferencial que, como se disse, não se trata de uma transferência, mas de um jogo de intertransferências múltiplas e muito variadas.

Trata-se realmente de um duplo diagnóstico. E, nesse sentido, P. Aulagnier disse que é desejável que o diagnóstico esteja estabelecido inclusive sob forma de vagas presunções.

Na época do diagnóstico se colocará em jogo a formação do analista já que o início de um tratamento também depende dos critérios que ele maneja; critérios que se articularão com as conceituações metapsicológicas sobre as que vão repousar sua escuta e a orientação da cura. Quer dizer, qual é o seu modelo de constituição subjetiva, das complexas relações entre história e estrutura, as articulações entre inconsciente e repressão, o lugar estratégico que ocupa o conflito psíquico, o par resistência/repressão, as condições do transferencial durante as primeiras entrevistas, o lugar do desejo no processo de cura, assim como o vínculo que liga a demanda com a interpretação.

Os critérios para estabelecer a análise têm variado muito.

A razão da "analisabilidade" não coincide com etiquetas nosográficas. Nos últimos anos têm surgido novas formas clínicas cuja complexidade supera o imaginado por Freud em sua época.

Muitas vezes os pais chegam a consultar um psicoterapeuta quase como último recurso. Há muito trabalho por fazer em relação à difusão desta especialidade, já que desde o imaginário social tudo o que é relacionado com o psicológico cai para o lado da loucura, incrementando assim o temor da consulta.

Este medo de se consultar está muito relacionado com a ferida narcísica que representa o reconhecimento de algo que não funciona bem no filho. É o temor de serem culpados em suas funções parentais por um profissional, o qual supõem um saber que os vai ratificar ou verificar tudo o que fizeram de errado. Esse temor aparece normalmente por meio da pergunta: "Em que nós erramos?", "o que fizemos de mal?", ou ainda relatando veladamente uma história acerca de seu filho, na qual se descreve um passado "impecável", sem fissuras de nenhum tipo, ao estilo de "tudo ia tão bem até agora". Como vemos, estamos falando de sentimentos de culpa no primeiro exemplo, ou da negação, no segundo.

O terapeuta que está revendo com os pais a história dos filhos, quer dizer, que os está colocando frente a suas funções como pais, precisa ser extremamente respeitoso com tais funções, já que as mesmas estão ligadas a uma história pessoal que abrange em muitos casos mais de uma geração e, sobretudo, inclui a esses pais que foram filhos de um determi-nado sistema psicossociocultural.

Tudo isso compõe um trabalho especialmente complicado na escuta dos pais que nos consultam. A difícil tarefa será não se deixar aprisionar por estes limites e ajudá-los a articular sua pendência, incluindo-os sempre que for preciso no tratamento da criança. Nas entrevistas que se tem com eles, pode-se desdobrar os conflitos dos pais como pais, quer dizer, presos a questões do seu próprio passado que se repetem nos sintomas que o filho apresenta, como um eco que provém de sua história e recordam aquilo que acreditavam superado, reprimido ou simplesmente negado.

Caso Pedro

Apresenta-se uma mulher acompanhada de um homem. Ela conta que na escola aconselharam que se consultasse sobre seu filho de oito anos porque "deixa-nos [professoras] loucas; não brinca, toda a atividade que realiza é improdutiva, não para, não tem amigos, só está com uma criança a qual domina. Perde o controle e está agressivo. Quando era pequeno aterrorizava as meninas, as perseguia e tentava dar-lhes um beijo de língua".

A mãe conta que Pedro "nasceu prematuro, teve transtornos de sono e alimentação. Durante o ano planejava me separar, pois meu ex-marido aterrorizava a criança, um pai anormal. Agora quer o filho, me assustam os contatos de meu filho com ele. Está desequilibrando a personalidade de meu filho, e ele está agressivo na escola". Aqui ela chora e o homem aproveita para falar: "nos conhecemos há cinco anos...".

Ela replica: "Ah, havia me esquecido de você...". Ele aponta que a criança está sempre molestando: "Dá pontapés e logo pede desculpa, como do nada; me faz pensar que não é normal, é mentiroso, não assume nenhuma responsabilidade". A mãe acrescenta: "Inteirei-me da agressividade de meu filho pela escola. Seu pai é um estorvo, o menino é igual, e isso me assusta. O pai é egocêntrico, desconfiado, psicopata e paranoico... meu filho é a imagem do pai, tem uma carga genética, vejo nele um adulto... são parecidos, gêmeos. Tem um instinto natural, se compraz fazendo danos aos fracos, ele é o senhor".

Ao perguntar como conheceu o pai da criança ela responde: "Não me deixava nem ao sol nem à sombra, me deu pena. Fiquei grávida, mas ele não me interessava como homem, cheirava mal. Tinha pensado em deixá-lo e planejei abortar, mas minha família não me apoiou. Nos casamos e vi como apareciam suas estranhezas... via o menino como um rival, como seu inimigo. Decidi me separar e ele usava o menino, dizia a meu filho que eu era má, falava que ia me matar. Ameaçava e chegou a me agredir. Agora, ele vê o pai aos domingos, alternadamente; o ideal seria que essas visitas acabassem. Mas Pedro não quer, tem muita vontade de ver o pai. Nesses quatro anos de separação, conheci meu novo companheiro; somos grandes amigos, amantes, mas isso o Pedro não sabe. É apenas um de nós três. Ele não se incumbiu de alterar os papéis, é um companheiro. Me preocupa que o pai o veja como um rival".

O homem conta: "Faço às vezes de pai sem sê-lo. Sou solteiro (tem 40 anos) e vivo com meus pais. Se não nos casamos é devido a este problema e ao fato de os pais dela serem muito religiosos e muito mais velhos e ela não querer lhes dar um desgosto, casando-se sem a anulação do matrimônio anterior. Ela é tão cautelosa que não faz nada com medo de complicar as coisas. O menino me quer como se eu fosse seu pai".

A mãe acrescenta: "Pedro tem medo do pai, mas tem muita avidez de pai. Cada vez que o vê, volta pior, outra pessoa. Quando volta, nos pergunta se é verdade que quando ele sai nós nos metemos na cama. Seu pai disse a ele, seria importante que não o visse mais. A semana que vem tem uma audiência...".

O porquê da pendência nesses momentos parece agora se esclarecer: ante a proximidade de um julgamento contra o pai, a mãe quer que o terapeuta certifique que os encontros com o pai são contraproducentes, que o menino que "já está separado do pai" tem que ser preservado não indo mais às visitas.

Não obstante, chama a atenção a mãe argumentar no começo das entrevistas que foi informada pela escola sobre o mau comportamento do filho, pois logo confirma que em casa ele também atua assim, mas isso não foi o motivo da consulta. Como o seu companheiro afirma, "é tão cautelosa que não faz nada com medo de complicar as coisas". Parece que o tratamento pode ser uma complicação para a mãe, e que será melhor que Pedro não o faça.

Terá que ir trabalhando esta demanda para que ela reconheça o mal-estar de seu filho, e ajudá-la a diferenciá-lo de seu ex-marido, e que eles não estão "unidos, nem são gêmeos". Ser gêmeo ao seu pai é pretender romper a sequência de filiação: o filho não é irmão de seu pai. A avidez de Pedro pelo pai, sua necessidade de restituir a função de pai, o faz identificar-se com estes traços psicopáticos do pai. É uma forma de trazer seu pai ao cenário familiar, para que possa separá-lo de sua mãe. Para ela, o ex-marido "não lhe interessava como homem; lhe despertava pena...". Tampouco parece interessar-se por esse outro homem que a acompanha, a quem nem sequer apresenta... "havia me esquecido de você", e que "não se encarregou de alterar os papéis". Seus próprios pais estão tão presentes para esta mulher que não se ateve tampouco a apresentá-lo como seu novo companheiro. Também o oculta de seu filho: "somos grandes amigos, amantes, mas Pedro não sabe...". Mas o filho sabe sim e provavelmente não só porque seu pai o denuncia. Há um mecanismo de renegação familiar: todos sabem, mas agem como se não soubessem. E isto tem um alto efeito patológico para a criança... "dá um pontapé e logo depois pede desculpas, como se nada tivesse acontecido"; "antes aterrorizava as meninas, queria dar nelas um beijo de língua". A lei está transgredida, e Pedro repete a transgressão com seu mau comportamento.

Nas entrevistas posteriores, a mulher vai dando mais espaço a seu atual companheiro, e ambos se vão perguntando se estão se comportando bem... "é difícil educar uma criança. Pedro necessita de terapia". Também vão dando mais espaço ao terapeuta ao dar-lhe um lugar de saber e de autoridade. A mãe aceita que se convoque o ex-marido para uma entrevista com o terapeuta.

O pai do menino comenta: "Era muito jovem quando me casei e Pedro nasceu. Tinha só 21 anos, cinco menos que ela. Com esta mulher não deu certo. Agora tenho outra família, um filho pequeno. Eu quero bem ao Pedro, mas sua mãe sempre coloca tantos obstáculos para que eu o veja que eu desisto". Ele aceita – embora sem assumir o encargo econômico – que o filho se trate. Isso é muito importante, pois supõe certa presença do pai na terapia do filho no sentido de que não é algo escondido, como é a relação da mãe com o companheiro, nem que possa favorecer a resistência de Pedro, que poderia argumentar que não quer vir porque seu pai não sabe ou que não está de acordo.

Retomando o que foi dito anteriormente, a demanda não costuma aparecer de forma clara e precisa, chega geralmente carregada de disfarces, na maioria das vezes disfarçada de "grandes entusiasmos". Procura a consulta por sugestão da pediatra, porque o professor da escola recomendou, ou também porque já experimentou de tudo, ou, como no caso anterior, para pedir um laudo para a audiência de separação.

São os pediatras e os professores que os pais consultam em primeiro lugar sobre o problema de saúde, as dificuldades de aprendizagem, ou os transtornos de conduta e que às vezes são consideradas características de crianças preguiçosas, distraídas ou acomodadas. Em alguns casos não oferecem uma escuta adequada ao problema ou se espera que a solução apareça com o decorrer do tempo sem orientação de profissionais especializados.

Em outras ocasiões, a consulta que recomendam nem sempre se realiza, seja por medo, preconceito ou incompreensão dos pais.

A petição inicial, que não se deve apressar a homologar a demanda, tem a oportunidade de ser transformada por meio do circuito transferencial. Sob o subterfúgio da transferência, os consultantes chegarão a tomar uma decisão que será a sua. Somente por esta via é possível suscitar neles, às vezes pela primeira vez, uma escuta diferente dos sintomas da criança. Quer dizer que não somente a escuta é diferente da forma habitual, mas que também é por meio da situação analítica que eles se ouvem de outra forma, dando uma nova dimensão para suas próprias palavras. Portanto, o desejo inconsciente e a resistência inconsciente hão de ser descobertos e desdobrados por esta particular escuta do analista.

O analista tem que ter a disposição de fazer várias entrevistas com a própria criança, a quem escutará e observará, respeitando-a como sujeito. Nestas entrevistas com as crianças se registra a angústia que sentem, os sentimentos de amor e ódio, as próprias fantasias que têm a respeito de si mesmas e do ambiente familiar e social. A escuta permitirá, tanto aos pais como às crianças, que um pedido inicial, quando se está disposto a ouvi-lo em sua complexidade, se diversificará, se ramificará, se deslocará, constituindo desse modo as características de uma verdadeira demanda. É imprescindível que os pais compareçam às entrevistas, e não só a mãe, porque "o pai tem muito trabalho e não tem tempo". E, no caso de pais separados também é importante escutar os dois, ainda que a demanda seja somente de um dos dois. É indicado vê-los em separado, mas no caso de haver cordialidade pode-se vê-los juntos.

É muito importante diferenciar quando são os pais que percebem que algo funciona mal com seu filho ou quando são outras pessoas fora da família. Nesse último caso, há uma acentuada negação do conflito. Podem ficar surpreendidos, não entendendo porque têm que consultar, com uma visão da criança diferente da visão do analista e de quem encaminhou. Os pais que consultam desmotivados, por obrigação, em uma atitude passiva ou desconfiada, geralmente assistem somente à primeira entrevista ou concluem a etapa do diagnóstico e não aceitam continuar o tratamento. Vêm por respeito ao princípio de autoridade de duas instituições de grande peso autoritário: a escola ou o hospital.

Nesses casos, deve haver um tratamento prévio para que eles possam assumir a própria demanda e que sejam eles que peçam ajuda. É difícil para os pais aceitar um conflito do filho que se manifesta em outro lugar, por exemplo na escola, já que podem ser crianças inibidas que foram consideradas como "boas e tranquilas e que em casa não tem problemas". Atribui-se às escolas as dificuldades da criança: "Não ensinam bem, são exigentes, eles o perseguem". Terá que discriminar até onde o problema é da escola, da criança ou de ambos.

Há um grande preconceito de que os problemas de aprendizagem são circunscritos à área cognitiva, e que devem ser resolvidos na escola. Por isso, é muito frequente a indicação genérica de tratamento pelo(a) psicopedagogo(a), que pode ser necessário em muitos casos, mas não se deve esquecer que muitos transtornos de aprendizagem são apenas sintomas neuróticos ou psicóticos. Os sintomas são a forma como se apresenta a doença, mas não constituem sua causa.

Em algumas derivações feitas pelo médico, os pais podem ficar fora do discurso sintomático, reduzindo o problema ao corpo e não a um sujeito, não incluindo a relação intersubjetiva na causa dos conflitos emocionais. Então se prescrevem psicofármacos ou se avaliam os comportamentos com clichês: capricho, quer chamar a atenção, faz birra, é egocêntrico, sem apontar para a singularidade do sintoma da criança, porém, ao contrário, rotulando a criança com o traçado de um perfil.

Não se escuta o sintoma como sinal de algo que não funciona, mas o que se tenta encobrir com ele, e tenta-se ficar fora desta implicação.

Quando a consulta é pedida diretamente pelos pais, é um indicador de que sofrem e que eles se dão conta da dificuldade da criança. Implica em uma primeira ruptura da homeostase familiar nas regulações narcísicas e leva à inevitável comparação entre a criança ideal e a criança real, que sofre de algo.

Nos sintomas da criança haverá que se determinar o quanto há de retorno do reprimido de seus pais, de desejos insatisfeitos e não elaborados.

Pode-se estar reprimindo algo de outra história não simbolizada, ocupando personagens dos pais ou de seus interlocutores, como no caso de uma mãe que sofreu o abandono de seus pais e cuja história se repete com sua filha, seja abandonando a filha ou sentindo-se abandonada quando sua filha quer separar-se dela.

Se o sofrimento da criança toca algo do discurso familiar – acontecido e não simbolizado na história dos pais –, pode-se pôr à prova o desejo de incluí-lo como sintoma próprio ou distanciando-se dele, dissociando-o como o estranho. A problemática da criança deverá dar conta daquilo não resolvido por eles, evitando a sua implicação. Às vezes pode atingir o grotesco quando a sintomatologia é especular e parece estar frente a um dos pais.

Há de se esclarecer a relação entre a patologia da criança com a de seus pais e com o lugar designado em seu discurso. Esse é o momento de trabalhar com os pais a situação, relacionando-a com seus próprios aspectos infantis não elaborados que a criança, com seu sintoma, lhes faz reviver. A paternidade e a maternidade estão marcadas pelo que se recebeu: existe um entrecruzamento edípico e três gerações em jogo.

É o momento em que o narcisismo dos pais pode sentir-se enfraquecido, com as consequências que isso pode acarretar, por exemplo o abandono das entrevistas.

O fantasma infantil é ocupado pela história dos pais que dá lugar à sintomatologia neurótica na criança. O sintoma mostra a força de uma repetição da história familiar da qual não se pode sair.

Tem melhor prognóstico quando existe uma identificação dos pais com o sofrimento sintomático do filho. Por exemplo, é frequente que os pais, frente a uma dificuldade de aprendizagem, se identifiquem mais com a exigência escolar do que com o sofrimento e a ferida narcísica que a família produz na criança. Quando se identificam com a exigência duplicam a exigência superegoica; quando se identificam com o sofrimento, podem escutar o que impede a criança de aprender.

A história que os pais trazem constitui "sua história", é o primeiro relato de como eles vivem e sentem o que se passa com seu filho. Esse primeiro encontro abre um lugar de reflexão para eles. A partir do código dos pais, que inclui as relações com seus próprios pais e ancestrais, é possível acessar a trama projetada no filho.

Não se trata de construir grandes e tediosas histórias clínicas nem baterias de testes intermináveis, que podem ter como objetivo acalmar a ansiedade do terapeuta, pretendendo assim conhecer todos os dados, que "não lhe escape nada". Tem que aceitar que a falta, a castração, também está presente no psicanalista, que não pode saber tudo do paciente e da família. As primeiras entrevistas são uma primeira aproximação que materializam uma primeira orientação diagnóstica e que se confirmará ou se modificará no decorrer do tratamento pelo desdobramento das transferências.

Trata-se de poder olhar e escutar de perto com atenção flutuante. Nem tão perto para não ficar prisioneiro da problemática que se desdobra nas entrevistas e perder uma distância operativa, nem tão distante como o estar olhando e escutando com a teoria, já que esta forma paralisa assim a atenção flutuante. Foucault chama a esta atitude de "duplo silêncio": o de quem olha e escuta em silêncio e do silêncio das teorias.

Um objetivo dessas entrevistas – que podem ser preliminares ao tratamento – é desdobrar a novela familiar e os lugares e as alianças entre os distintos componentes da família. Ali se incluem as funções estruturais dos pais: a função materna, a função paterna, a função dos avós, tios e o lugar da criança pela qual todos fazem a consulta e de seus irmãos em relação a esta constelação familiar.

Nas primeiras entrevistas, o terapeuta também está submetido a múltiplas transferências, que apesar de não serem analisadas, devem ser levadas em conta. Por exemplo, quando o pai aceita a indicação terapêutica, outorgando ao analista um lugar de saber e autoridade, enquanto o outro a repele, pela transferência de sua rivalidade para as figuras parentais. Ou quando um dos pais minimiza o sintoma e o outro o sofre, porque se identifica com o sintoma já que o sofreu na infância e se confunde imaginariamente com a criança.

É preciso diferenciar a consulta de uma criança pequena, pois aí é ainda possível operar sobre os pais favorecendo na criança a capacidade de elaborar as diversas castrações: oral, anal, fálica e facilitando o trânsito edípico a superar fixações libidinais oral e/ou anal. Em uma criança maior já se encontra a constituição de um fantasma resultante de sua elaboração edípica.

No caso de uma criança pequena pode-se trabalhar com os pais, intervindo pontualmente com a criança. Quando a consulta é por perturbações nas funções: de enurese, encoprese, transtornos do sono, em menores de cinco anos, a entrevista com a criança e os pais pode esclarecer a dificuldade que impede o trânsito para o crescimento.

Outra situação frequente é a de crianças maiores que "se curam" na primeira entrevista. Quase sempre é o resultado de um fenômeno resistencial, efeito de sugestão e que pode impedir a criança de entrar em tratamento. A resolução do sintoma não implica na elaboração de uma neurose infantil nem tampouco o sintoma é a própria neurose. Essa resolução pode significar um obstáculo que se converte na própria obstrução no caminho para a consulta.

Nessas primeiras entrevistas com os pais e com a criança se inclui o recurso dos testes projetivos, considerando que a palavra não é a única via de acesso à problemática da criança. Daí o uso do jogo (brincar) – a massa de modelar e o desenho – como complemento diagnóstico.

Nas primeiras entrevistas se propõe conhecer o modo de relação que estabelece o sujeito criança com seus objetos, como é vivida fantasmaticamente sua relação com a castração e se avaliam também os recursos criativos e sublimatórios que têm a ver com a criança como um sujeito desejante e não como objeto de desejo do outro – quando uma atividade é criativa, sublimatória –, ou quando é um mandado superegoico ao qual se submete a criança. Por exemplo, a criança que estuda, que deve ser bem-sucedida como o pai não pôde ser. Nesse caso, no lugar de ser o ideal do ego ela se converte em uma identificação maciça com o progenitor, o que pode ocasionar os transtornos de aprendizagem.

2.2. As entrevistas devolutivas

A devolutiva do processo das primeiras entrevistas tem que ser realizada com quem participou do diagnóstico, a criança e os pais. Cada um deles usando sua própria linguagem, aproveitando o material exposto através da linguagem nas primeiras entrevistas, nas histórias que a criança relatou, a relação com os testes projetivos, a hora do jogo e o relato dos pais.

Faz-se a tentativa de promover nos pais a possibilidade de refletir e de se posicionar de forma diferente do modelo estereotipado com o qual frequentemente se consulta: "nosso filho tem ou dizem que tem esse problema e deve ser por tal causa, ou não temos nenhuma ideia do porquê ele faz isso; no restante está muito bem".

Com a criança pretende-se que ela faça pergunta sobre os sintomas, seu mal-estar e de propiciar a intenção de sair dessa situação com uma aliança terapêutica. São bons indicadores, a curiosidade que a criança tem sobre o que se passa com ela e a capacidade de tolerar explorações e mudanças. Também a capacidade para tolerar os lutos. É um luto importante a perda da onipotência, de seus aspectos idealizados, o ataque a seu narcisismo, que implica no necessitar do outro que o ajude a resolver seu mal-estar. É um luto também importante o de aceitar a perda destes pais onipotentes que tudo podiam, mas que agora necessitam de ajuda.

As entrevistas iniciais dão um indicador prognóstico a respeito das possibilidades que a família terá para apoiar o tratamento.

Não se trata de dar aos pais uma informação como se fosse uma aula de psicopatologia ou como uma lista descritiva de sintomas, senão de trabalhar sobre a significação do problema que originou a consulta e a estreita relação que tem com a dinâmica familiar. Tem que localizar o sintoma como o que fala do inconsciente, fora da vontade, do consciente, separá-lo do comportamento ou da crítica sobre a criança: vagal, preguiçoso, não quer estudar.

As entrevistas devolutivas também têm o lugar de orientação terapêutica: se o tratamento está indicado para a criança, para os pais, ou para a criança com os pais.

Nessas entrevistas começa-se a trabalhar com prudência certas características da vida familiar que provocam a patologia, como pode ser a indiscriminação entre os membros, a confusão de lugares, a coabitação, o conluio, a falta de limites ou a expressiva superproteção. Mas não se trata de dar orientações que os pais podem aparentemente acatar, para logo boicotar e interromper o tratamento.

A palavra do psicanalista deve ser dita quando os interlocutores estiverem preparados para ouvi-las, quando a transferência puder ser o veículo do qual chegue com o peso da autoridade e do saber que o psicanalista supostamente o tem. E para isso é necessário ter tempo.

A propósito, no momento oportuno para interpretar, convém recordar algumas palavras de Racker: "A interpretação deve ser dada quando o analista sabe o que o analisando sabe, necessita saber e é capaz de saber". A informação ou a interpretação precoce, fora do lugar, tem um efeito traumático.

Nem tudo o que é elaborado pelo analista pode ser transmitido. Deve-se discriminar e dosar a informação: até onde se pode aprofundar um assunto e com que ritmo fazê-lo, para evitar que a angústia que produz nos pais os paralise e provoque uma fuga. A bússola para não cair em excesso ou em falta é a capacidade de escutar os pais e ver até onde podem ir metabolizando o que se transmite e quais associações ou novas vias vão se abrindo com o que está sendo falado.

Deve-se estar atento às transferências recíprocas que se estabelecem. Se aparece o "como eu digo? Não tenho coragem", pode estar representando, na transferência, os aspectos infantis, indecisos e temerosos depositados pelos pais. Ou estar em funcionamento uma exigência superegoica dos pais.

As respostas dos pais frente ao processo de devolução permitem perceber a quantidade de dano narcísico que implica toda consulta, a capacidade do casal de vivenciar emoções, a excessiva intelectualização e a rigidez obsessiva que lhes estorvam a riqueza e a capacidade de pensar.

Nas entrevistas devolutivas pode-se começar a pontuar e trabalhar certos aspectos das relações familiares que têm a ver com as vicissitudes das funções paternas e maternas e que dificultam a colocação do filho como um terceiro na estrutura.

A família pode se apresentar como um grupo grudado, indiferenciado, sem distinção nem diferenças entre pais e filhos, nem intimidade. As relações podem ser invasoras e isso pode também traduzir-se em alianças entre um dos pais e os filhos.

Também é perversa a exibição da sexualidade dos pais, deixando os filhos como espectadores, *voyeurs* da cena primária, com o argumento intelectual de que não devem reprimir a sexualidade, como provavelmente sucedeu na educação deles, pais. No entanto, é natural que os filhos saibam que os pais têm vida sexual, que a sexualidade não é pecaminosa, já que esse exibicionismo tem um efeito excitatório e traumático. Rompem-se espaços de intimidade e passam a tratar o sexo com uma naturalidade que não tem.

> Como exemplo, vejamos Martin, um jovem de 21 anos, que se consulta porque está obcecado com a ideia de ser homossexual. Tem uma noiva há dois anos e numa viagem com ela a Amsterdã, vão a um bar gay e essa ideia se acende e o atormenta. Nunca tinha tido relações homossexuais. Conta que tem duas irmãs, uma de 23 e outra de 24 anos, e que são muito bonitas. Martin é filho de pais do "maio francês".[1] Em sua casa tem "muita liberdade sexual". "Sempre estive obcecado por sexo, por ver a minha mãe de calcinha. Vi minha mãe nua infinitas vezes... às vezes sonhava que fazia amor com ela. Acordava mal, muito culpado, não podia olhá-la no rosto. Minhas irmãs também ficam nuas e são tão bonitas.... Eu tenho me masturbado bastante, obcecado por sexo. Às vezes estou com minha noiva e penso que é um tio e isto me deixa péssimo".
>
> Suas obsessões de ser homossexual atuam como uma defesa frente aos seus desejos heterossexuais que são vividos incestuosamente por ele. Estar com uma mulher é estar com sua mãe ou com suas irmãs. O exibicionismo familiar teve um efeito excitatório e altamente traumático para ele.

O que se procura nas entrevistas devolutivas é esclarecer, à medida do possível, os mitos familiares, com possibilidade de repetição, desencadeando rígidas e patológicas estereotipias. Os filhos com seus sintomas podem converter-se em porta-vozes de seus pais.

Situações traumáticas que os pais tenham sofrido e que não tenham sido elaboradas podem retornar de forma ativa ou passiva em seus filhos. Pais que tenham sofrido maus-tratos podem identificar-se com o agressor,

---

1 Refere-se a maio de 1968 na França, ocasião em que os estudantes anunciaram as bases da revolução sexual, principalmente a liberdade sexual que se espalhou entre os jovens de todo o mundo.

convertendo-se em pais tirânicos e sádicos, colocando o filho no lugar que eles estavam quando pequenos. Ou ao contrário, não colocar limites em seus filhos, mantendo-se como pais fracos, pelo temor de que ocorra o mesmo com eles.

> Pode-se comentar como vinheta clínica o caso de uma mulher de 54 anos que conta ter sido uma menina maltratada pelo pai e limitou-se a ficar calada. "Aos oito anos ele me causou muitos danos, meu pai me obrigava a masturbá-lo. Minha mãe me pedia para que me deitasse com ele na hora do descanso (sesta). E ela fingia que não via. Meu pai me dava um beijo na boca e eu afastava o rosto. Minha mãe se dava conta, mas nos dizia que tínhamos que querer a nosso pai".
> Mas agora acontece "uma coisa terrível que não posso superar... tem ocorrido algo parecido com minha filha, ela me contou muito pouco". Às vezes, essa mulher deixava sua filha dormir na casa de seus pais e sua filha contava que em algumas noites "ele tentava 'coisas'. Ela não deixava, e ele dizia que ia se masturbar pensando nela". Tentou penetrá-la três vezes, entre os oito e os dez anos.
> É dramática a repetição: como sua mãe, entrega sua filha ao avô, como sua própria mãe "fazia como se não visse". Justifica-se dizendo: "Eu acreditava que, com a idade, meu pai tivesse se transformado em uma pessoa".

As entrevistas devolutivas permitem também reintegrar uma imagem do filho, dos pais e do grupo familiar corrigida, atualizada e ampliada, que nem sempre coincide com o que trazem à consulta. Mostrando-as ao filho diferente do que eles acreditam ou desejam, quer dizer, questionando as imagens refletidas narcisicamente, pode-se ajudar a perceber outra identidade do filho.

Os pais são responsáveis pela efetivação do tratamento. Deve-se mostrar os perigos que se corre se não se aceitar a recomendação. Em casos graves o silêncio pode significar uma aliança implícita com os aspectos mais negativos e descuidados dos pais. Tampouco deve cair na fé cega ao supor que o tratamento "vacinará" contra situações graves, para evitar o maciço depósito na análise do filho e seus conflitos.

Se a resistência dos pais for muito forte e se considerar egossintônico o mal-estar do filho, a devolutiva requer maior espaço e tempo.

O psicanalista pode converter-se para ele em um objeto fóbico ou persecutório, e como tal deve ser evitado.

As entrevistas ganham em riqueza quando surgem recordações reprimidas, e quando há certo processo de elaboração dos pais no trabalho das primeiras entrevistas.

Finalmente, o objetivo dessas entrevistas é tentar esclarecer, na medida do possível, a presença de mitos imprescindíveis para a sobrevivência familiar, quais são os distintos papéis e como eles são desempenhados, de forma complementar ou não, com os da criança, assim como as resistências e defesas que a família utiliza para manter seu equilíbrio.

Capítulo 3

O enquadre

O enquadre é o marco no qual vão se dar as condições necessárias e imprescindíveis para o funcionamento do dispositivo analítico.

Certas questões sobre o enquadre vêm sendo discutidas, investigadas e modificadas desde que Freud estabeleceu as primeiras diretrizes em seus artigos técnicos de 1912.

Entretanto, é certo que tanto em psicanálise de adulto como de criança, certas questões básicas continuam sendo aceitas por todas as correntes psicanalíticas, cada uma contribuindo em sua nova concepção sobre o mesmo, de acordo com seus critérios teóricos.

Fala-se de enquadre sempre que se possa aceitar determinados aspectos que deverão permanecer invariáveis para que o processo analítico funcione.

Aqui se deve fazer referência às coordenadas estabelecidas pelo analista que pedirá ao paciente e à família que as combinações se cumpram estritamente. Com isso se faz referência às questões que correspondem ao trabalho do psicanalista, e que desse modo deixa fundamentado os pilares sobre os quais se construirá uma relação transferencial produtiva. O analista tem que se colocar na posição daquele que ordena as coisas para que o trabalho analítico se cumpra.

De alguma maneira, e dessa posição, o analista de criança se situa numa condição paterna, da qual se exige o cumprimento de certas regras fundamentais para o prosseguimento do tratamento. Estes movimentos de abertura de uma análise, assim denominado por Freud em 1912, Winnicott os reelaborou tecnicamente, como o lugar de onde o analista pode expressar seu ódio sem ser destruído.

Para compreender melhor a proposta, há que se retomar a ideia de Winnicott de que toda mãe, a princípio, para poder constituir-se e construir-se como uma mãe suficientemente boa, deve poder fazer uso do ódio que sente em direção a seu filho. Desde o ódio que lhe gera por considerá-lo culpado de uma separação que a completava quando estava grávida e seu bebê dependia 100% dela, até nas situações mais concretas da vida cotidiana e que se acentuaram cada vez mais desde o nascimento. A elaboração de que o bebê não é uma parte sua, um prolongamento seu, mas, ao contrário, é um ser que, embora no início tenha uma dependência total, também desde os primórdios demonstra que é um ser separado dela e que tende e tenderá à total independência do outro. É dito que a mãe pode fazer uso deste ódio que sente em direção a seu filho porque este não é um objeto que a completa.

> Em conversas concretas e cotidianas com as mães nas entrevistas, pode-se perceber este ódio quando uma mãe comenta: "Não pude dormir durante os primeiros meses de vida do meu filho. Só podia estar por ele e para ele". De outras mães se escuta o mesmo ódio, porém deslocado para o lado mais narcisista da mãe: "Já não volto a ter o mesmo corpo desde que tive meu filho"; "deformou meus seios"; "estragou minha vida sexual...".

Também foram os criadores da escola inglesa que propuseram que esse ódio materno teria um correlato no bebê. Sua mãe não está ali sempre que o necessite dela, não é incondicional nem é um apêndice dele mesmo. A partir de sua separação, deverá aprender a construir momentos de prazer e satisfação sem a presença da mãe. Quando se muda essa situação na análise, o analista expressa seu ódio sem ser destruído, colocando esta série de variáveis constante dentro do enquadre analítico. Esta estudada e aparente antipatia do analista na hora de fazer respeitar estritamente horários, honorários, possibilidade de interromper a sessão se considerar adequado, ou não prolongar a sessão além do estritamente combinado, são formas sutis de mostrar este ódio materno primário, uma vez que estão funcionando como continente-conteúdo, que preserva o espaço terapêutico da confusão que poderia acontecer com qualquer outro espaço. Faz-se referência às variáveis mais comuns de uma análise, tão logo iniciado o processo, sobre sua aceitação ou recusa, sua negação ou em confrontação (pôr à prova), e poderá se obter um material muito valioso para a interpretação ou, no mínimo, para a compreensão do que está acontecendo com o paciente e sua família. Nestes casos, referindo-se às variáveis – que devem permanecer o mais estáveis possível – como: as horas de sessão, o lugar, sua duração, os honorários que se cobra e quem deve pagar. Estes temas serão retomados adiante.

Quando se fala de enquadre não se fala somente dessas variáveis estabelecidas que correspondem ao terapeuta, também se faz referência ao marco de trabalho a partir do qual vão se realizar as sessões e em que condições vão se realizar.

Neste sentido não há receitas únicas; cada terapeuta vai seguir o seu modelo teórico. Mas nenhuma das diferentes correntes da psicanálise atual vai contradizer o objetivo de se proporcionar ao paciente um meio estável (o mais estável possível) e confortável para que possa desenvolver suas associações livres, sejam desenhos, jogos ou palavras. Freud sugere que a consulta deva permanecer invariável e que deva ser em um lugar dos mais confortáveis possíveis para que o paciente e o analista desenvolvam o processo analítico. Desde então se sabe que dentro do enquadre analítico, o analista pede que o paciente siga a regra fundamental da associação livre, oferecendo-lhe como contrapartida a própria regra da atenção flutuante.

Na análise com crianças isso muda, mas não radicalmente. Não se espera uma associação livre baseada unicamente em suas palavras, mas que lhes informe que tudo aquilo que realizar dentro do campo analítico será tomado como uma associação livre, enquanto a esperada atenção flutuante do analista, mais uma vez, tenha que se transformar em atenção consciente, para não permitir que as pulsões parciais que se desdobram na criança invadam o território da análise durante as sessões.

A atenção flutuante, tão esperada por um analista, se converte às vezes em uma concentração permanente por parte deste, sobretudo se o pequeno paciente requer que o analista participe para fazer parte de um jogo, ser a professora, jogar xadrez, ser o adversário de uma partida de futebol etc. Nesses casos, o analista de crianças deve estar suficientemente afastado para poder entrar no jogo e estar fora dele ao mesmo tempo. Winnicott dizia que o analista é jogador e observador e que tem que se deixar usar.

Continuando com as propostas winnicottianas, pode-se dizer que o enquadre analítico tem que ser o mais parecido com o *holding* materno. Essa proposição tem uma base teórica importante a se levar em conta: transformar o espaço analítico em um espaço transicional, dentro do qual pode se realizar fantasias e jogos do paciente sem que o terapeuta se sinta ferido ou molestado pelos mesmos. Esta é uma resposta diáfana de Winnicott à técnica utilizada por Klein, que interpretava os ataques ao enquadre como ataques à figura do analista, representante por sua vez de imagens parentais projetadas.

Ao colocar o enquadre dentro do espaço transicional, pode-se trabalhar sobre as pulsões parciais do paciente sem que essas afetem nenhum correspondente significativo na vida atual da criança. O espaço potencial corresponde à criança, mas ela mesma sabe que não corresponde. Trata-se de um ensaio de criar sua própria vida mental, sem as interferências pulsionais, ou, dito de outro modo, o espaço transicional permite trabalhar sobre o imaginário da criança para uma posterior simbolização e historicidade.

O conceito de espaço transicional é uma hipótese de Winnicott que ele insistirá quando se trata do tema do brincar, mas vale a pena deixar aqui constado do que se trata. Refere-se a uma dimensão do viver que não pertence nem à realidade externa nem à realidade interna, mas ainda assim, se trata do lugar-espaço, no qual os dois, o interno e o externo se conectam e se separam. Desde o ponto de vista do desenvolvimento, o espaço transicional começa como uma ferramenta de separação da díade mãe-bebê, e é neste espaço em que se colocarão e assentarão as capacidades híbridas e criativas de toda criança.

Quando se deslocam estes conceitos do enquadre analítico, se entende que a posição do analista, recebendo o paciente dentro de determinadas coordenadas que formam o enquadre, propicia um espaço que não pertence a nenhum dos participantes da díade analítica. Se favorece a ideia de que ali tudo pode suceder e, sobretudo, que nesse espaço o paciente pode realizar toda sua "fantasia" sem confundir-se, nem com a realidade nem com a realidade do terapeuta. Por isso, dentro desse espaço paradoxal, o paciente poderá destruir o analista sem feri-lo nem destruí-lo e, ao mesmo tempo, poderá abrir um espaço, por meio das intervenções do terapeuta sem que estas signifiquem um ataque à integridade do seu ser no mundo. Supõe-se que está fazendo referência a quadros neuróticos na infância.

Manter o espaço analítico como um espaço transicional requer muita habilidade por parte do terapeuta. A regra de "abstinência" é fundamental. O analista se abstém de formular e formar juízos de valor ou rótulos que classificam o paciente em quadro nosológico preconceituoso, iatrogênico e facilitador de estigmas, e lhe permite construir um espaço de escuta onde o realmente criativo, verdadeiro e próprio da criança, se pode desenvolver. Trata-se de compreender em qual situação a criança está nesse momento e acompanhá-la para que possa sair de um lugar que mantém amordaçada sua própria criatividade e, portanto, sua capacidade de construir-se a si mesma.

Para favorecer a criação desse espaço transicional sobre o qual transcorrerá a análise, o enquadre deve estar bem estabelecido desde o princípio, sem que isso prejudique o cumprimento de normas preestabelecidas e restritas, que não favoreçam a mobilidade que cada caso necessita; no entanto, sempre estabelecendo as bases para que o potencial da criança se desenvolva livremente.

Como implantar esse enquadre na psicanálise de crianças? Aqui novamente falamos sobre as diversas transferências que devem ser levadas em conta. Com os pais, e sempre seguindo a particularidade de cada caso, se planejará um enquadre concreto: visitas periódicas, visitas esporádicas, visitas para a demanda dos pais, visitas para a demanda da criança-paciente, visitas com a demanda do analista. O leque é amplo e também nesses casos cada escola psicanalítica se ocupa de propor certas bases, muitas vezes bastante dogmáticas. Por exemplo, para Melanie Klein, ver os pais durante o tratamento de um filho interferia na transferência do mesmo e optou por deixar fundamentado que quanto menos se trabalha com os pais, melhor sucederia o tratamento de seus pequenos pacientes (postura peculiar, se pensarmos que no início ela mesma tentou tratar de um de seus filhos). Anos mais tarde, a reformulação teórica lacaniana contribuiu e promoveu entrevistas periódicas com os pais para que pudessem enfrentar suas próprias fantasias e, assim, separar das fantasias da própria criança. Dolto e Mannoni deixaram explícita a importância da comunicação permanente com os pais; a mesma Dolto sugeria aos pais que fizessem anotações sobre o que acreditavam que estava acontecendo com o filho, e Mannoni, sua discípula mais próxima, chegou a postular que às vezes era mais necessário ver os pais do que o próprio filho. Anna Freud, por sua vez, propôs estabelecer uma aliança terapêutica com os pais fazendo indicações diretas se assim fosse necessário ou orientações de caráter especificamente pedagógico, pretendendo modificar a conduta dos pais que acreditava ser prejudicial para o desenvolvimento de seus pequenos pacientes.

Seja qual for a postura que se adote com os pais dentro do tratamento de uma criança, no que diz respeito ao enquadre, pode-se chegar em determinadas conclusões que não alterem o trabalho específico com a criança. Sobretudo uma variável concreta: que as entrevistas com os pais sejam comentadas e nunca ocultadas das crianças, esclarecendo que todo material que apareça nas entrevistas com os mesmos se comentará com a criança, sempre e quando for um material que lhe interesse e lhe preocupe. Também pode acontecer nas entrevistas com os pais de aparecerem determinados materiais que são exclusivos destes e também a eles se deve assegurar que se trata de temas secretos e que seu filho, que está em tratamento, não saberá nada sobre o assunto.

Outro esclarecimento também importante que pertence ao sigilo profissional é poder dar à criança a segurança de que escutará e tentará compreender os pais, mas que de nenhum modo se romperá o segredo profissional. É certo que como terapeuta não se falará o que a criança manifesta e desenvolve nas sessões, apenas que se escutará os pais e nada mais.

Outra especificidade do enquadre na psicanálise com crianças se refere à caixa de brinquedos. Geralmente se prepara para cada criança uma caixa de jogos. É individual e nela se colocam materiais que, segundo a idade, ela poderá aproveitar para realizar os seus jogos: massa de modelar, cubos de madeira, bonecos, linha, papel, tesoura, cola, fita adesiva e alguns jogos que nas entrevistas iniciais tenham surgido como preferência da criança.

Toda criança em tratamento deve saber, como parte do enquadre, que essa caixa de brinquedos pertence somente a ela; assim mesmo, se deve esclarecer à criança que todas as produções realizadas nas sessões deverão ficar dentro de sua caixa de jogos.

Esse tema sempre traz dificuldades na prática do dia a dia. Há crianças que durante um tempo querem trazer um brinquedo de casa. Deve-se aceitá-los pois seguramente está fornecendo algum material muito rico para ser analisado. Se o brinquedo é da criança e ela quer deixar durante um tempo junto com os outros brinquedos isto deve ser permitido. Algum dia ela vai querer levar de volta para sua casa novamente. As dificuldades começam quando a criança quer levar para casa algum jogo, desenho ou brinquedos de sua caixa, ou algo produzido durante a sessão. Aqui aparece outra vez o manejo do enquadre pelo analista: se o contrato estabeleceu claramente que isso não pode acontecer, terá que se manter firme nessa postura, e essa firmeza possui uma base teórica que sustenta o enquadre. O produzido na sessão é algo que pertence ao espaço transicional; em outras palavras, pertence ao espaço analítico. Levá-los para casa, exibi-los ou tirá-los da sessão é uma pretensão de romper o enquadre. São pequenas ciladas da resistência de cada criança que não se deve permitir.

Outro tema importante relativo ao enquadre e que exige características específicas na análise com crianças, refere-se ao pagamento. Parece que a questão do pagamento é um dos tabus entre os psicanalistas. Realmente há pouca bibliografia sobre o tema. Freud só se ocupou deste tema em seu trabalho *Sobre o Início do Tratamento*, em 1913. Deve-se combinar o pagamento, não o dinheiro, uma vez que o dinheiro não é o pagamento, mas apenas se constitui em seu veículo. O dinheiro, no discurso analítico, tem a ver com as significações inconscientes que o paciente e o analista vão descobrindo. Freud, em seu trabalho de 1917 *Sobre a Transmutação dos Instintos e Especialmente o Erotismo Anal*, disse: "O significado mais imediato do interesse pelo cocô não é provavelmente o de ouro-dinheiro, apenas de presente. A criança não conhece o dinheiro a não ser aquele que lhe é presenteado, não conhece o próprio dinheiro nem o que foi ganho nem o herdado. Como o cocô é seu primeiro presente, transfere facilmente seu interesse dessa matéria (cocô) para aquele objeto novo, que na vida lhe é passado como o presente mais importante". Portanto, o dinheiro e os excrementos adquirem o valor de uma dádiva para o Outro. Em castelhano, pagar significa: "corresponder a um afeto ou a um benefício recebido"; "satisfazer um ao outro no que se deve", e também significa "satisfazer a culpa por meio da pena". A definição de pagamento envolve algo que troca uma *dádiva* por uma *dívida* e/ou pela *culpa*, todos esses elementos que intervêm na enfermidade dos pacientes e na situação analítica.

Apesar de sua importância, parece ser um tema evitado no discurso analítico. Por quê? Em seu recente trabalho *O Dinheiro, os Honorários, o Tempo – Um Espaço Virtual no Campo do Real*, Carpman atribui esta esquiva ao caráter anal de seus conteúdos. O tema recebe interesse quando se recorda que Freud introduziu a questão do tempo em imediata correlação com o tema dos honorários. Honorários e tempo, "o caráter de tabu sobre o que se tem apresentado, mostra de maneira suficiente que a subjetividade do grupo está pouco liberada a esse respeito, e o caráter escrupuloso – para não dizer obsessivo adquirido por alguns, senão pela maioria – é sem dúvida o sinal da existência de um problema que ninguém está disposto a abordar, pois sente que isso iria longe e poria em dúvida a função do analista" (Lacan, *Função e Campo da Palavra*).

Freud, depois de anunciar que são poucas as aberturas no xadrez, disse: "O analista não deve pôr em dúvida que o dinheiro tem que ser considerado como um meio de sustento e de obtenção de poder, mas afirma que na estima do dinheiro coparticipam poderosos fatores sexuais. Ao comunicar-lhe (ao paciente) espontaneamente o quanto cobra pelo seu tempo, ele próprio demonstra o quanto já se desvencilhou de toda a falsa vergonha".

Quando Freud aconselha falar do dinheiro com os pacientes – em oposição a outros médicos com atitudes de "bondade" e complacência com seus enfermos, para evitar acrescentar falsamente neles uma estima e idealização dessa imagem supervalorizada a serviço de sua submissão – está propondo um esclarecimento reflexivo e sistemático de um vínculo, paciente-analista, que deve permitir o mais amplo espaço para a sua análise. *O que não se trata pode ser o que mais precisa ser elucidado.*

O que se pode pensar do pagamento na análise de crianças? Trata-se realmente de outro jogo de xadrez, ou é o mesmo com diferentes aberturas e finais? E se nesse jogo de xadrez contar com "a extraordinária diversidade das constelações psíquicas intervenientes, a plasticidade de todos os processos anímicos e a riqueza dos fatores determinantes?" (Freud, 1913).

A extraordinária *diversidade* das constelações psíquicas intervenientes. Pode-se postular que é exatamente isso o que faz a psicanálise de criança ser tão específica? Na análise de uma criança há intervenientes e interventores. Vem a criança mas intervêm os pais, dos quais a criança depende tão afetiva como economicamente (e isso sem contar os casos que tentam intervir outras pessoas que a rodeiam e que acreditam que têm "algo a dizer": avós, tios, professores etc.).

Como ganhar uma maior independência da criança no que refere a seu tratamento, sem deixar de escutar os demais fatores intervenientes?

Fica aberta a interrogação. Como uma possível resposta a essa pergunta, é possível refletir sobre as ideias de F. Dolto sobre o *O Pagamento Simbólico*.

A única menção de Melanie Klein sobre a questão do pagamento na psicanálise de criança se encontra em uma carta datada de abril de 1945, na qual escreve: "[...] É preferível que a criança não conheça o valor dos honorários porque seguramente lhe parecerá exorbitante. Os pais devem dizer que é como pagar a escola ou uma coisa assim. De nenhuma maneira penso que se deve fazer a criança acreditar que ela mesma é quem paga o analista".

"Dizer à criança que é como pagar a escola ou coisa assim...!" Alguns pais, frequentemente, dizem muito mais que isso. Assim, algumas crianças são levadas à escola, ou a outras "coisas": às segundas-feiras vai no inglês, e às terças-feiras no psicanalista etc. Entretanto, é possível que a criança não saiba nem o valor da escola, nem das aulas de inglês das segundas-feiras, nem quanto cobra o psicanalista, pois simplesmente vão e vem levados pelos pais.

Não somente devem saber que se paga ao analista, como quanto se paga a ele e, se for possível, sempre de acordo com a idade, são as crianças que devem fazer o cálculo sobre o quanto os pais devem pagar e ainda ser a criança quem entrega o dinheiro para o terapeuta. Em seus jogos expressarão suas fantasias inconscientes a respeito do pagamento, do mesmo modo que um adulto verbaliza na sessão.

No livro sobre *Teoria e Técnica da Psicanálise de Crianças*, Arminda Aberastury relata um único caso que faz referência ao tema do pagamento. Mário, um menino que começa a sua análise aos sete anos e meio, com quatro sessões semanais, e que, após um tempo de tratamento, por problemas financeiros, reduziram para três sessões semanais. Na primeira sessão, depois da redução das sessões, Mário entrega ao analista uma moeda sua, de sua mesada semanal, para pagar-lhe a sessão que falta. O analista recusa e Mário comenta que ao chegar em casa pendurará uma corda no telhado e trepará nela. O analista então interpreta para ele este intento maníaco de negar a sua impotência oferecendo seu dinheiro, e que o juízo de realidade o fez expressar que necessitava aumentar a tragédia, para enfrentar o pagamento (tão impossível como trepar no telhado com uma corda).

Não se discutirá a intervenção do analista de Mário, mas convém destacar que, maníaco ou não, a criança de oito anos e meio já queria pagar a sua sessão de análise.

> Esteve em tratamento uma menina de três anos, cujos pais procuraram a consulta por ela apresentar uma masturbação compulsiva que se tornava insuportável. A menina falava uma espécie de gíria somente compreendida por sua mãe. No primeiro ano de tratamento se decide ver a menina e a mãe juntas. Durante esse ano, ao final de cada sessão, a mãe pagava e, já

que abria a bolsa, aproveitava para dar-lhe uma guloseima, assim "não teria que escutá-la na viagem de regresso à casa". Até que um dia, Berta pediu a sua mãe que esperasse lá fora. Ao finalizar a sessão, a mãe entrega o dinheiro e dá uma bala à sua filha. Ela pensou e, diante do assombro da mãe, ofereceu-me a bala. A mãe disse: "Não! Olha que não tenho outra... Por que dá a este senhor?" (assim ela me chamava) Berta foi breve: "Porque quero".

Pode-se considerar este fato pitoresco como um pagamento simbólico?

No Seminário de Psicanálise com Crianças, F. Dolto propõe: "Somente estamos a serviço de quem nos pede, do que sofre e do que tem algo a dizer. Quando as coisas assim se entendem, é surpreendente como o pagamento simbólico se converte em um crescimento do sentimento de liberdade, permitindo à criança trabalhar para ela mesma, graças a alguém que a ajude ou que recusa a fazê-lo" (segundo a proposta de Dolto, a criança paga para poder expressar-se, embora possa vingar-se dizendo "te odeio, e ainda tenho que pagar por isto"). Paga para ser escutada.

"A finalidade da psicanálise é estar a serviço de alguém para uma compreensão que restitua a si mesmo como pessoa, num lugar onde seu desejo seja considerado como conflito interno. Por isso, nossa técnica e nossa ética respeitam as leis de seu desenvolvimento; têm que ser flexíveis para a pessoa, não devem ser controladas pelos psicanalistas; não devem depender de outra pessoa que não seja ela mesma".

No entanto, como foi mencionado anteriormente, uma das questões que fazem a especificidade da psicanálise com crianças é que estas se encontram em total dependência em relação a seus pais. São os pais que procuram e consultam, são os pais que nos pagam e são os pais que muitas vezes tiram seus filhos do tratamento sem levar em conta o desejo da criança. Nesse sentido, o pagamento simbólico pode ser entendido como aquele que permite à criança sustentar sua demanda da análise tornando-se independente dos pais em seu processo de subjetividade.

Como diz B. Salzberg nas *Jornadas de Homenagem a Freud*: "Trata-se de adequar o dispositivo analítico para que as crianças sejam escutadas".

> Uma menina de 11 anos, que estava em tratamento, pagava suas sessões de acordo com o combinado com a terapeuta, com folhas de plantas. Num

> determinado tempo, os pais pediram uma entrevista; estavam decididos a interromper o tratamento de sua filha porque esta estava pior que antes. Trouxeram-na porque era muito antipática e respondona, o que não permitia ter amigos nem brincar com ninguém, mas agora começava a ser respondona com o pai e isso ele não podia tolerar. Se algo os impedia de tomar a decisão de interromper o tratamento era que cada fim de semana que saíam a passeio, a menina continuava recolhendo folhas para pagar suas sessões.

O que se propõe dizer à criança antes de começar o tratamento é: "Seus pais pagam por você. O que eu quero é algo que demonstre que é você, e ninguém mais, que quer este tratamento. Um sinal". Possivelmente esse sinal poderá nos dizer algo; ser decifrado como uma mensagem. Assim, mediante esta forma de abertura, o pagamento simbólico também permitirá à criança falar sobre o que não conhece de si mesmo e a perturba.

> Ao iniciar sua análise, Javier tinha dez anos, era órfão de pai desde os dois e era o último de seis irmãos saudáveis. Ele, em transformação, sem saber por quê, de vez em quando tinha que queimar alguns brinquedos e livros no terraço de sua casa. Javier decidiu trazer como pagamento alguns smurfs. A cada sessão trazia um smurf diferente e demorou muito para falar sobre do tema, buscava um smurf psicanalista e não o encontrava – pois há smurfs de todas as profissões. Um dia, decidiu trazer um grande smurf, declarando: "Não é o pai, os smurfs são todos irmãos que não têm pai".

Dolto, ao abordar em seu seminário a questão do pagamento simbólico, fez surgir na plateia uma questão importante: "Por que chamá-lo simbólico? Por que não chamá-lo simplesmente de pagamento, dado que custa à criança?". A resposta de Dolto pode clarear a situação: "O dinheiro se localiza na dialética anal, e o pagamento simbólico não está sendo usado para isso, não serve para situar o analisando numa dialética anal, mas para fazê-lo consentir numa dialética de sujeito, uma dialética do ser. O psicanalista reconhece, por meio desse pagamento simbólico, o analisando como um sujeito que espera que o analista o escute. O dinheiro é por sua vez real e simbólico. Do lugar dos analistas somente se recebe o dinheiro real, mas se sabe do valor simbólico que tem para o outro, o analisando, principalmente quando se entende o sentido que tem para ele". Para uma criança, o pagamento, esse sinal, é sempre verdadeiramente simbólico, pois o representa como sujeito que assume sua responsabilidade, inclusive se a criança reconhece que, na realidade, são os pais os responsáveis por ele.

> Gretel, a menina de 11 anos mencionada anteriormente, foi trazida pelos pais por ser antipática, respondona e insuportável. Tal era seu caráter que não havia empregada que durasse mais de uma semana em sua casa. Além do mais, não tinha amigos e ninguém queria brincar com ela. Era terrivelmente mentirosa, principalmente com os pais, que reconheceram haver mentido a ela sobre o motivo real de uma separação que tiveram. Gretel, que começou sua análise com 11 anos, pagava suas sessões com folhas secas, que recolhia no campo nos finais de semana. Sempre falava de folhas mortas, secas, podres, rasgadas. Um dia, entretanto, trouxe como pagamento duas folhas de Potus[1] unidas por seu cabinho e disse: "Desta vez vou pagá-lo com umas plantas, se colocar estas folhas na água, formarão raízes, isto quer dizer que com o tempo poderá ter brotinhos (filhinhos)". Por suas associações posteriores se supõe que no dia anterior havia aparecido a primeira menstruação.

Todas essas questões relativas ao enquadre permitem refletir sobre sua real importância em toda análise e, sobretudo, na análise com crianças.

Seguindo Winnicott, pode-se afirmar que a transferência do paciente se dará antes sobre o enquadre do que sobre a pessoa do analista. A partir dessa ideia, para que haja uma boa transferência, deve-se ter estruturado um enquadre adequado. É possível que não seja o mesmo para cada paciente, mas é importante que se mantenha intacto para cada paciente em particular.

---

1 Potus é uma planta da família das aráceas, *Dieffenbachia maculata*, originária da Amazônia, de folhas verdes com máculas brancacentas e irregulares, bastante cultivada como planta ornamental de casa ou escritório; suas folhas e raízes tem bactérias que absorvem os poluentes aéreos das grandes metrópoles.

Capítulo 4

A transferência em crianças

A transferência na psicanálise com crianças tem certas particularidades que necessitam ser consideradas. Além de ser massificada e rápida, não somente se desenvolve com as crianças, mas também com seus pais, e até em determinadas situações com quem os enviam e que têm um lugar destacado como autoridade de referência para a família, como o professor e/ou o pediatra.

A transferência é o processo que corresponde aos desejos inconscientes que se atualizam e se apresentam sobre certos objetos, com os quais se repetem as matrizes infantis.

As matrizes infantis são elementos fantasmáticos, é como o sujeito estrutura seu mundo e as vai repetindo. Com a fantasia o sujeito monta um cenário, que é afinal repetido, e nele incluirá o psicanalista em uma das dinâmicas psíquicas já formada. Na transferência se manifesta o mais íntimo do sujeito: suas pulsões, sua infância, seu narcisismo e seu Édipo.

A análise é na realidade a análise na transferência; não é um simples conceito da técnica, é um elemento central, e sua conceituação incide na condução da análise.

A transferência também inclui e envolve o analista, porque seu inconsciente, seus fenômenos de repetição, transferência e narcisismo também estão em jogo.

Isso se potencializa na análise com crianças porque – como foi indicado anteriormente – se desenvolvem transferências destinadas aos pais e, às vezes, do professor e do pediatra e respectivos narcisismos, e porque não se trabalha com "a criança do adulto", o infantil que perdura no adulto, mas com a própria criança, e isso impacta de outra maneira, mais traumática, mais angustiante, no inconsciente do analista, que se defronta de certa forma com a própria vivência originária de dependência e desamparo, com as ansiedades mais primitivas. As projeções violentas que às vezes se desencadeiam podem chegar a tirar o analista de seu lugar.

O adulto repete o que viveu, mas a criança repete o que viveu e o que está vivendo. Há algo de contemporaneidade em sua repetição.

Além disso, com as crianças a transferência não está sempre intermediada com a palavra, são produzidas ações que às vezes necessitam ações como resposta.

É possível dar vários exemplos desse tipo de ações: ações do analista que têm a ver com funções de limite e que funcionam muitas vezes como verdadeiras interpretações transferenciais. Trata-se de situações que conectam a transferência com o enquadre; cada vez que a criança, por meio de sua repetição transferencial, tenta romper o enquadre, o analista tem que reenquadrá-lo de alguma maneira.

> Um menino hiperativo de oito anos foi levado à terapia por seus comportamentos "impossíveis de frear", segundo os pais; nas entrevistas com estes se podia saber como seu filho os deixava permanentemente em uma situação de impotência que os levou a não saber o que fazer com a criança.
> No tratamento repetia com seu terapeuta essa situação, começava a sessão, tranquilo, mas à medida que iniciava a construir uma situação de brincadeira sua ansiedade aumentava. Em poucos minutos todos os objetos de sua caixa estavam esparramados pela sala, começava a gritar e bater o pé; enquanto fazia tudo isso, olhava atentamente o terapeuta, como a desafiá-lo. Interpretou-se o conteúdo transferencial de seu desafio, pois repetia com o terapeuta o que fazia com seus pais; porém, apesar da interpretação, a situação permanecia sob a compulsão à repetição.
> Foi preciso pedir ao pai que ficasse na sala de espera durante a sessão de seu filho, em vez de sair e depois vir buscá-lo. Então, o terapeuta disse ao menino: "Quando não for possível trabalhar com você, como agora, interromperemos a sessão até que você se acalme". Durante as duas sessões seguintes, quando o menino começava com seus ataques interrompia-se a sessão, pedindo-lhe que esperasse com o pai até que se tranquilizasse e pudesse voltar a trabalhar.

Esta "atuação" por parte do analista teve um duplo efeito, o menino não voltou a desafiá-lo tentando perturbar a sessão, e o pai comentou em uma entrevista que aprendera a colocar limites mais firmemente ao filho. Na realidade, era o que o menino estava "pedindo aos gritos": uma função paterna mais efetiva e real. Primeiro a viveu em sua transferência e esta vivência permitiu ao pai exercer o seu papel.

A transferência se apresenta sob a forma do amor, e o amor de transferência é o motor do processo analítico. Na busca de ser amado procura-se restaurar a situação constitutiva do sujeito: a de ser amado, libidinizado e narcisado pelo outro para chegar a ser sujeito. É por meio do narcisismo dos pais, o narcisismo primário, que se começa a organizar a criança. Esta não é recebida somente por um meio ambiente biológico e cultural, mas, além disso, é recebida já como uma imagem, na qual se inclui o nome, o sexo e toda uma série de características que dependem das fantasias que os pais tenham acerca dela. Os pais reatualizam sua própria estrutura narcisista; e a criança será a revivência de seus aspectos infantis: "Sua majestade, o bebê".

Entretanto, o amor de transferência, além de ser o motor do processo analítico, pode constituir-se como resistência, quando acontece uma supervalorização do analista, que na realidade representa um objeto anterior perdido. Se o analisando supõe que o analista representa um ideal, ou que o analista o completa, continua com o engano fálico: não há lugar para a falta. Se nada falta, não há desejo; deseja-se o que não se tem. É a busca de completude narcisista pelo amor.

As crianças sonham colocar o analista rapidamente no lugar dos pais, que podem e sabem tudo. Não é frequente o enamoramento, mas pode se manifestar.

> Uma menina de cinco anos, atendida por fobias noturnas, ganhou uma irmãzinha e com ela vai dividir sua casa. Estamos falando que há coisas que ela terá que dividir: sua casa, seus pais e outros objetos que são seus; sua caixa de brinquedos, sua cama. Questiona que seus pais dividem a cama. O analista lhe diz que, quando crescer, se ela quiser, dividirá sua cama com uma pessoa. "Com você", pergunta com um sorriso. E o analista responde: "Não, nem comigo nem com seu pai". Ela completa: "Ah, com alguém da minha idade".

A transferência apresenta-se também sob a forma de um saber. As crianças delegam aos pais e a todos os adultos o saber. É tranquilizador supor que o outro sabe o que nos acontece. Supõe-se que esse outro, o analista, tem um saber, uma verdade sobre o desejo, assim como se supõe que a mãe sabe o que se passa com seu bebê quando este chora e não fala, o que é que este deseja.

Na análise com crianças, não só elas delegam o saber ao analista, os pais também o farão. Busca-se que o analista saiba o que acontece com a criança, que dê uma resposta sobre seus sintomas do mesmo modo que o médico deve saber o que se passa com o paciente, e assim como o professor ensina à criança o seu saber.

Não obstante, na psicanálise as coisas são diferentes. O analista possui uma teoria e uma experiência clínica, porém cada sujeito é único e diferente. Irremediavelmente recorre-se ao marco teórico e à experiência; procura-se saber o que se passa com o paciente, o porquê de seus sintomas, como construiu seu narcisismo e seu Édipo, mas necessitam-se das pistas desse caminho único e permanente que é a vida do sujeito, sua história e seus desejos. E essas pistas são dadas pela criança através de suas palavras, com seus jogos e seus desenhos, e o que falam e o que não falam os pais sobre seu filho.

Essas pistas surgem na transferência, repetindo com o analista essa matriz infantil de que se falou no início, essa peça de teatro na qual cada personagem de sua história tem um lugar e uma função, na qual ele poderá ser o salvador de sua família, ou quem fracassou em salvá-la e daí sua culpa; ou quem realiza os desejos frustrados dos pais, ou o irmão rival do pai, ou a filha que a mãe não pôde ser com sua própria mãe, ou a criança abandonada a sua sorte, ou quem tem que crescer rapidamente para manter seus pais, ou quem representa a morte e as desgraças, ou qualquer outra possibilidade que se nos ocorra como exemplos de todas as cenas da vida.

Esse lugar ou esses lugares cristalizados em seu inconsciente se reproduzem na situação analítica. Quem, na realidade, o "sabe sem sabê-lo" é a criança e seus pais. Haverá de se estabelecer um pacto, uma aliança, dirá Freud, um pacto simbólico sobre a base de elementos empáticos com a criança e com seus pais.

> Uma menina de nove anos, durante as primeiras entrevistas com seu analista, desenha uma paisagem; quando começa a pintá-la o faz com muita força, utilizando muitas cores e ocultando o desenho em questão, então o terapeuta lhe diz: "Quanta raiva você tem e como está aborrecida..."; a menina interrompe sua produção e, olhando fixamente o terapeuta, pergunta-lhe: "Você também sabe ler as mãos?". Associando a leitura de mãos com a mágica, o terapeuta fica alerta e pergunta à paciente: "Por que diz isso?". A menina responde: "Você sabe tudo, são minhas mãos que pintavam e você adivinhou que estava aborrecida através do que elas faziam".

No entanto, é preciso ter em conta que também se põe em jogo o narcisismo do analista: pode desejar situar-se nesse lugar de ideal, sendo o depositário de todo o saber do paciente, ou pode reconhecer que não está no centro do processo analítico.

Na análise com crianças é frequente que o analista ocupe esse lugar de adulto ideal, identificando-se com os pais ou com o que ele pode ter desejado encontrar quando era criança: pais ideais que tudo podem.

A análise desenvolve-se então em um campo no qual há um saber, o do analista, que não é mais do que uma suposição, e um não saber, a do paciente, que não é mais do que uma fachada.

O sujeito está submetido à escolha entre narcisismo e verdade, entre o ideal e o desejo; do lado do ideal e do narcisismo está a resistência, a resistência à verdade.

Atribui-se ao narcisismo, em última instância, a resistência à verdade. É o narcisismo que nos fez acreditar que somos o centro do Universo e que põe obstáculos à psicanálise, que nos ensinou que não somos donos nem de nossa própria casa.

Para Ricoeur, a psicanálise é uma técnica da verdade, seu objetivo é o reconhecimento de si por si mesmo, seu caminho vai do desconhecimento ao reconhecimento; nesse sentido, tem seu modelo na tragédia de Édipo: seu destino é ter matado o seu pai e ter se casado com sua mãe; em um sentido, Édipo sempre soube, porém, em outro sentido, lhe era desconhecido: agora sabe que é ele, o reconhece.

Na transferência há repetição, porque o humano não escapa à repetição, e prova disso são nossos hábitos, que são rituais repetidos. A criança deseja que se repita uma e outra vez, e com as mesmas palavras, seus contos preferidos.

A repetição fala-nos sobre o modo de funcionamento mental, ou seja, que se demonstre a forma de funcionar do aparato psíquico. A repetição são os fantasmas inconscientes, os conteúdos arcaicos; e o sujeito é o repetidor. A tarefa analítica tenta abrir uma aproximação entre o repetido e o repetidor, ou seja, que o sujeito se responsabilize pelo que repete, e que não seja um mero repetidor do repetido.

A repetição guarda relação com o gozo e o objeto perdido: repete-se o que não estava, o objeto perdido que nunca existiu. É eternizar, mediante a repetição, algo que nunca existiu, é a busca de instaurar uma primeira vez. A repetição busca uma inscrição que falta.

Freud considera que a experiência de satisfação forma no psiquismo sinais mnêmicos que consolidam o princípio de prazer. Como a mãe não é um objeto onipresente, não está sempre que o bebê a necessita, recorre à alucinação do peito, e nessa experiência alucinatória tenta manter a experiência de satisfação.

Mas existe um limite: a frustração vem do exterior; a mãe não está, e não se acalma sua fome com a chupeta: o princípio de realidade se impõe e este limita o princípio do prazer. Esse desejo infantil conduzirá (a pulsão) para uma repetição inalcançável, estendida a outros objetos.

Em *Inibição, Sintoma e Angústia,* Freud parte da premissa de que a vivência de desproteção, de desamparo do lactante, separado de sua mãe, é uma situação "constitutivamente traumática". O bebê nasce indefeso para tudo, também para autossobreviver.

Define-se o trauma como o afluxo de excitações excessivo em relação à tolerância do sujeito e sua capacidade de controlar e elaborar psiquicamente tais excitações. Esse afluxo excessivo de excitações anula o princípio de prazer (que tende a ligar as excitações de tal forma que se permita uma possível descarga posterior), e entra em jogo a compulsão à repetição e a pulsão de morte.

No *bebê* se produz um aumento de excitação pelo seu estado de desprotegimento diante da ausência do objeto materno.

Essa imaturidade biológica produz a primeira situação de perigo e cria a necessidade de ser amado, da qual o homem não se livra e que propicia a repetição dessa busca em toda sua vida.

Diante de situações traumáticas intensas o ego fica fragilizado, e sua capacidade de formar vínculo é comprometida. Com a intenção de reparação, o ego, impulsionado pela pulsão de vida (Eros) tenta inscrever esse fato para que seja possível a representação inconsciente do trauma. Para obtê-lo, tenta repetir uma e outra vez a cena traumática para significar as lembranças esquecidas do trauma. Tenta tornar inconsciente o que não pode falar sua inscrição psíquica. É como se o aparato psíquico passasse uma e outra vez a sequência de uma cena de um filme para ver se de uma vez por todas a "entende".

Há uma repetição que é estruturante, que organiza e que permite a busca da satisfação do desejo. Busca-se esse objeto perdido, mítico, e essa busca desloca-se a outros objetos. No entanto, há repetições mortíferas que deprimem o sujeito e mantêm os sintomas.

Devido à plasticidade da criança e dado que a repetição está pouco midiatizada pelo tempo, há certa contemporaneidade entre o que se está vivendo e o que se repete, deslocando-se um original na análise com crianças que vai se repetir fora das sessões.

A criança fala, desenha e brinca. Às vezes é difícil o discurso, mas dele resulta o brincar ou o desenho quando não são associados a palavras. Diante do brincar da criança, o analista pode responder brincando para fundamentar a transferência, mas é uma forma diferente de brincar. Pode parecer um companheiro de jogos, porém não é outra criança que brinca. Seu objetivo é propiciar a transferência para que se desenvolva o conflito edípico-narcisista.

Há uma situação transferencial peculiar na análise com crianças que pode complicar os tratamentos: a transferência que se desenrola com os pais.

Em *Novas Conferências* (1932) Freud assinala: "As resistências internas que combatemos no adulto estão substituídas na criança, muitas vezes, por dificuldades externas. Quando os pais se instituem em portadores da resistência muitas vezes colocam em risco a meta da análise, ou esta mesma, e por isso pode ser necessário unir à análise da criança alguma influência analítica aos seus progenitores".

M. Klein escreve em *A Psicanálise de Crianças* (1932): "Contudo, ainda que os pais estejam conscientemente bem-dispostos a respeito de sua análise, devemos esperar que sejam, até certo ponto, perturbadores".

O complicado da transferência com os pais é que, se não interpretá-la, pode ser atuada. Esse "influxo analítico", que Freud recomenda acrescentar na análise da criança, pode ser propiciado nas entrevistas periódicas durante o tratamento com as crianças. É importante facilitar o desenvolvimento transferencial e assinalar aquilo que de suas próprias histórias se repete na relação com os filhos. Isto tende a diminuir a perseguição nos pais por se sentirem culpados por causar algum mal. Repetem inconscientemente, sem sabê-lo em sua relação com os filhos o que viveram com seus próprios pais, os quais por sua vez também repetirão o mesmo processo. A diferença é que agora eles o sabem, e já não poderão alegar desconhecimento.

O analista pode colocar-se no lugar de filho desses pais, identificando-se com a criança e representar seus conflitos de modo crítico, que não se ocupam suficientemente do tratamento (do filho) ou que interferem demasiado (e não o deixam crescer).

O lugar de autoridade, do suposto saber que é outorgado ao analista, pode oscilar pelo narcisismo dos pais. O analista pode representar um rival, com o qual terá que competir, ou uma figura superegoica que julga suas ações e questiona os ideais dos pais – terão agido bem, é culpa deles? O analista pode ser colocado transferencialmente pelos pais no lugar de seus próprios pais, e pode ser um pai cruel, exigente e ameaçador, ao qual terá que acalmar ou manter distância (interrompendo o tratamento, por exemplo).

Ao pensarmos que "algo" do reprimido dos pais pode retornar na criança, a resistência em deixar este processo repetitivo pode gerar interrupções, ou outras atuações e/ou fracassos. A criança entra também nesta cadeia repetitiva dos pais, encarnando tal qual personagem nas próprias reproduções dos pais. O Édipo da criança mistura-se com o dos pais em um Édipo ampliado.

A função da análise é que a criança vá fazendo a sua história, encadeada estruturalmente à de seus pais, uma história que começa no não lembrado, no mito, porém uma história orientada para o futuro.

Para isso, é importante que o analista deixe-se viver as transferências que geram a criança e seus pais, discernir em que lugar é colocado, participar do jogo pulsional, decifrar as transferências e, com base nisso, produzir o mínimo de desprazer: sair do lugar atribuído. Isso se observa quando o analista aceita participar em jogos de regras que, se bem sejam resistenciais, permitem se colocar no lugar do par rival, para que se desenvolvam os fantasmas da criança: seu horror oral a comer e ser comido que pode levá-lo a "equivocar-se" ao contar, por exemplo, no jogo de ludo; a transgressão da lei que o leva a fazer trapaças para ganhar, a dificuldade em perder, porque está perdendo mais de uma partida. O analista coloca-se nesse lugar, para interpretar e sair e produzir mudanças nessas repetições.

Deixa-se capturar para sair e sustentar, com o peso da autoridade que se lhe confere, tudo aquilo que signifique uma abertura ou uma saída das repetições sintomáticas.

Caso Sílvia

Sílvia tinha nove anos quando seus pais pediram um tratamento para ela por seus maus modos, mau comportamento, respostas impertinentes e uma atitude muito arrogante. Os pais se preocupavam pelas situações limites que essas condutas produziam em casa, mas procuraram a consulta quando alertados pela escola: ela não tem amigas e parece que ninguém quer ficar com ela.

Nas entrevistas com os pais o analista soube que essa menina não foi desejada, inclusive a mãe esteve a ponto de abortá-la. Seus primeiros anos foram insuportáveis para ambos os pais, a mãe não lhe deu o peito e logo que pôde retornou a sua vida profissional e social para ficar pouco tempo em casa. O pai também ficava pouco em casa e nem cuidou da filha. Para estes pais o nascimento da filha modificou tanto a vida que não voltaram a ser mais os mesmos, "inclusive como casal a coisa não vai bem desde então...".

Sílvia, desde o começo de seu tratamento, mostrou a seu analista sua antipatia e rejeição; com os significantes de rejeição que o analista supunha que a menina tinha em sua fala não o surpreendia nem alterava seu comportamento. A menina dizia coisas como: "Eu não sei para que os meus pais me trazem aqui, você não vai me ajudar em nada"; "minha mãe disse que aqui vinham muitas crianças, mas eu não vejo ninguém"; "você é um mentiroso"; "a única coisa que lhe interessa é o dinheiro que os meus pais lhe dão e não eu e minhas coisas; assim não falarei delas". O analista pode ir trabalhando com Sílvia parte dessa intensa transferência e como as coisas que sentia a respeito de seus pais, ela as colocava na figura do analista, diante das interpretações a menina tapava os ouvidos, cantarolava baixinho ou dizia: "Cale-se, que você não sabe nada de nada".

Pouco a pouco Sílvia começou a brincar na sessão; no início não queria fazer nada para mostrar claramente seu aborrecimento e desaprovação. O analista, ao suportar os seus ataques, mostrou à paciente que podia sobreviver a eles e que igualmente podia se ocupar dela e trabalhar com as coisas que ocorriam com ela, permitindo abrir um espaço para brincar. Essas brincadeiras serviam para mostrar sua transferência, se propunha a brincar de professora, ela era uma professora má que lhe dava contas muito difíceis ou ditados rápidos; certamente, nas contas e nos ditados o aluno/analista terminava sendo corrigido com uma caneta vermelha que marcava que tudo estava errado e lhe colocava um zero ou vários zeros, e então dizia: "Agora você tem que chorar como um louco para que todas as outras crianças vejam que você é um idiota e, ao chegar em casa, mamãe e papai vão lhe bater por ter tantos zeros".

Outra brincadeira que apareceu foi a compra: o analista tinha uma loja de verduras e comidas e ela era uma mãe que se ocupava de comprar para fazer comida para seus 26 filhos (a mãe tinha 26 anos quando Sílvia nasceu), mas a compra sempre resultava infrutífera: "Dê-me três quilos de tomates" (ela construía as verduras e comidas com massa de modelar), "mas... não está vendo que todos estes tomates que me dá estão podres e envenenados?, terei que mudar o cardápio, dê-me batatas para 26!". E assim sucessivamente qualquer comida que pedia estava suja, podre, estragada ou envenenada e devia sair da loja queixando-se de que agora teria que deixar seus filhos mortos de fome.

Com o transcorrer do tratamento o seu brincar mudou, à medida que sua análise lhe permitiu ir se separando do lugar de desejo e rejeição nas quais sentia que seus pais a tinham colocado, já não pedia para o analista brincar. Com os materiais da caixa montava uma casa com um filho único (ela era filha única), e com os bonecos reproduzia uma brincadeira de pais que estavam sempre disponíveis para esse menino, davam-lhe presentes, preparavam coisas boas para ele comer e liam contos na hora de dormir. Durante essa época do tratamento seu interesse pelo analista era de sedução mais edípico, suas perguntas eram dirigidas para saber mais sobre o terapeuta: "Você tem filhos?", "quantos filhos você tem?, "onde seus filhos ficam quando você está trabalhando?", "onde está sua mulher?", "sua mulher é bonita?". Seu discurso sobre si mesma também foi mudando: "Eu quero ser bonita e assim terei um namorado muito bonito, me casarei e terei muitos filhos".

Próximo de sua puberdade pediu novamente a participação do terapeuta para brincar com ela, mas, desta vez, com jogos com regras, pediu acesso a vários jogos, damas, ludo, dominó, nos quais sempre trapaceava para ganhar, quando o terapeuta lhe assinalou sua trapaça e o que podia significar, ela disse: "É para deixá-lo com raiva; e o que mais me dá raiva é que você não fica nervoso se perde", "eu não posso aguentar se perco". Foi-lhe interpretado que novamente tinha que fazer coisas para os outros, seja para fazê-los ficar com raiva como para que sentissem raiva por ela. Outra vez apareceram seus aborrecimentos e gritos de "cale-se, você não sabe nada". Ao não lhe ser permitido fazer trapaças, abandonou os jogos com regras. "Eu gosto das regras para infringi-las, para não lhes dar importância"; estava próximo o início de sua primeira menstruação e assim lhe foi interpretado que ela queria transpor suas regras e sua puberdade.

Algo em sua atitude tinha mudado, de menina de nove anos, que provocava rejeição para uma etapa de verdadeira latência; havia-se acalmado muito, tinha um grupo de amigas, melhorou nos estudos e não incomodava em casa; porém, com a chegada da puberdade, reapareceu sua antipatia e se sentia permanentemente aborrecida.

Um dia, ao chegar na sessão, não quis cumprimentar o analista com a mão. Quando ele perguntou o que acontecia, Sílvia disse: "Não quero que você me toque; nunca mais". Voltou a brincar com os bonecos da casa, agora o filho não estava porque fora estudar muito longe e os pais adotaram uma menina para fazer-lhes companhia, mas a brincadeira também tinha mudado, todo o sexual se representava muito abertamente incluindo nas relações sexuais dos pais a menina que tinham adotado e em vez de ser uma brincadeira transicional, tranquilizadora, parecia angustiá-la muito. Essa brincadeira continuou durante certo tempo, período que coincidiu em não querer dar a mão para o terapeuta nem ao chegar nem ao sair. Quando foi interrogada diretamente se estava acontecendo algo sexual em sua vida, Sílvia descarregou toda sua angústia; chorando e tapando o rosto, disse: "Jamais poderei falar pra você... nem pra você e nem pra mais ninguém".

Durante o tratamento de Sílvia, o analista manteve encontros periódicos com os pais, com quem pôde falar da rejeição deles para esta filha e de suas próprias histórias. Quando ocorreu esta última cena, o terapeuta solicitou um encontro com os pais para indagar algo mais. Naquela entrevista o pai contou que havia pouco tempo abusava sexualmente de sua filha, a mãe não só não se surpreendeu, como disse que já suspeitava, porém que seguramente a culpada era a filha, que seduzia o marido. Apesar do terapeuta solicitar, nunca mais pôde ver Sílvia, pois seus pais não a deixaram voltar.

Dez anos mais tarde, Sílvia procurou seu analista e lhe pediu uma entrevista, queria cumprimentá-lo e lhe dizer que se encontrava bem, aos 18 anos saíra de casa, agora vivia com um namorado com quem pensava em se casar. Disse recordar muito vagamente cenas soltas de seu tratamento, algumas brincadeiras, alguns desenhos, mas que tinha ficado com vontade de dar-lhe a mão e dizer-lhe adeus. Nunca entendeu por que seus pais, que a levavam para o tratamento, de um dia para o outro a proibiram de voltar. Também não perguntou. Despediu-se e com um sorriso nostálgico disse: "Sabe que agora trabalho em uma quitanda?".

Caso Felipe

Felipe tinha quatro anos quando sua mãe marcou uma consulta, orientada pelo pediatra, amigo da mãe. Padecia de uma encoprese secundária. Uma mãe muito ansiosa comentou angustiada que o pai do menino os abandonara quando Felipe tinha dois anos. Ela então contou ao filho que o pai viajara, ainda que a realidade era que se fora com outra mulher. Relatou que o pai às vezes a procurava para saber algo sobre o filho e que ela, que ainda mantinha seu rancor e ressentimento, negava-lhe qualquer aproximação com a criança.

A respeito do controle esfincteriano comentou que não houve nenhum problema, que seu marido fora muito rígido e exigente com o assunto e que o menino, quando lhe tiraram a fralda, fez suas necessidades no urinol e logo no vaso sanitário. Em relação ao primeiro ano de vida de Felipe, a mãe disse que foi um menino muito desejado, que durante sua gravidez sentiu-se a mulher mais feliz do mundo e que seu desejo era ter muito mais filhos. "Tudo foi bem até que meu marido me deixou, pensei que ficaria louca, falava sozinha e muitas vezes contei para o Felipe coisas muito ruins sobre seu pai".

Houve todo um trabalho com esta mãe, antes do trabalho com Felipe. A intenção do terapeuta era ver o pai para que este autorizasse o tratamento e de alguma maneira favorecer algum tipo de relação entre pai e filho. A partir dessas entrevistas com a mãe, esta pode consultar com um advogado e regularizar sua separação. Durante o processo de separação o pai solicitou ver seu filho somente um dia a cada quinze dias e assim aceitou o juiz. A mãe falou com seu ex-marido o que estava acontecendo com Felipe e suas fezes, e o pai aceitou ter uma entrevista com o terapeuta.

Na entrevista, o pai comentou que comparecia porque acreditava que era seu dever de pai, mas disse: "Em vez de tanta psicologia eu resolveria este assunto com um bom par de tapas", lembrou como ensinou seu filho a conter suas necessidades: "Igual a que me ensinaram: disse-lhe que se fizesse alguma vez acima (encoprese) viria o homem do saco e o levaria para sempre", reconheceu ser brusco e muito rígido em questões educativas e que por ele educaria o filho e não o deixaria se aproximar de sua ex-mulher, mas que a mulher com a qual vivia atualmente, e por quem se apaixonou, não queria saber nada de seu filho. Este pai se mostrou muito agressivo durante esta entrevista até que o terapeuta lhe disse que ele não estava ali para ser julgado como pai nem como marido, que o terapeuta também não iria se posicionar por um ou por outro, que para isso tinham os advogados e os juízes. Essa intervenção o acalmou, a entrevista continuou permitindo a este pai falar sobre os castigos que sofreu de seu próprio pai, de sua história, de sua relação com a mãe de Felipe e da culpa que sentia por ter abandonado o filho. Aceitou que seu filho realizasse um tratamento e se mostrou disposto a colaborar tanto economicamente como em todas as entrevistas que fossem necessárias.

Quando Felipe começou seu tratamento pôde-se ver como havia várias transferências cruzadas, a da mãe, que busca apoio e suporte no terapeuta, a do pai, que utiliza a terapia do filho como alívio de suas culpas, a do pediatra, que disse à mãe: "Você verá como com um tratamento acabam-se todos os problemas" e a do menino, que se verá como foi levando às suas sessões todas suas imagos parentais.

Comentários sobre algumas das frases que Felipe disse a seu analista durante o tratamento:

Um dia o analista chega cinco minutos atrasado no consultório, mãe e filho o esperam na porta. Quando Felipe entra no consultório diz: "Você é mau, engana a todos, tem me enganado ao chegar atrasado, logo me engana porque me faz brincar e eu continuo a fazer caca".

Na semana seguinte ele leva um pequeno cacto para o analista: "É para você e só deve regar uma vez por semana". Nesse momento alguém toca a campainha do consultório: "Acho que é um ladrão, quando eu nasci um ladrão quebrou o vidro do carro do meu pai e lhe roubou a jaqueta".

Ao chegar na sessão seguinte: "Você regou a planta? Precisa regar todo dia". Ao não ver a planta onde a havia deixado: "Você já não cuida de mim, a planta não está aqui e não a tem regado", "você tem que mudar o nome, eu não gosto do seu nome, é horrível", para acrescentar em seguida: "dói-me muito a barriga".

Em outra sessão, quando o analista o avisa de uma interrupção de duas semanas, pega as tesouras da caixa e as joga no rosto do terapeuta, depois começa a tirar todos os objetos da caixa, quando se interpretou a sua raiva pelo abandono, pede para ir urinar, volta do banheiro com um pedaço de papel higiênico e atira-o no terapeuta: "Um dia farei uma caca e a embrulharei e lhe atirarei em sua cara", "você é muito mau porque me espia quando vou ao banheiro e isso não se faz", aponta um armário "ali dentro tem um morto, um ladrão, um homem muito mau", "direi ao meu pai que venha um dia e lhe mate, matar o médico das cacas" (assim chamavam o analista entre sua mãe e o pediatra).

Na outra sessão pede para brincar de fazer compras, mas para Felipe a loja é um lugar onde ele pode ser um adulto, uma pessoa grande que vai falar com a pessoa da loja. Ele propõe o seguinte: "Agora você não é o médico das cacas, mas o vendedor". Felipe é então um homem que vai comprar e diz ao vendedor: "Não tenho mulher porque ela foi viver sozinha, eu fiquei com meus dez filhos, uns vivem com as galinhas, outros com os porcos e outros com as vacas, vivemos juntos e têm o mesmo que eu"; segue: "Eu sou pintor... o pintor foi atropelado por um carro e morreu, agora já pode falar porque lhe abriram a boca, podemos visitar a clínica, me avisaram que sua mulher morreu atropelada por um carro e está na clínica ao lado do pintor, vamos juntos visitá-los na clínica".

Tempo mais tarde o sintoma encoprético desaparece, o terapeuta fala com os pais, em separado, para que não interrompam o tratamento. Felipe está em uma conflitiva menos anal e mais edípica e isto também se pode escutar na transferência. Em uma sessão faz uma salsicha de massa de modelar: "Esta salsicha é maior que a do meu pai", quando o terapeuta assinala que não está falando de salsichas, ele responde: "É verdade, é uma enorme serpente que vai lhe morder, não a você; não vai lhe morder porque você tem um grande pênis até o céu e as mulheres não têm pênis".

Nessa época, o pai move novamente os trâmites de separação, sua atual mulher está esperando um filho e quer se casar, também solicita ao juiz mais tempo para ver seu filho e este ajusta um novo sistema de visitas que inclui mais o pai. A mãe se descontrola com a notícia do futuro irmão de Felipe, e o menino comenta com o analista: "É melhor que venha minha mãe e não eu". Após uma entrevista com a mãe, esta pede para ser indicada a outro profissional, o menino fica sabendo e diz para o analista: "Você é muito mal, não quer ajudar a mamãe, se não ajudá-la, não me ajuda, abandona a nós dois".

Outra sessão: "Qual casa tem mais coisas, a sua ou a minha?". "Na minha casa há mais coisas porque tenho duas casas, uma com quatro cômodos e outra com três, e você só tem esta casa", "quem tem a estufa maior, você ou eu?". E acrescenta: "Eu tinha medos quando não sabia o que era o medo".

Três anos e meio depois do início de seu tratamento se decide com Felipe e seus pais a finalização da terapia. Na sessão de despedida, enquanto se senta, Felipe solta um pum: "Os puns não são de ninguém, são do vento", e acrescenta: "Não se preocupe por eu soltar um pum, não voltarei a fazer caca", "eu sou como um pum porque não sou de ninguém, nem de você, nem da mamãe e nem do papai, sou somente meu, como meus puns". E se despede do analista dizendo-lhe: "Adeus, pum, você também é um pum porque é somente seu e você já não é nada, não é o médico das cacas, você é um pum voando".

Capítulo 5

A interpretação do brinquedo

5.1. Aproximações teóricas sobre o brincar

Uma das contribuições mais importantes desde que os psicanalistas começaram a se preocupar e se interessar pela psicanálise com crianças é o fato de demonstrar, a partir de inumeráveis referências clínicas e teóricas, que o brincar da criança é totalmente factível de interpretação analítica, do mesmo modo que a associação livre o é na psicanálise com adultos.

Quando se analisa uma criança, e isso já foi indicado anteriormente sobre o enquadre, se oferece à criança uma caixa de brinquedos, cujos conteúdos dão ao paciente a liberdade de pegar o que quiser, do mesmo modo quando se diz ao paciente adulto que diga o que lhe passa pela cabeça. São poucas as crianças que, no momento em que abrem a sua caixa de brinquedos, não tentam armar e desenvolver uma brincadeira, e, se não é assim, se uma criança não pode brincar, teremos também um importante trabalho a realizar e um primeiro diagnóstico de que algo acontece na possibilidade de brincar dessa criança que está alterada, e que essa alteração pode ser a causa de graves conflitos.

Entender, compreender, escutar, ver o que faz uma criança quando brinca na sessão de análise é um dos pontos fundamentais da psicanálise com crianças. Já dizia Freud em um de seus primeiros trabalhos: "O provérbio de que no brincar se conhece o caráter do homem pode ser aceito, acrescentando: o caráter reprimido" (S. Freud, *Psicopatologia da Vida Cotidiana*, nota 81).

Mas, para entender, compreender, ressignificar, historiar, reconstruir, enfim, qualquer operação analítica que se faça com o brincar da criança na sessão, é necessário saber o que faz uma criança quando brinca.

Para começar, é outra vez o inventor da psicanálise quem dá as primeiras pistas: "Não devemos buscar na criança os primeiros sinais da atividade poética? A ocupação favorita e mais intensa da criança é o brincar. Acaso seja lícito afirmar que toda criança que brinca se conduz como um poeta, criando um mundo próprio, ou mais exatamente situando as coisas de seu mundo em uma nova ordem, agradável para ela. Seria injusto nesse caso pensar que ela não leva a sério esse mundo – pelo contrário, leva muito a sério seu brincar e lhe dedica muitos afetos. A antítese do brincar não é seriedade, mas a realidade. A criança distingue muito bem a realidade do mundo e seu brincar, apesar da carga de afeto com o que o satura, e ela gosta de apoiar os objetos e circunstâncias que imagina em objetos tangíveis e visíveis do mundo real. Este apoio é o que ainda diferencia o "brincar" infantil do "fantasiar" (S. Freud, *O Poeta e a Fantasia*).

A partir dessas primeiras ideias freudianas, autores posteriores se dedicaram mais exaustivamente a estudar sobre o fenômeno do brincar nas crianças.

M. Klein, uma das pioneiras da psicanálise com crianças, considerou durante todo o seu extenso trabalho com crianças que o brincar era o caminho principal para o acesso ao inconsciente infantil.

É por intermédio do brincar que a criança projeta suas ansiedades mais primárias e sua interpretação lhe permite entender a origem de tais ansiedades e aliviá-las, elaborá-las.

Freud apresentou um exemplo disto em sua obra *Mais Além do Princípio do Prazer*. Analisando o *Fort-Da* de seu neto, Freud assinala o brincar infantil como um dos exemplos de que são possíveis para o psiquismo atividades anímicas não reguladas pelo princípio do prazer, independentes dele e obedecendo a tendências mais primitivas. Obedecendo à compulsão, à repetição, devem conduzir a uma função mais primária: que aquilo, desprazeroso, que se repete, consiga ser ligado, inscrito, que o princípio do prazer se imponha sobre ele. O brincar, sobretudo das crianças pequenas, obedece ao impulso de elaborar psiquicamente algo impressionante, com a intenção de conseguir seu total domínio. É uma comprovação de que as crianças insistem em suas brincadeiras em volta daquilo que lhes dão medo ou que os excita até o ponto da insatisfação em uma repetição que, sempre atual, cessará somente quando a repressão possa impor sua marca.

Em outro texto o mesmo Freud aponta: "Em qualquer setor da experiência psíquica – não só na da sexualidade – é possível observar que uma impressão passivamente recebida evoca nas crianças a tendência a uma reação ativa. A criança trata de fazer por si mesma o que acabam de fazer a ela ou com ela. Está aqui uma parte da necessidade de dominar o mundo exterior a que se acha submetida e que ainda pode levá-la a esforçar-se por repetir impressões que, por causa de seu conteúdo desagradável, teria bons motivos para evitar. Também o brincar da criança se acha a serviço deste propósito de completar uma vivência passiva mediante uma ação ativa, anulando-a com isso de certa maneira. Quando, apesar de sua resistência, o médico abre a boca da criança para examinar sua garganta, ela vai brincar por sua vez, depois de sua partida, de "ser o doutor", e repetirá o mesmo violento procedimento com um irmãozinho menor, que se achará tão indefeso frente a ela como ela esteve nas mãos do médico. Não podemos deixar de reconhecer aqui a rebeldia contra a passividade e a preferência pelo papel ativo. Nem todas as crianças conseguem realizar sempre e com a mesma energia este giro da passividade à atividade, que em alguns casos pode faltar por completo. Dessa conduta da criança pode deduzir-se a força relativa das tendências masculinas e femininas que terão que se manifestar em sua vida sexual" (S. Freud, *Sobre a Sexualidade Feminina*).

Há dois aspectos, então, a serem distinguidos no brincar das crianças. Por um lado, obedecendo ao princípio do prazer, é projeção de imagens, porta de entrada nessa dimensão estruturante da realidade psíquica. Por outro, como obsessão de repetição, como mais além do princípio do prazer, é ganho de prazer, só que em um sentido mais primário, mais direto.

É esperado que, a respeito do não inscrito, o princípio do prazer consiga impor suas regras. A isso Freud chama elaboração psíquica e, de uma perspectiva tópica, instauração da repressão e do sistema inconsciente.

Este segundo aspecto, em que o brincar revela esta função mais primária, corresponde à criança do *Fort-Da*, ao estádio do espelho, às brincadeiras marcadas pela dialética presença-ausência. Tempo incipiente de constituição do sujeito, enquanto momento lógico mais que cronológico, não deveremos nos privar de ler os sinais desse tempo em crianças de idade mais avançada. É assim que, às vezes, e se as coisas não caminharem tão bem para a criança, será no espaço da análise onde deverá percorrer os caminhos de sua relação com o Outro, de modo que a repressão deixe a sua marca.

5.2. O espaço transicional

Mas... o que faz uma criança quando brinca?

Para responder a essa pergunta, aparentemente sensível, outro grande analista de crianças, discípulo de Klein em seus inícios, D. W. Winnicott, não descarta os conceitos anteriores, projeção de ansiedades primárias, elaboração de situações traumáticas, passar do passivo para o ativo como intenção de reelaboração, porém, para ampliar ainda mais a compreensão do brincar e esta se remonta às origens do brincar, amplia a pergunta anterior questionando-se: como e quando uma criança começa a brincar?

Para Winnicott, "a criatividade é a conservação durante toda a vida de algo que a rigor pertence à experiência infantil: a capacidade de criar o mundo" (Winnicott, *El Hogar, Nuestro Punto de Partida* [O Brincar, Nosso Ponto de Partida]. Buenos Aires: Editorial Paidós, 1993).

O que interessa destacar com essas pontuações, é que o mundo que a criança cria já está ali, esperando, digamos, para ser criado; e sempre que nesse mundo haja alguém que permita à criança existir: "a criatividade é o fazer que surge do ser" (Winnicott).

Outro que apresenta o mundo ao bebê, mas que por sua vez lhe permite ter a ilusão de estar criando o mundo, mantendo deste modo um espaço transicional. Um espaço que permite ao bebê experimentar com sua onipotência, descobrir seu exterior, criar e vincular o criado com o real.

O processo de estruturação de um sujeito pode ser entendido como um caminho que vai desse espaço de ilusão, que nunca vai se perder, até a "desilusão", e esse caminho é impossível/impensável de transitar sem a presença do Outro, sobretudo no princípio; por isso dizemos que é um processo que vai da dependência à independência ("da ilusão à desilusão"). A história de um bebê não pode ser escrita em termos somente dele, é necessário pensá-la em termos do oferecimento de um ambiente que satisfaz suas necessidades de dependência ou que, ao contrário, não consegue satisfazê-las.

Assim, é o Outro, geralmente a mãe, quem traduz ou interpreta as necessidades da criança; neste permanente intercâmbio, uma "mãe suficientemente boa" deixará o espaço necessário para que seu bebê aceite sua ausência, mas não tanto a ponto de sua ausência se transformar em um verdadeiro buraco.

Desse jogo de ausência e presença, cujas regras e trapaças estão estabelecidas pelos desejos da mãe e também pelos desejos do pai, o bebê cria o seu espaço. Com a categoria de espaço se faz uma dupla referência: o espaço do próprio corpo da criança tem "permissão" para ir habitando seu corpo, explorando seus limites e possibilidades. Anzieu conceitualizou nas fronteiras desse espaço um esboço do eu, "eu-pele" e o espaço de fora, com o que se vai relacionando e descobrindo outros limites e possibilidades. Aqui é onde aparece o espaço transicional.

É necessário destacar que Winnicott faz referência, uma ou outra vez, que o espaço transicional não é o mundo interno da criança e tampouco o mundo externo; trata-se de um paradoxo que se deve aceitar, tolerar e não tentar resolver.

Graças ao brincar transicional, o bebê vai construindo, interiorizando e apropriando-se de categorias básicas e essenciais para o surgimento de um aparato psíquico capaz de poder acolher pensamentos e de ser criativo.

Um dos conceitos fundamentais e inovadores na obra de Winnicott é o dos objetos e fenômenos transicionais. Ele distingue o mundo interno do externo, e é nessa área que se vai ampliando cada vez mais a experiência intermediária. Winnicott reconhece que há um terceiro espaço, ao que chama, espaço transicional. Define este espaço, entre outras coisas, como algo que pertence ao indivíduo, que é um lugar que não está em disputa, e que, portanto, pode ser o espaço de "descanso" do sujeito.

Para que a criança possa penetrar no mundo e começar a tomar distância da mãe, necessita ter algo que lhe permita neutralizar o efeito paralisante e depressivo que significam as separações da mãe. O objeto transicional cumpre a função de controlar as ansiedades que lhe produz a separação da mãe.

O sentido do objeto transicional é a primeira posição no eu que, ao manipular-se, pode por meio da atividade modificar e estragar, mas que subsiste, sobrevive. Por isso é importante que o objeto transicional seja de um material não rompível, como o clássico urso de pelúcia. E cumpre o papel de tranquilizar a criança, na ausência da mãe. O que tem em comum com o resto dos fenômenos transicionais é que se dá nessa zona de transição entre a subjetividade radical e a realidade compartilhada, a realidade consensual. Winnicott disse que há uma zona intermediária de experiência na qual, de certa forma, a criança cria o objeto que encontra. Quando fala do fenômeno de ilusão, não o diz no sentido comum do termo. Para ele o que passa nessa área transicional, o que a criança toma do mundo externo de alguma maneira ela o recria de e o faz seu. Ali fixa as crenças básicas com respeito a tudo o que vai mais além e está mais próximo do mundo externo.

À criança que não tem área intermediária de experiência, as coisas são como são fora, literalmente, ou as coisas são como ela as constrói dentro, e não há conexão entre as coisas de dentro e de fora, e está dividido, está partido em dois, não tem um espaço entre as coisas de fora e as de dentro com a qual operar.

Em *O Brincar e a Realidade*, Winnicott define mais precisamente a relação do bebê com o objeto transicional; para isso deixa fundamentados alguns pontos básicos:

1. O bebê assume direitos sobre o objeto (isso supõe a eliminação da onipotência).
2. O objeto é afetuosamente acariciado, assim como excitadamente amado e mutilado.
3. O objeto não deve mudar nunca (a não ser que o próprio bebê o modifique).
4. Deve sobreviver ao amor pulsional, ao ódio e à agressividade pura.
5. Deve parecer ao bebê que lhe dá calor, ou que se move, ou que possui textura, ou que faz algo que pareça mostrar que tem vida ou realidade própria.
6. É oriundo do exterior (segundo o ponto de vista dos adultos), mas não segundo o ponto de vista do bebê, ainda que também não provenha de dentro: não é uma alucinação.
7. Seu destino é permitir que seja gradualmente "descaracterizado", de modo que retorne, não esquecido, mas sim relegado ao limbo. Na saúde, o objeto transicional não vai para dentro, nem o sentimento sofre repressão, simplesmente perde significado.

Os fenômenos transicionais se voltam difusos, se difundem pelo território intermediário entre a realidade psíquica interna e o mundo externo tal como é percebido por duas pessoas em comum, ou seja, por todo o campo cultural.

O objeto transicional não tem significado por ser uma coisa, sua condição de coisa é vital porque favorece para a criança uma crescente e evolutiva realidade interna e a ajuda também a diferenciar-se do mundo do *não self*.

O conceito de objeto transicional ajudou o pensamento psicanalítico a revalorizar o papel da cultura como um incremento positivo e construtivo da experiência humana, e não como causa de mal-estar.

O uso do objeto transicional permite à criança a aquisição de várias categorias.

Quando se fala de categorias se faz referência a redes complexas de representações estruturantes e edificantes do aparato psíquico, que ela poderá adquirir ou não, segundo a inter-relação que possa estabelecer com o Outro e com os outros. Pode-se pensar essas redes como constituídas por significantes de demarcação, registro pictogramático, significantes formais; estes elementos se desenvolvem sempre sob a forma de oposições (presença/ausência, dentro/fora, prazer/desprazer, bom/mau, passividade/atividade, eu/não eu, possível/impossível, proibido/permitido, licito/ilícito).

Seguindo com Winnicott: "O brincar é uma experiência sempre criadora, e é uma experiência contínua no espaço-tempo, uma forma básica de vida" (Winnicott, *O Brincar e a Realidade*. Rio de Janeiro: Imago).

Atividade criadora sempre e quando não fique a criança apanhada em uma submissão brutal ao discurso de quem exerce as funções de integração ou de rejeição, as funções de cuidado.

Na clínica psicanalítica com crianças nos encontramos às vezes com esse tipo de patologias do brincar, ou seja, com verdadeiras detenções e/ou paralisações no processo de subjetivação de um sujeito. Isso pode ser observado justamente porque algo das possibilidades do brincar, das capacidades de criar de uma criança, está impedido ou alterado.

Muitos casos são detectados na escola; a observação dos professores faz referência à incapacidade da criança de assimilar conhecimentos: "Essa criança parece não se dar conta de nada", "essa criança não aprende, não sabe estudar, não presta atenção ou está na Lua".

Tais enunciados fazem referência às vicissitudes que têm percorrido o espaço potencial da criança; porque sabemos que há um desenvolvimento que vai do fenômeno transicional ao brincar, do brincar ao brincar compartilhado, e deste às experiências culturais.

Dessa maneira, o brincar fica amplamente definido, a partir da criação do objeto transicional, o bebê cria o mundo, é sua peculiar maneira de interiorizá-lo e, portanto, de ir compreendendo-o. A criação do objeto transicional é importante porque implica por sua vez a existência de um espaço, de um espaço potencial que se situa entre o objetivo e o subjetivo, um espaço para que o brincar possa acontecer. Basta ver qualquer criança brincando; o estado de concentração intensa que acompanha seu brincar permite observar claramente os fenômenos transicionais; a criança que está brincando de ser Super-homem, nesse preciso momento é o Super-homem, ainda que saiba perfeitamente que não é Super-homem, mas sendo seu super-herói também está brincando com sua onipotência, possivelmente seus medos e até realizando um desejo.

Por isso, Winnicott afirma que o brincar é terapêutico por si só, porque brincando a criança está construindo seu próprio aparato psíquico e a relação deste com o mundo exterior.

Uma consequência lógica destas hipóteses teóricas-clínicas orientará o trabalho clínico psicanalítico com crianças, e se pode afirmar, por extensão, a todo trabalho psicanalítico em geral. Trata-se de considerar o espaço analítico como um espaço potencial, uma zona de brincar intermediária entre paciente e analista: "A psicoterapia se dá na superposição de duas zonas de brincar: a do paciente e a do terapeuta. Está relacionada com duas pessoas que brincam juntas. A dedução disso é que, quando o brincar não é possível, o trabalho do terapeuta se orienta a levar o paciente, de um estado em que não pode brincar a um em que é possível fazê-lo" (Winnicott, *O Brincar e a Realidade*. Rio de Janeiro: Imago).

5.3. Intervenções do analista sobre o espaço potencial

Serão comentadas, como exemplos, algumas destas situações clínicas nas quais se teve a oportunidade de observar e intervir tentando, em cada caso, promover a aparição de espaços potencialmente criativos.

Caso Albert: submissão ao narcisismo parental

Albert não tem problemas no colégio, simplesmente se aborrece e também se aborrece em casa, mesmo assim o professor desse curso sugere aos pais uma consulta psicoterapêutica. Os pais acreditam que o professor é que não sabe o que fazer com ele e por isso o envia a um psicanalista. No entanto, este professor insiste: "O menino de dez anos é muito bom, nunca se comporta mal, não brinca no pátio, é demasiado perfeito e sabe demais".

Os pais de Albert não entendem porque o professor insiste, eles o educaram assim. Não sabiam fazê-lo de outra maneira: "Desde pequeno tem uma inteligência superior à média; com um ano e meio, quando ainda não andava bem, aprendeu a ler e escrever". Estes pais – orientados por um especialista em "gênios" –, ensinaram tudo ao filho; passavam horas e horas com seu pequeno e com papéis, lápis, quebra-cabeças e outros "jogos didáticos"; "nunca aceitou os adequados para a idade, sempre foi adiantado".

Albert também parece ter se adiantado na vida destes pais: jovens estudantes ainda sem acabar a carreira; amigos desde a escola primária e namorados desde a secundária; a gravidez deste menino os pegou de surpresa. Ante o fato consumado, preferiram entendê-lo como uma mensagem da natureza que apoiava a relação. Entretanto, não ocorreu o mesmo com suas respectivas famílias, que nunca os entenderam: "Desde então rompemos com a família. Diziam que era uma loucura, sempre falaram mal de nós"; "desde a gravidez tivemos que trabalhar muito para nos manter; decidimos trabalhar em diferentes turnos para não deixar a criança com nenhum estranho". Não é preciso oferecer mais dados sobre estes pais para não se estender excessivamente, apenas o suficiente para poder entender o lugar que o filho veio ocupar neste casal.

Este é um ponto crucial para entender o narcisista. Segundo Freud, trata-se do narcisismo dos pais o que se coloca em jogo ante cada nascimento de um filho. Para estes pais, ter um filho como mensagem divina superava os inconvenientes que seus familiares lhes causaram; sem poder terminar suas respectivas carreiras coube ao menino ter mais carreiras que ninguém.

O "romper" com suas famílias lhes produziu um vazio afetivo que o filho parecia poder preencher, não poder deixá-lo só ou com algum estranho diz muito sobre a solidão destes jovens pais. Albert, desde seu nascimento, jamais esteve só, de dia com o pai, de noite com a mãe, ambos, indistintamente, ocuparam-se de estar com o filho. Para esse casal, estar com o menino era ensinar-lhe coisas, recordam como muito pouco atrativos os primeiros meses do filho, somente dormia e comia, era muito aborrecido; desde o momento em que Albert começou a ler e escrever, trabalharam com ele. Esta menção aos primeiros meses de vida do paciente diz muito sobre como esses pais investiram em seu bebê; mais tarde, ao escutar a mãe, esta assume que esteve deprimida durante esse período.

Albert é um menino superdotado, ao menos isso é o que conseguiram entre seus pais e o especialista: aos dez anos está lendo livros do último curso de física da faculdade. Em pouco tempo começará a estudar biologia, levam-no ao colégio porque é obrigatório, mas é lógico que ali se aborrece, não demora mais de cinco minutos para fazer os deveres (o professor não sabe o que lhe dar); assim que está cheio de atividades extraescolares, inglês, francês, alemão, eletrônica, solfejo e vários instrumentos musicais. Tantas atividades o mantêm ocupado, inclusive nos finais de semana.

Quando não tem nada para fazer, Albert, como tantas outras crianças, utiliza o videogame. Não é estranho o nome que se aplicou a esse artifício, que ajuda a matar tempos ociosos de tantos meninos latentes e adolescentes; de fato, segundo o dicionário, consolar vem de "solari", sozinho, e significa ajudar a alguém a sentir menos pena ou desgosto. Assim, a aflição de estar sozinho se consola com um "brinquedo" que opera como os pais, lhe diz o que há de fazer para chegar a ganhar de um competidor imaginário. Albert utiliza o videogame, outros meninos estão "ligados" na televisão.

Esse caso, como muitos outros, permite abrir um inciso sobre a televisão.

Em sua curta vida, apenas uns cinquenta anos, a televisão conseguiu se estabelecer como mais um membro da família na maioria dos lugares. Infelizmente, às vezes, "o membro" da família a quem mais se presta atenção. A consequência dessa onipresença televisiva que mais se pode mencionar – e que é realmente preocupante – é a falta de diálogo entre os membros de uma família. Ligar a televisão converteu-se em um hábito perigoso. Não se insistirá em todas as consequências psicológicas que traz consigo a falta de diálogo, mas no mínimo ignorância e incompreensão.

Como especialistas em crianças, interessa destacar outra consequência negativa da televisão, e é quando esta se transforma na cuidadora das crianças pequenas, inclusive dos bebês. Muitas crianças são deixadas por seus cuidadores frente à televisão ou o vídeo, com a garantia de que o efeito hipnótico que eles produzem os manterá quietos.

A quantidade de percepções que uma criança pequena é submetida a incorporar quando se a coloca frente à televisão é imensa, e provavelmente isso gera outro tipo de consequência, e o fundamental é que assim se transforma a função do cuidar: a criança passa a olhar no lugar de ser olhada.

"A capacidade para ficar sozinho constitui um dos indicadores mais importantes de maturidade dentro do desenvolvimento emocional", dizia Winnicott nos anos 1950, e é um conceito que ainda segue vigente. O interessante da capacidade para ficar sozinho é como se o adquire. As crianças aprendem a ficar sozinhas se, e somente se, durante muito tempo puderem ficar sozinhas na presença de outro cuidador. O ficar sozinho, na presença de outra pessoa, permite à criança realizar suas próprias ações.

Sabe que é observada, e, portanto, controlada, cuidada, atendida, ainda quando a situação não requer nenhum tipo de atenção especial. Com o tempo, o indivíduo adquire a capacidade de renunciar à presença real da mãe ou de quem exerça as funções de cuidado. A este fato se denomina "estabelecimento de um meio ambiente interiorizado", e participa na base do que depois se chamará confiança em si mesmo, capacidade para ficar a sós e capacidade criativa.

O que ocorre quando a criança é cuidada e observada por uma tela que projeta imagens? A capacidade para ficar sozinha é alterada e a vida da criança começa a se constituir sobre a base de estímulos externos, não sempre processáveis, assimiláveis pela criança. A criança perde certa capacidade criativa.

Uma das consequências mais preocupantes da falta de aquisição da capacidade para ficar sozinho é o tédio.

O *tédio* é um sintoma cada vez mais frequente em nossa cultura. Às vezes se escuta crianças e/ou adolescentes que se entediam, não sabem o que fazer. A psicanálise denomina este tipo de estruturação como *falso-self*, como uma forma particular de reação frente ao existir. No lugar de existir em seu desejo, a criança reage adaptando-se ao meio; o custo deste *re*-agir é a dependência total e permanente de estímulos provenientes do exterior que a ordenam para não se desintegrar.

O tédio aparece desta perspectiva como uma forma de estar no mundo. Se as coisas se complicam muito na vida da criança, esta extremada dependência de estímulos externos é entendida como a base de outras dependências ainda mais graves (em geral, drogas entram em cena).

Em qualquer caso, o tédio pode ser entendido como um sintoma que diminui a capacidade criativa das pessoas; está se colocando um acento especial nesta função, na capacidade criativa porque se tenta fazer reflexões ou sugestões sobre a educação, sobre como educar; a partir de nossa perspectiva vamos dar uma importância fundamental à criatividade.

Para Winnicott, "a criatividade é a conservação durante toda a vida de algo que em rigor pertence à experiência infantil: a capacidade de criar o mundo".

Dito tudo isso, agora se pode pensar como é alterada a aquisição destas categorias na criança cuidada pela televisão, ou que passa muitas horas frente a ela.

A aquisição de categorias é a base do conhecimento e tem a ver com a relação com os outros; pode-se dizer então que o conhecimento se constrói fundamentalmente sobre um eixo simbólico, de palavras, primeiro ditas, logo escritas, e depois ditas e escritas. Se o peso da construção do conhecimento recai sobre um eixo imaginário, de imagens e fantasias, no lugar de palavras ditas, o estabelecimento de certas categorias fundamentais será alterado.

A palavra, dita ou escrita, permite sempre que se ponham em jogo na mente infantil – e no não infantil também – os processos imaginários; contudo, nem todas as imagens permitem que se coloque em jogo o simbólico. Quando se conta a uma criança um conto, ou se o lê, está se favorecendo que construa em sua imaginação a trama e os personagens; se lhe passa o vídeo ou o desenho, de alguma maneira está se cortando sua capacidade imaginativa. Se tudo lhe é dado, não deve fazer nenhum esforço, somente ser espectador e ficar preso em um estímulo distante (ao pedir a uma criança que desenhe um determinado personagem de um conto; se este for adaptado para cinema ou televisão a criança não cria nenhum personagem, tentará simplesmente imitar o desenho que viu, em sua maioria).

Logo surge o problema, que se mencionou no início, da quantidade de informação, de estímulos, de percepções aos quais a criança é submetida quando vê a televisão. Estas crianças aparecem como esponjas de conhecimentos, o que leva a se perguntar que mecanismos mentais funcionam para processar toda essa informação.

A questão é se verdadeiramente se processam ou simplesmente se acumulam, e igualmente cabe se perguntar como e onde. Atualmente, em neuropediatria fala-se sobre o transtorno de déficit de atenção e hiperatividade. Segundo os pesquisadores, um em cada sete escolares sofre algum grau deste transtorno, se bem esclareçam que, como todo transtorno é multicausal, dizem que nas crianças com TDAH[1] as áreas do córtex visual e auditivo podem estar sobrecarregadas. Quando se fala do córtex visual e auditivo se faz referência às áreas do cérebro envolvidas na percepção de imagens e sons.

A partir dessa perspectiva acredita-se que ao se oferecer à criança uma excessiva quantidade de estímulos, ela não terá possibilidade de "metabolizá-la", processá-la; frente ao excesso, o bebê pode encerrar-se em seu próprio mundo, ensimesmar-se, retrair-se, ficar preso em seu próprio eu. Os desenhos animados que seduzem as crianças mais pequenas carecem de palavras, tudo é imagem, e se há palavras, nem sempre coincidem com as imagens, e, além disso, são imagens e situações que distorcem certas categorias e valores. Pode-se pensar em qualquer destes, em desenholândia, como diria Roger Rabbit, as categorias do que é bom e o que é mau, o correto ou incorreto, o permitido e o proibido, o próprio e o distante, para citar somente algumas, são bastante confusas.

Na maioria dos conteúdos dos programas televisivos – de todos os que se podem encontrar na atualidade e para todas as idades, desde os maiores como para os mais pequenos, até os realizados para adolescentes especificamente, até os teoricamente realizados para toda a família – encontra-se enormes quantidades de violência, o que permite realizar certa trivialização da violência, inclusive certa trivialização da morte.

Os heróis das crianças, com os quais elas inevitavelmente se identificam, se apresentam como terríveis competidores, atacam seus inimigos com engenhosas armas que, cada vez mais, são partes de sua constituição ou de seu corpo. Há pouco foi Song-Goku, agora os Pokémons, todos seres que possuem habilidades mágicas onipotentes utilizadas na maioria para destruir aos demais ou eliminar problemas cotidianos.

"Eu gostaria de ser como os Pokémons", dizia um menino de oito anos com graves transtornos de personalidade, "porque se tem um

---

[1] Transtorno do Déficit de Atenção e Hiperatividade, também denominado de Disfunção Cerebral Mínima por Lefebvre, do Departamento de Neurologia Infantil da FMUSP, na década de 1950.

problema, se transformam em outra coisa e acabou". Se se deixam os populares desenhos japoneses, se pode fazer uma análise mais profunda de qualquer outro personagem admirado pelas crianças com igual resultado, alguma categoria ou valor fica alterado, desde a oficina Disney, na qual seus personagens mais históricos são incapazes de procriar e ter filhos (Donald e Mickey têm sobrinhos e nunca chegam a se casar com Margarida e Minnie) até os populares Tom e Jerry ou o Coiote e o Papa-Léguas, para os quais o motivo central de suas vidas é aborrecer o outro permanentemente... Ao se analisar os programas destinados ao consumo adulto – que sabemos ser programas consumidos pela totalidade da família –, então se chega ao extremo da subversão total de valores e categorias.

"A sociedade global da informação", como a chama Cebrián, representa uma quantidade de estímulos tão ampla que é impossível processar, ou sequer absorver (J. L. Cebrián, *A Rede*). Frente a tal excesso de informação o sujeito deve escolher, selecionar e para isso tem que estar em condições de desejar.

Segue-se com o caso de Albert:

> Nas primeiras entrevistas, os pais admitem estar preocupados com "outras coisas" de Albert, coisas que os levaram a consultar vários médicos e a experimentar diferentes tratamentos. Por isso aceitaram uma consulta com um analista. Todo o corpo do menino dói; quando não tem transtornos intestinais, tem cefaleias e, quando cessam, lhe doem os ossos. Além disso, sempre urinou na cama e algumas vezes tem eliminado as fezes involuntariamente.
>
> Todo esse conjunto de dores no corpo permite pensar em uma articulação entre os transtornos narcisistas e os psicossomáticos; quando o bebê não pode investir objeto algum, seu próprio eu se torna objeto de seus investimentos e seu corpo, lugar do gozo.
>
> Fairbain, ao falar dos indivíduos esquizoides, faz uma descrição semelhante. O autor destaca que, quando o objeto não está ao alcance, a criança se volta para dentro e abastece seu próprio objeto sempre acompanhado de uma gratificação corporal.
>
> Winnicott concorda com Fairbain neste ponto e acrescenta que o verdadeiro *self* nunca entra em contato com figuras do mundo externo. O *self*

se retrai devido à incapacidade da mãe de adaptar-se adequadamente às necessidades de seu bebê, geralmente como resultado de uma depressão. Fairbain disse que este retraimento acontece porque o bebê se encontrou com um vazio emocional na mãe; ambos autores concordam em acentuar o desejo da mãe, como posteriormente retomarão o mesmo tema outros autores. (Ambos autores concordam, além disso, em que o trabalho do terapeuta consistiria em romper essa fortaleza interior e levar o paciente a se relacionar com objetos do mundo exterior.)

Com todos estes dados prévios foi marcado um primeiro encontro com Albert.

Parecia aceitar (como um dever obrigatório?) que algo teria que fazer com os brinquedos apresentados; tocou-os um por um, depois, com certo tédio montou uma torre de cubos de madeira. Começou a entusiasmar-se quando relatou a proporção exata que teria que ter a torre para não cair, tentou calcular o peso dos cubos de cores e terminou bastante enfadado quando a torre acabou caindo: "isso é para meninos pequenos, é muito chato". Decidiu-se simplesmente observá-lo, não lhe foi pedido que fizesse algo, talvez porque já havia a certeza que nada do que lhe fosse pedido pudesse ensinar-lhe algo de novo, ou acaso porque se acreditou que pudesse surgir alguma angústia. De acordo com Winnicott, a situação analítica representa a superposição de duas zonas do brincar, a do paciente e a do analista. Se o analista não pode brincar com a angústia, a criança também não pode brincar com a angústia, nem a angústia nem a situação que promove a angústia.

Albert tentou acalmar sua angústia propondo ações que sabia que o terapeuta podia esperar ou desejar: "Bom, vou desenhar algo para você, uma coisa, assim você poderá interpretar o que me ocorre". Seus desenhos pareciam trabalhos de um ateliê de pinturas, pensados, estereotipados, não diziam nada mais além de sua meticulosidade e cuidado.

Aqui a transferência é do tipo narcisista. Na clínica psicanalítica observamos frequentemente certas intenções de agradar ou seduzir o terapeuta, o analista é colocado como avaliador-admirador das excelências do paciente, assim como este foi em relação aos seus pais.

Nos encontros seguintes se manteve uma posição similar. De acordo com Ricardo Rodulfo (*El Niño y el Significante – Un Estudio sobre las Funciones del Jugar en la Constitución Temprana*, Paidós, 1989), a posição do terapeuta efetuava uma função de superfície; as funções de superfície são aquelas funções do analista que tendem a promover a possibilidade de que uma criança brinque.

Essa ideia sobre as funções de superfície aparece como uma analogia às funções maternas na construção do espaço transicional.

A hipótese de base era que Albert sempre fora "estimulado" a fazer coisas por intensos pedidos dos demais. Portanto, não podia experimentar o "estar sozinho estando acompanhado", e na companhia de alguém se sentia mais seguro quando podia submeter-se ao desejo de um adulto, fazer coisas de pessoas grandes.

Esse menino não sabia *não fazer nada*, assim que a situação o inquietava bastante, tentava seduzir o terapeuta com toda sua sabedoria. Dizia: "Sabe como se faz um motor de explosão em um laboratório?" ou coisas similares. Então o terapeuta desenhou um rabisco em uma folha e perguntou: "Sabe tirar algo daqui?". Interessava a ideia de que pudesse tirar-arrancar algo de uma situação tão informe como um rabisco. Imediatamente contestou: "Isto não é nada", e o terapeuta responde que era um rabisco, algo mais que um nada e que talvez havia coisas que ver ou desenhar ali dentro. Pela primeira vez sorriu, pegou o lápis vermelho e preencheu alguns espaços... "sangue, muito sangue, isto pode ser um atentado".

Estas primeiras entrevistas com Albert permitiram avaliar se ele podia "tirar algo" de um tratamento: poder estar e pensar por si mesmo, sem submeter-se ao narcisismo de seus pais.

Desde então começou uma análise. Um espaço onde se pode trabalhar através dos brinquedos, dos desenhos, dos relatos, a relação de Albert com o saber e com seus pais.

Albert estava "preso no espelho". O espelho em sua estruturação foi o olhar dos pais, ali onde havia um menino com seu corpo os pais desejavam ver um menino que sabia tudo e rápido; o saber, a acumulação e demonstração de saber ficaram investidos como o único importante. Isso lembra a respeito da ideia de Winnicott da mente como objeto que se separa do funcionamento de psique-soma para ocupar o lugar do espaço transicional; a mente cria uma vida por si mesma e uma função falsa: dominar a psique-soma em lugar de ser uma função da mesma. Esta ideia de Winnicott pode demonstrar determinadas estruturações narcisistas. Em sua análise, Albert pode falar do não tolerado por seus pais: as imperfeições de seu corpo, as dores, as visitas aos médicos e a enurese.

Nesse caso, como em tantos outros da clínica com crianças, se fazia imprescindível trabalhar também com os pais, para que esse menino, que acumulava todo o narcisismo deles, pudesse começar a separar-se dos pais.

Dois anos mais tarde, Albert teve que deixar de frequentar a maioria de suas múltiplas atividades, os deveres lhe tomavam muito tempo, para sua surpresa, e do terapeuta, deixou as matemáticas. Nas sessões deixou suas calculadas torres ou precisos desenhos para construir casas com papéis que ele mesmo pintava. Era um processo de construção que dizia muito do que devia construir de si mesmo, e que permitia falar dos medos que isso lhe produzia. De fato, casas de papel caem, não estão superdotadas, mas admitem formas nunca vistas, e, mais ainda, com os restos de uma casa pode-se construir outras e outras coisas.

Este não foi um processo de fácil aceitação para Albert, pois desde a primeira hora de brincar se observou como se aborrecia quando a torre de cubos de madeira caía, aceitar uma falha, um não saber, inclusive uma falta de saber representava uma ferida narcisista intolerável. Albert, como qualquer sujeito que tenha investido o saber como única posição frente ao outro, reagia com terríveis ataques de ira, muitas vezes as casas de papel terminaram em pedaços de papeizinhos que jogava por toda parte, indignado.

Poder mostrar como ele se sentia despedaçado como seus papeizinhos frente ao poder ou ao não saber começou a fazer parte do trabalho psicoterapêutico com Albert. À medida que o tratamento avançava, a raiva já não era contra ele, senão contra o terapeuta. Ao colocá-lo como objeto de sua agressão pôde estabelecer relações com outros objetos e começou a ter amigos e a falar de seus pais a partir de uma posição menos idealizada e persecutória.

Depois da raiva, outro sentimento que apareceu foi a vergonha. Isso foi um passo importantíssimo na ruptura de sua estabilidade narcisista; envergonhar-se significava um maior reconhecimento da falta.

No início de seu tratamento, quando apareceram certas "curiosidades" nos relatos sobre sua vida cotidiana, não havia nele nem em seus pais nenhum indício de reconhecimento de falha ou problema. Por exemplo, apesar de seus extensos conhecimentos acadêmicos, Albert não sabia viajar sozinho, tampouco sabia orientar-se em seu próprio bairro, nem na cidade. Os percursos que fazia de um lugar a outro os guardava na memória, mas, se tivesse que se desviar do trajeto aprendido, ele se perdia, inclusive chegava a percorrer de novo seu itinerário desde o princípio. Ao trabalhar tal problemática, como se mencionou anteriormente, Albert se defendia dizendo que isso era normal, e a mãe comentava: "Os menores não viajam sozinhos pela cidade". Nos momentos finais do tratamento, Albert recordava com muita vergonha como se conduzia pelo espaço.

Além das alterações no espaço, Albert se movia com uma peculiar torpeza. Este tipo de disfunção do esquema corporal, a perda no tempo e no espaço, mostra a partir de outra perspectiva as falhas na construção de seu próprio corpo. Falhas que provêm desde o momento em que, como sujeito em formação, devia encontrar um vazio para fazer-se a ilusão de criar seu próprio mundo, a posição narcisista dos pais encheu este vazio com um monte de saber já dado com o qual não pôde fazer outra coisa além de interiorizá-lo e submeter-se a ele.

Caso Berta: submissão ao desejo da mãe

Uma das dificuldades técnicas que se apresenta na psicoterapia com crianças se refere à problemática do papel que os pais cumprem em relação ao tratamento dos filhos. Vários autores estudaram distintas perspectivas deste tema. As diferentes posturas percorrem uma ampla gama que vai desde o estabelecimento que postula um contato com os pais o mais distante possível (Meltzer) até as concepções acerca de que "a experiência da transferência se realiza entre o analista, a criança e os pais" (M. Mannoni, *A criança, sua Enfermidade e os Outros*).

Contudo, todos os autores concordam de alguma maneira com a participação dos pais. Um aspecto que nos parece importante nesse tema é a possibilidade de valorizar e decidir por meio do diagnóstico; que caminho seguir em cada caso concretamente, buscando flexibilizar desenvolvimentos teóricos que facilitem o trabalho terapêutico. Nesse caso se valorizou a importância de trabalhar junto com mãe e filha; o trabalho com a mãe possibilitou o desenvolvimento do tratamento da filha.

Os pais de Berta foram enviados pela psicóloga da creche à qual a criança ia diariamente das oito da manhã às seis da tarde. Estavam muito angustiados: Berta, filha mais velha, de dois anos e dez meses, masturbava-se compulsivamente, tanto na creche como em casa. Qualquer outro dado que pudesse ser de interesse lhes parecia irrelevante, a preocupação estava especificamente ligada ao incômodo sintoma da masturbação. Somente apontavam que talvez se mostrava excessivamente ciumenta de sua irmã de dezessete meses; além disso, era carinhosa e "educada".

Nesta primeira entrevista, consideraram normal e despreocupante o fato de que sua filha usasse fraldas à noite, assim como tampouco parecia estranho que utilizasse a chupeta para dormir. Somente falaram dos "pulos", assim denominavam em família a atividade masturbatória da menina, já que se masturbava pulando sobre qualquer borda saliente, preferivelmente contra o acento da bicicleta. Também comentaram que tentaram impedir a masturbação por diferentes métodos, mas sem resultado; a mãe mostrou especial preocupação e comentou: "Ainda que eu sei que ela gosta, pode lhe prejudicar a vagina". A informação enviada pela creche esclarecia que Berta "padecia de uma masturbação compulsiva que dificultava suas possibilidades de integração ao grupo".

Nesta primeira entrevista, como nas seguintes, a mãe manteve uma responsabilidade permanente, permitindo a seu marido falar de vez em quando e sempre solicitado por ela. Sete anos mais jovem que ela, o pai de Berta concordava com a cabeça cada coisa que sua mulher comentava, as perguntas formuladas diretamente para ele, respondia esclarecendo: "Minha mulher as explicará melhor".

Para a entrevista diagnóstica, Berta, que entrou no consultório nos braços de sua mãe – que logo comentou que nunca imaginou que sua filha pudesse ficar a sós comigo –, estava impecavelmente vestida e arrumada "como para um dia de aniversário". Dedicou-se a observar minuciosamente todos os objetos da caixa e, sempre de costas para o terapeuta, os entregava a sua mãe, falando-lhe em uma linguagem totalmente incompreensível. A mãe, angustiada, traduzia o que sua filha dizia; Berta emitia sons curtos que sua mãe traduzia com frases amplas do tipo: "Ela disse que isto é um carro vermelho". Quando o terapeuta tentava estabelecer um diálogo com Berta, ela buscava os braços da mãe; substituía a palavra pelo corpo. Esfregava suas pernas contra as de sua mãe insistentemente e isto significava... "faz-me upa".

Para essa mãe, a linguagem compartilhada era algo totalmente prescindível; isso nos permite pensar no conceito de violência primária estudada por P. Aulagnier, quando o descreve como "a ação mediante a qual se impõe na psique do outro uma escolha, um pensamento ou uma ação motivados no desejo daquele que o impõe, mas que se apoiam em um objeto que corresponde para o outro a categoria do necessário... Ao ligar o registro do desejo de alguém à necessidade do outro, o propósito da violência se assegura de sua vitória" (P. Aulagnier, 1977).

Quando na entrevista seguinte com os pais se comentou o tema da linguagem de Berta, o pai falou de sua própria angústia: "Berta só fala uma linguagem compreensível pela mãe". A mãe, em seu discurso, tentava convencer o marido e o terapeuta que isso era totalmente normal para a idade da menina, insistindo em sua negação do conflito, que o que devia ser tratado era a masturbação.

Como se pode entender a articulação destes dois sintomas em Berta?

O que revelam esses "pulos" que sua mãe não podia consentir?

Com a masturbação, Berta tentava separar-se de sua mãe, ou, ao menos, tentava a necessária elaboração do desprendimento da mãe (importante esclarecer que a masturbação começou poucos meses antes do nascimento de sua irmãzinha).

Tal como coloca Freud em *A Sexualidade Feminina*, a masturbação é uma tentativa de separação da mãe, realizada com um duplo apoio: o do fantasma materno e a zona erógena.

No entanto, no caso de Berta, o poder simbólico da mãe não lhe permitia esta reparação.

A mãe de Berta, a mais velha de sete irmãos, sempre funcionou de mamãe/cuidadora, e quando se referiu à sua mãe disse que eram como duas grandes amigas, "mais iguais que distantes". Vangloriava-se de pertencer a uma família de classe social alta, muito reconhecida culturalmente, desvalorizando o meio social de seu marido e menosprezando sua história. De sua própria infância somente contou que foram os anos mais felizes de sua vida. A gravidez de Berta foi tentada durante quatro anos, os seus 39 anos criaram a fantasia "de poder vir a parir um filho idiota".

Como exercer a função de castração quando o desejo materno não investe mais que a célula narcisista, a função-fusão mãe-filha? Aqui, a pessoa que proíbe é a mãe, e o que ela proíbe é a separação: a linguagem.

E. Dió especifica que "os sentimentos de unidade e continuidade, identificação e simbiose predominam com as filhas mulheres e que a qualidade da relação retém elementos narcisistas". Em relação ao papel da menina disse: "A menina vive no paraíso de ser igual ao ideal com quem em virtude da estrutura narcisista, da organização de seu eu, tenderá a fusionar e a confundir".

Estamos frente a uma estrutura simbiótica que Berta tenta romper com a masturbação; embora esteja sujeita à modalidade relacional, a aparição da linguagem não é necessária,

Berta se comunica com sua mãe mediante uma linguagem própria e quando esta lhe falta utiliza seu corpo; também com seu corpo está comunicando algo a sua mãe, mas esta não quer saber de "pulos". "Se a separação com a mãe não é realizada, a aparição da linguagem compartilhada não se concretiza, porque esta não se faz necessária. A palavra é castração simbólica".

Para A. Aberastury, "pronunciar a primeira palavra significa para a criança a reparação do objeto amado e odiado, que reconstrói internamente e lança ao mundo exterior. Secundariamente, experimenta que a palavra a coloca em contato com o mundo e que é um meio de comunicação. Dessa maneira, o andar e a linguagem têm o mesmo significado que o nascimento: separar-se para recuperar de outra forma o contato com o objeto perdido".

Também Lacan considera a palavra como o representante do objeto perdido, "o vocabulário ocupa o lugar da coisa".

Entretanto acredita-se na possibilidade de diferentes abordagens no tratamento de crianças, e, considerando o vínculo simbólico no qual estavam envolvidas Berta e sua mãe, decidiu-se começar uma terapia com ambas com o propósito de continuar somente com a menina quando fosse possível. Qualquer tentativa de separação desde o começo era intolerável tanto para Berta como para a mãe, capturadas na célula narcisista que não permitia a intromissão de um terceiro.

Em *Teoria e Técnica da Psicanálise de Crianças*, A. Aberastury relata um caso similar, no qual a terapeuta optou por forçar a separação, colocando-se no lugar do obstetra, realizando assim um "corte simbólico" que foi "dramatizado" pela criança com um ataque de angústia. Este ataque, interpretado como uma simbolização de angústia de nascimento, permitiu à menina elaborar tal angústia na transferência e, a partir daí, elaborar também o corte no real com sua mãe. No caso descrito, a bagagem simbólica da mãe ficou intacta. Marta, assim se chama o caso, teve que renascer sozinha, com sua terapeuta, outra vez sem o terceiro.

Durante muitas sessões, Berta, de costas para o terapeuta, se dedicou a brincar com sua mãe. Com ela fazia absolutamente o que queria; quando, por exemplo, lhe colava massa de modelar no rosto, esta não se negava. Então se assinalou a Berta que não distinguia entre seu rosto e o de sua mãe, como muitas vezes não distinguia entre seu corpo e o de sua mãe e que ambos estavam colados (enganchadas, dizia a mãe em catalão).

Constantemente, o terapeuta se dirigia a Berta mostrando-lhe estas situações que representavam o vínculo que estabelecera com sua mãe, que era quem recebia as interpretações como se fossem exclusivamente dirigidas a ela, tentando desculpar Berta do que estava ocorrendo. Quando a mãe, angustiada, culpada e temerosa deixou de traduzir as brincadeiras e os sons de sua filha, Berta começou a olhar o terapeuta.

Ao chegar a uma sessão tocou o joelho do terapeuta. Tentava tocá-lo para cumprimentá-lo. Fazia isso várias vezes; quando o terapeuta lhe disse que podia cumprimentar com palavras, pediu imediatamente os braços de sua mãe, muito angustiada.

Diante de cada possível brincadeira ou situação que Berta iniciava, a mãe sugeria sua continuação e até proporcionava o material necessário (pegava os brinquedos da caixa etc.).

A mãe não aceitava que Berta tivesse um desejo próprio. Para ela não existia desejo em Berta. "Antes que desejes algo, eu te satisfaço": assim se interpretou o comportamento dessa mãe.

A mãe reagiu diante dessas interpretações retraindo-se. Passou a ocupar um lugar diferente; cada vez que desejava participar de alguma brincadeira de sua filha pedia permissão. Até então, a atividade preferida de Berta na sessão era cortar papéis em montões de pedacinhos sobre os quais depois desenhava; a mãe, angustiada, pedia permissão para recolher os papéis rasgados.

Fez-se um lugar para um terceiro; e a mãe em uma despedida, comentou: "para mim isto está valendo um parto". Não podia ser mais explícita.

Berta iniciou uma forma de contatar com o terapeuta: dava golpes em sua caixa e pedia que ele também batesse. Estabeleceu-se um diálogo por meio desses sons cada vez que terminava uma sessão. Esses golpes na caixa, imitando sons e ritmos, podem ser entendidos como a criação de um "operador psíquico" por parte de Berta. Os operadores psíquicos, de acordo com J. Doron, são criações próprias do sujeito que desenvolvem no mesmo sua capacidade para criar e transformar suas envolturas psíquicas, "[...] o objeto transicional foi o primeiro operador psíquico a ser descrito. Permite uma dupla diferenciação entre as realidades interna e externa, entre a mãe e o filho, facilitando neste o descobrimento, através do brincar, e a simbolização da mãe presente ainda que ausente" (J. Doron, 1990).

Agora a mãe era excluída, que dizia não entender por que se fazia tanto barulho. Os golpes na caixa ao finalizar as sessões se mantiveram até o final do tratamento, mas Berta começou a dizer coisas muito antes. Ao retornar das férias reexaminou toda sua caixa. Quando se assinalou que comprovava que nada escapou, sua mãe interveio interrogando-a sobre a veracidade do que o terapeuta dizia, colocando assim em dúvida a presença de outra pessoa entre as duas.

Nas entrevistas que se mantinha periodicamente com os pais, a mãe se mostrava angustiada. Reconheceu a importância dos demais sintomas de Berta e pediu ajuda; necessitava recuperar seu lugar como mãe e como filha, sobretudo a partir de que reconheceu ser uma mãe diferente com Berta do que com sua outra filha. Berta teve sua primeira irmã aos 14 meses, e nesse momento adoeceu gravemente, tendo que ser internada por perigo de desidratação. Recordou também que quando levou Berta pela primeira vez para a creche, aos seis meses, ela adoeceu "de algo similar" (fortes diarreias), assim decidiu não enviá-la e pedir mais seis meses de licença para dedicar-se à filha.

Algumas sessões depois desta entrevista, Berta pediu para sua mãe que esperasse fora ao entrar no consultório; a mãe ficou tão mal que Berta levou-lhe uma boneca de sua caixa para que cuidasse dela enquanto ficava com o terapeuta.

Essa primeira sessão a sós foi muito importante. Berta pegou outra boneca e disse: "tem dodói" e a entregou para que o terapeuta curasse o dodói que produzia a separação de seu eu-mamãe. Depois, pediu para fazerem juntos um estacionamento; tentou estacionar três carros, mas só cabiam dois! Isso a irritou e destruiu o estacionamento; então disse que faria o desenho de um homem. Fez alguns rabiscos em um pedaço de papel e os entregou. Estava dando um reconhecimento, o terapeuta era o "homem" e era diferente dela e de sua mamãe. Ao término da sessão os golpes na caixa foram mais intensos. No entanto, ao despedir-se, pela primeira vez cumprimentou e pronunciou o nome do analista.

Em outra sessão tentou bater no analista e, ao ser impedida, se angustiou tanto que começou a chorar aos gritos chamando pela mamãe; o terapeuta deixou-a ir: algo havia acontecido. Em sua terapia se havia instalado uma proibição.

Durante as muitas sessões seguintes se dedicou a fazer famílias de caracóis com massa de modelar, nas quais sempre o maior era o pai; também começou a perguntar onde estavam as outras crianças.

Nas entrevistas com os pais, agora o pai participava mais, sentia Berta mais próxima e podia compreendê-la; Berta abandonou a chupeta para dormir, trocando-a por contos que solicitava tanto ao pai como à mãe que os lessem.

A respeito da masturbação, desapareceu tanto em casa como na creche. Em *A Sexualidade Feminina*, Freud disse: "Com o estranhamento em relação à mãe, às vezes, se suspende também a masturbação clitoriana [...]".

A função paterna, encarregada de organizar e assinalar as características de uma ordem de legalidade onde se inscreverá a criança como sujeito, separa a criança da sua mãe: "Proíbe a fusão-confusão original, imaginária. A criança já não é um objeto de fabricação materna – sua coisa. Simbolizada, é o filho de um par criativo".

Após um ano de tratamento, Berta pintou uma vagina na boneca e comentou: "Eu tenho vagina, mamãe e minha irmã têm vagina, papai tem pênis e vagina". Ao ser questionada pela vagina de seu pai, apontou a sua e disse: "Olhe-a, aqui está". Quando foi esclarecido que o desejo de seu pai passa pela vagina de sua mamãe, e que o desejo da mamãe pelo pênis do papai, aborreceu-se muito e se opôs: "cale-se". Mas, a partir desse momento, quando guardava suas famílias de caracóis, o papai e a mamãe dormiam juntos e os pequenos dormiam em outro lado, dormiam "dando pulos". Assim, Berta simbolizava o que a ela ocorria. Agora podia estar sozinha e separada e, fundamentalmente, podia falar, comunicar-se com os demais com um código comum.

O que ocorreu com ela? Quando a função paterna exerce seus efeitos metafóricos, ao triângulo imaginário mãe-filho-falo, se opõe o triângulo simbólico, mãe-filho-pai.

Para que a função paterna exerça seus efeitos simbolizantes, sendo o símbolo "o único capaz de unir o possível imaginário com o impossível real", é preciso que a voz do pai seja ouvida não somente pela criança, mas fundamentalmente pela mãe. Para que a criança obtenha o acesso à palavra "importa que sua mãe a estimule a isso se referindo a seu companheiro único que, em seu caráter de portador da lei de proibição do incesto, lei da linguagem, pode separar a mãe de seu filho".

Em relação ao final do tratamento – outro tema de importante discussão –, considera-se justificado interromper uma análise infantil a partir do momento em que a criança conte com seus próprios recursos simbolizantes, "para que viva sua própria neurose".

Com relação a Berta, seus pais concordaram com a interrupção do tratamento poucos meses depois da sessão relatada. Durante as últimas sessões, Berta se dedicava a brincar de mães e pais e a comentar o crescimento dos filhos e suas atividades cotidianas (banhos, comidas, colégio etc.).

Podemos dizer com Freud: "Agora está livre para a criança o caminho até o desenvolvimento da feminilidade, no entanto, não se reduzem os restos da ligação – mãe pré-edípica superada".

Os dois casos apresentados dizem algo acerca dos efeitos mortíferos que os desejos de seus progenitores exercem sobre a criatividade das crianças; ambos os casos consideram o peso do discurso parental na formação do psiquismo. Tanto Albert como Berta habitam um espaço dominado pelo desejo de seus pais, onde somente lhes é possível submeter-se a este, sem encontrar um lugar para um desejo próprio; seus sintomas lhes permitem fazer uma chamada de atenção, um pedido de auxílio, um princípio de saída desse jogo enganoso ("no jogo do desejo, os dados estão carregados e as cartas marcadas". F. Dolto, *O Jogo do Desejo*, Siglo XXI, México, 1983).

Isso pode ser aplicado a qualquer situação que nos remeta aos efeitos de intimidação do discurso dos precursores; ali onde o espaço transicional deveria constituir-se, o bebê se encontra sem espaço, o mundo que é mostrado à criança está carregado de velhos desejos dos pais que esperam ver reeditados na vida da criança: ter um filho-gênio que funcione como fetiche que preencha alguma falta e pague antigas contas familiares; uma filha que reproduza a relação de sua mãe com sua própria mãe; um filho esperado para salvar um matrimônio; filhos esperados para "esquecer" uma morte.

Todos esses exemplos consideram a impossibilidade de gerar um espaço próprio e criativo, o espaço está "inundado" desde a concepção da criança; vimos nesses casos um excesso de desejos que a criança é obrigada a satisfazer; no outro extremo nos encontramos com aquelas crianças que são concebidas sem desejo algum, crianças esperadas somente com sinais de rejeição, nas quais a falta de um banho de narcisamento por parte dos pais é evidente. Seria interessante pensar sobre os efeitos que os excessos ou a escassez produzem no terreno da criatividade. Para a criança, o excesso provoca um efeito paralisante: "não brinca porque tem sempre alguém olhando-a"; igual o seu contrário: "não brinca porque ninguém jamais a estimulou".

Com os adultos ocorre algo similar, pode-se pensar em situações que se referem ao diálogo e à produção entre analistas, quando submetidos a um discurso no qual tudo está dito se condena a repetir, produzindo uma ecolalia nada criativa, se cala frente a tanta informação instituída; ou, pelo contrário, segue calado por não buscar, ou não ter, mais formação/informação e se mantém a atividade nos limites do produtivo; qualquer possibilidade de criar algo novo continua pendente.

Para falar deste outro extremo cabe a citação de H. Bloom, quando disse: "Os precursores nos inundam, nossa imaginação morre afogando-se neles, mas não há vida imaginativa alguma se tal inundação é evitada por completo" (H. Bloom, *A Ansiedade de Influência*, Oxford University Press, 1975, p. 154); frente à angústia provocada pela inundação, a dissecação, o não encontrar nada ali causa verdadeiro terror, as possibilidades de criar um espaço de ilusão são muito complicadas.

Caso Joan: a submissão ao vazio (nada)

Na clínica com crianças encontramos muitos casos em que esta "desertização" inicial é evidente. Uma criança que foi claramente rejeitada desde sua concepção suporta estar no mundo sem ter sido desejada, o que deixa nela vestígios que podemos encontrar no transcurso de uma análise.

Joan tinha cinco anos e meio quando seus pais adotivos chegaram à consulta para falar sobre o filho.

"Morde as outras crianças, bate, arranha, se atira no chão e esperneia; quando saímos todos juntos a passeio, foge, grita como um louco, tenta nos bater".

"Não há forma de lhe colocar limites, criamos muita culpa ao castigá-lo, tentamos não bater nem dar nenhum tipo de castigo, dá-nos pena pelo seu passado [...]".

O que sabem estes pais sobre o passado de Joan?

Quando terminaram de fazer todos os trâmites correspondentes para adotar um filho, um juiz de uma cidade próxima os chamou urgentemente e lhes comunicou que tinha para entregar-lhes três irmãos, duas meninas de 7 e 5 anos e um menino de 3 anos; a condição que a justiça impunha era que se adotassem os três irmãos juntos "para não romper os laços fraternais que já estabeleceram", podiam ir vê-los no orfanato onde estavam custodiados e, se decidissem, depois de três visitas, poderiam levá-los e os adotar. O juiz lhes contou a história que sabia sobre estas crianças, estiveram duas vezes antes na instituição por maus-tratos; quando vieram pela primeira vez, Joan tinha ainda marcas no rosto e no corpo, golpes, contusões e uma cicatriz muito grande nas costas; quando o interrogaram sobre isso, o juiz comentou que era uma história impressionante que seria melhor esquecer; comentou apenas que outros seis irmãos maiores das crianças foram entregues a outras instituições para adoção.

O motivo que os leva à consulta, além da conduta "antissocial" da criança, é que ultimamente Joan padece de terríveis terrores noturnos, acorda chorando e angustiado e diz sonhar com lobos que vêm comê-lo e despedaçá-lo e levá-lo para a cova, depois demora a dormir (nessas noites de angústia, Joan não permite que a mãe se aproxime, somente o pai pode lhe consolar, para a mãe ele grita: "você não, você não, não me toque").

No momento da adoção, estes pais não tiveram "nenhuma dúvida" em levar as três crianças para casa, mas agora estão aflitos, cansados e perguntam se agiram corretamente; a mãe é quem consegue colocar um pouco de limite a Joan, enquanto é o pai quem se sente "débil e incapaz de fazer algo" (ele é o estéril).

A intenção ao trazer este caso é relatar alguns momentos diferentes do tratamento de Joan, sempre com uma pergunta de base, que pode ser útil para pensar tanto neste como em outros casos nos quais não se tem quase nenhuma informação sobre os primeiros anos da criança, conhecendo a importância que esta época de vida tem para a constituição do sujeito, a pergunta seria: é possível reconstruir esse passado?

A hora de brincar

Joan chega contente, cumprimenta e diz: "Outra vez incomodei o papai, tapei os seus olhos enquanto estava dirigindo".

A criança é questionada se sabe por que vem ao consultório e responde: "Tenho muito medo de lobos e fantasmas, sempre tenho que me esconder deles". Abre a caixa de brinquedos e joga, esparrama tudo pelo consultório, "aí está, tudo por toda parte, é um brinquedo bonito, você se aborrece?, eu gosto", se esconde debaixo do divã, "eu gosto de brincar de esconde-esconde, eu gosto que me encontrem, eu gosto que me encontrem primeiro, eu sempre me escondo para que me encontrem"; sai de seu esconderijo e sorri, "tenho que saber muitas coisas, você vive aqui?, tem muitas crianças que vêm aqui?, você tem muitos filhos?, é casado?, você comprou isso para mim ou para todas as crianças?, contaram que sou adotado?, você é adotado ou nasceu de uma mamãe?; o analista lhe diz: "você também nasceu de uma mamãe", Joan diz: "não sei, não sei, proíbo que me fale desse assunto, se me falar disso irei me aborrecer com você e o despedaçarei todo, eu gosto de despedaçá-lo todo".

Então ele pega um papel, o corta em vários pedaços e em um pedacinho desenha um sol, pinta de amarelo e lhe faz um sorriso, "eu o chamarei Hamster, gosto dos hamsteres, mas os lobos os comem e são sujos; quero ser rico, levar tudo para casa, posso levar os carrinhos para casa?". Se aborrece quando o analista lhe responde que não, e ameaça: "Olha que eu posso cortá-lo todo", depois pergunta: "Posso guardar este sol na caixa? Eu voltarei a vê-lo? Voltarei a ver todos estes brinquedos?"; quando ouve que sim, começa a guardá-los na caixa; quando termina de guardá-los, fecha a caixa e diz: "Promete-me que ninguém os quebrará?, além dos lobos e dos fantasmas tenho medo que os adultos morram. O avô de Marta morreu por ter os pulmões negros de tabaco, você fuma? Se fuma, você morrerá, todos podem morrer, isso me dá medo, tenho cocô, não aguento mais, eu estou com vontade de ir ao banheiro". Joan vai ao banheiro e fica muito tempo, "não quero sair daqui"... sai do banheiro sem dar a descarga, "aí lhe deixo minhas cacas", sai correndo em busca do pai, que está na sala de espera e lhe diz: "Brinquei de esconde-esconde, prometo que não vou enfurecê-lo nunca mais".

Primeiros meses

Durante os primeiros meses do tratamento, Joan chega ao consultório, abre a caixa, a vira no chão, esparrama tudo e vai se esconder debaixo do divã, depois sai e propõe um jogo; na primeira sessão fez uma enorme bola de massa de modelar juntando todas as cores, a partiu em duas e brincou de atirá-las dentro da caixa que havia colocado distante; agora o jogo que propõe é dar uma das bolas ao terapeuta e outra para ele, coloca a caixa na outra ponta e ele que acerta mais vezes ganha, joga-se o "colocar as bolas dentro", as bolas são de cor marrom, e, às vezes são cacas e às vezes são lobos. Quando o terapeuta não acerta dentro da caixa, Joan grita: "Bravo, bravo, você é um burro idiota!", e, se acerta, ele se aborrece e diz ao terapeuta que é mau, que a caixa é só para ele, que fez trapaça e que não pode ganhar dele.

Ao final de cada sessão pede para ir fazer caca "de verdade", a pedido, melhor, com a exigência do analista, dá descarga. Esse tipo de intervenção no enquadre analítico funciona como verdadeira interpretação; trata-se de intervenção de limite, onde o terapeuta exerce certa função de lei. Vai buscar o pai a quem, de fato, continua aborrecendo.

Em algumas sessões brinca em um canto com os carrinhos; são três, deixa um de lado e faz chocar os outros dois, viram várias vezes e o outro carro se transforma em ambulância que salva a todos, estão todos muitos feridos e a ambulância os recolhe, cuida deles, dá-lhes de comer e os salva; em mais de uma ocasião foi comentado que brincava sobre o que acontecera com ele, que seus pais adotivos o salvaram de acidentes... A esta interpretação sempre respondia igual: "Cala a boca, porco, asqueroso, não quero falar de coisas feias, vou para o esconderijo"; as coisas feias eram seu passado. Um dia, chorando no esconderijo, disse: "Você sabia que tive mais irmãos que outras famílias adotaram? Como serão?".

Durante este período, os pais comentam nas entrevistas que Joan está muitíssimo melhor, podem sair com ele, já não foge, não bate nem morde as outras crianças e parece muito mais tranquilo. Em algumas noites continua despertando com medo, mas agora deixa que a mãe se aproxime para acalmá-lo.

Um ano de tratamento – um sonho

Joan já não esparrama os brinquedos, pede mais massa de modelar e constrói casinhas e árvores por onde passeiam os carros. Não pede para fazer caca ao terminar a sessão, e o pai o espera embaixo, já não necessita que o espere na saleta. No entanto, tanta harmonia não dura muito tempo.

Um dia, um "desastre" de cacas e urina estragam toda população e o mundo, "até a Argentina se estragou toda" (o terapeuta é de origem Argentina e o menino não ignora em absoluto este detalhe), "não há segurança, tudo é muito perigoso", os carros se chocam e Joan os atira violentamente contra a parede; corta todos os papeizinhos e tenta quebrar os bonecos, "vamos bater em todos, queimá-los, cortá-los em pedaços", depois se esconde no esconderijo e diz: "fala-me de minha mamãe e meu papai de antes, eles não me cuidaram, não sabiam cuidar, destruíram tudo".

No dia seguinte o analista recebe um telefonema da mãe, Joan despertara assustado à noite e pediu para falar com ele, necessita vê-lo antes do dia correspondente, se pode ser esse mesmo dia, comenta a mãe que nunca o viu tão angustiado. O analista aceita vê-lo no dia seguinte. Ele entra aborrecido, não toca na caixa, se esconde no esconderijo e diz: "você é mau e feio porque me faz pensar em coisas más... ontem sonhei com minha mãe de verdade, não era um lobo nem um fantasma, ela era uma mulher muito gorda que me batia muito, me deu no bumbum com uns jornais, saiu sangue pelo nariz e me bateu mais forte, depois nos trancou no banheiro, minhas irmãs e eu, e foi embora; minhas irmãs me passaram pela janela e eu corri e avisaram a polícia para que viessem nos buscar"; fica um tempo chorando e acrescenta: "e tudo isso eu não posso contar a meu papai e minha mamãe porque tenho pena deles". O analista comenta que lhe faria bem contar tudo isso a seus pais e a suas irmãs; pouco tempo depois, se supõe que ao relatar o sonho às irmãs, elas comentaram que efetivamente tudo aquilo acontecera, que elas "esqueceram", mas foi desse modo como a polícia os resgatou do banheiro onde a mãe os trancara; passaram através da janela o irmãozinho de dois anos e meio porque era o único que atravessaria a janela; ele reclamou, mas correu até a casa de alguns vizinhos que avisaram a polícia.

Nessa mesma sessão, Joan desenha seu sonho, desenha uma mulher enorme que ocupa toda a folha, com um jornal na mão, "já não sei se é minha mãe, eu não quero sonhar com coisas feias" (tanto este como outros desenhos de Joan dessa época não resistiram aos ataques de uma etapa posterior do tratamento).

Esparrama as coisas

Não demorou muito tempo para que Joan voltasse a esparramar tudo pelo consultório, agora faz bolinhas de massa de modelar e tenta quebrar os vidros da janela; em muitas ocasiões foi preciso pará-lo fisicamente, quer atirar os cubos de madeira para quebrar os vidros, e tenta em mais de uma ocasião cortar o tecido do divã com as tesouras; quando se tenta segurá-lo para contê-lo, começa a dar pontapés e tenta escapar; era evidente que nesse estado não escutava ninguém, mesmo com o analista tentando lhe impor limites. Foi pedido ao pai que novamente esperasse na sala de espera e isso o tranquilizou; com o pai próximo estava menos agressivo, agora podia escutar; durante todo este período o analista assinalou a Joan que tentava aborrecê-lo para que o expulsasse, para que não quisesse vê-lo mais, como possivelmente fazia com seus pais adotivos, tinha que pôr a prova o amor dos pais até o limite; também tinha que quebrar e maltratar como sentia que o maltrataram seus pais biológicos. Rasgou todos os desenhos anteriores, seguiu um tempo longo brincando de esparramar as coisas da caixa, pediu para tirar os pedaços de massa de modelar e de papel que enchiam sua caixa, depois pediu que se pusesse massinha nova e arrumou sua caixa, tentou colocar certa ordem: os cubos com os cubos, os carros com os carros e os bonecos com os bonecos.

Tempo depois, perguntou se podia trazer cartas na sessão, tinha vontade de ensinar um jogo de cartas muito legal e queria especialmente jogá-lo com o analista, o seu pedido foi aceito e ele explicou o jogo: "Jogaremos a casinha roubada!". O jogo foi interessante durante algumas sessões; se ele roubava a casa, ficava contentíssimo, mas se o analista chegava a roubá-la, se entristecia e às vezes se aborrecia "Não o faça, não me roube a casa, faz que não percebe e tira essa carta! Não roube minha casinha porque não terei onde viver!"; se havia empate tudo estava bem, cada um teria um lugar para viver.

Joan foi-se tranquilizando e lhe foi proposto deixar o jogo, as cartas ficaram na caixa e em sessões posteriores começou a usá-las para construir casas, construções nas quais pedia ajuda, mas já não se aborrecia quando as casas de cartas caíam, ria e recomeçava.

Tempos mais tarde

Os pais querem terminar o tratamento, Joan têm mais de nove anos, é um garoto adorável, carinhoso, estudioso, entretanto ele pede para continuar vindo às sessões, pois ainda tem muitos medos, sobretudo de ladrões e de lobos.

O avô materno, com quem sempre teve uma excelente relação está muito doente. "Agora tenho medo que o avozinho morra, eu tenho medo dos lobos, já sei que não existem aqui, porém estão aí, como medo dentro de minha cabeça"; "você sempre me faz pensar coisas feias, na morte, em minha outra mamãe, em meus irmãos; quando for grande irei viver em outro país, irei para a Argentina, porque assim não me encontrarei com nenhum irmão que eu não saiba que é meu irmão, tem família lá? Tem psicólogos na Argentina?".

Joan abre a caixa, constrói uma cidade com todas as madeiras, faz um primeiro quadrado e logo um segundo quadrado que encaixa no outro, "é uma muralha para vigiar que não entre ninguém para roubar as crianças; querem roubá-las para comê-las"; pega alguns animais que rodeiam a muralha: "Os animais estão famintos e se ajudam entre eles para comerem as crianças", "isto já não é uma cidade, agora é uma casa, papai vê TV, mamãe cozinha e as crianças brincam na fonte"; coloca os bonecos e constrói uma fonte de massa de modelar, a fonte não é exatamente uma fonte "é um apito grande e muito poderoso que pode apitar sempre", as crianças estão "com" a fonte, e os animais se preparam para entrar na casa, a angústia cresce, Joan fica muito inquieto (agora aparece claramente a diferença entre o genitor e o cuidador e o medo de ser roubado pelos lobos); os animais dão voltas na casa e Joan retarda a entrada até que chega a hora de terminar a sessão; quando é informado de que já é hora, ele diz: "Perdi muito tempo da sessão armando a brincadeira e não brinquei!"; quando o pai chega para buscá-lo comenta: "Hoje eu passei muito bem com ele; sabe brincar muito bem", e se despede do terapeuta: "Até a próxima".

Durante os anos que durou seu tratamento pôde-se reconstruir a história de algumas questões concernentes a seu isolamento inicial. Marcado pelo que P. Aulagnier chamou de pictogramas de rejeição, este menino era incapaz de criar um espaço de brincar; toda sua atividade se limitava em produzir no outro uma conduta de reprovação, uma colocação de limites permanente.

No princípio, Joan se escondia debaixo do divã, "eu gosto que me encontrem", dizia; passava muito tempo em seu esconderijo, dali podia falar, perguntar coisas, interrogar sobre sua história e sua origem, Joan começou a criar espaços de solidão acompanhada, nesses momentos ficava como capturado, olhando para o vazio; eram episódios que mostravam que estava ali algo da ordem do "desértico", do sem vínculos e não metabolizável. Para que esses sinais possam ser situados em algum tempo e espaço, falta alguém capaz de construir sua história, de recuperá-lo e lhe dar uma posição, transformando-o em recordação, e nessa direção apontavam as intervenções do analista.

Essas recordações sobre momentos de solidão e abandono permitiram construir uma história de vida; ao se construir um passado começa "a colocar as coisas em ordem", entre elas, a ordem da filiação, uma categoria que Joan (como em toda criança adotada) demorou muito a adquirir; contudo, o espaço de sua análise lhe permitiu ir alcançando determinadas categorias sem que se lhe impusesse seu conteúdo, permitindo que ele mesmo o encontrasse, em sua relação consigo mesmo e com os demais. Em uma conferência sobre análise com crianças, Marilú Pelento comentou: "Quando uma criança está para adquirir uma categoria, o analista tem que mantê-la em mente, captar o uso dessa categoria".

Em outro momento propõe outro jogo, o de cartas; tratava-se de recolher cartas segundo as pontuações conseguidas entre as cartas que se tinham na mão e as cartas da mesa; prontamente o terapeuta observa que Joan está contando com os dedos, ele percebe e diz: "Sabe de uma coisa, há muitas coisas que pensamos com a cabeça, mas, por sorte, há outras, como os números, que podemos pensar com as mãos!".

Em outra ocasião propõe outro jogo, trata-se de uma espécie de paciência: "Tem que colocar as cartas em ordem, elas vêm todas desordenadas porque estão todas misturadas e cada um tem que colocá-las em ordem; as maiores primeiro e assim para baixo".

Colocar as coisas em ordem, suas coisas em ordem, a ordem de filiação, uma categoria que este menino demorou muito para adquirir.

Voltando ao jogo, trata-se de colocar ordem, mas o divertido está em ganhar do outro, por isso o jogo se chama o rápido "e o que ganha é o Super-Homem!". Joan era realmente habilidoso e rápido colocando ordem em suas cartas misturadas, prontamente deixou o jogo para falar de seus heróis atuais: "Você sabia que o Super-Homem também é adotado? Quando usa seu apelido de adoção é um jornalista tímido, quando usa seu traje do planeta em que nasceu é Super-Homem, mas quando se encontra com a criptonita, que são os restos de seu planeta explodido, perde todos os poderes, volta a ser como os humanos e os maus podem matá-lo, além disso, há criptonita de todas as cores...". Sempre há restos coloridos em um passado que vai se refazendo, recordando, metabolizando.

Coincide nessa época a estreia do filme Hook, a versão de Spielberg do clássico Peter Pan; há uma parte do filme que chamou a atenção de Joan e que mereceu ser associado a sua análise. Peter Pan é adulto e es-queceu como se faz para voar; assim que as crianças perdidas e Sininho lhe dão uma fórmula, lhe dizem que tem que ter uma bonita lembrança de seu passado que possa pensar, mas tem que ser bonita, então Peter Pan pensa que havia abandonado o País de São Nunca, isso não é uma lembrança bonita, "Ah, porém fui para ter um filho!", quando Peter Pan recordou o bom de seu passado voltou a ser um herói, depois Joan fala de seu futuro, há que se recordar um passado para viver um presente e representar um futuro, um futuro no qual poderá gerar filhos. Depois Joan realizou um verdadeiro trabalho de investiga-ção sobre a relação entre heróis, adoção e filiação: chegava na sessão contando seus descobrimentos, assombrado; que o Pato Donald não tinha filhos só sobrinhos; que viu O mágico de Oz e a menina tão pouco tinha pais, parecia que seu mundo começava a encher-se de semelhantes... Acaso algum conto infantil atrativo tem protagonistas com pais que não os abandonam?

Chegou um momento em que tanto Joan como seus pais reconheceram que a história de Joan era uma história para inscrever permanentemente, para pensar e elaborar em cada momento crucial de sua vida; não se falou de uma análise interminável com o terapeuta, mas interminável para Joan.

Uma espécie de final chegou como nos mitos, uma chamada desesperada da mãe informa que por um acidente fortuito na escola, um pedaço de madeira atingiu os olhos de Joan. Telefonava de uma clínica oftalmológica onde se tentava salvar a vista do menino mediante uma intervenção cirúrgica complicada, Joan pediu para ver o analista antes e depois de ser operado; o médico colocou uma única condição, o menino não podia se mover, quando o analista foi à clínica o encontrou imóvel sobre a cama, ele explicou tudo o que lhe fariam e disse que se encontrava bem; a mãe estava presente, Joan lhe pediu que saísse um momento do aposento, então disse ao terapeuta: "Eu gostaria que você ajudasse um pouco a mamãe, noto-a nervosa, treme o pulso quando me serve a sopa e suja o meu pijama...". O analista voltou a visitá-lo pouco depois da operação, Joan permaneceria imóvel durante muito mais tempo, não podia utilizar os olhos para nada: "Durante muito tempo não poderei ver TV, nem ler gibis, não importa, porque assim poderei ver depois, entretanto quero que me contem histórias, digo a meus pais como eu gosto que me falem, quanto eu gosto que me contem histórias...".

Com esse menino pôde-se povoar esse vazio inicial, no qual seguramente não havia ninguém que cumprisse a função de apresentar-lhe o mundo para que o criasse; sabe-se que, nesse tipo de caso, sempre permanece algo dessa submissão ao nada. Trata-se, em todo caso, de poder construir um espaço potencial para que, nesse espaço, o brincar possa surgir; porque pensamos, com Winnicott, "que no brincar, e talvez somente nele, a criança ou o adulto estão em liberdade de ser criadores" (Winnicott, *O Brincar e a Realidade*. Rio de Janeiro: Imago, 1971).

5.4. Intervenções do analista sobre o brincar

A partir desses casos clínicos viu-se como se pode agir por meio da análise para favorecer a criação de um espaço transicional que no desenvolvimento da vida de qualquer criança possa ter permanecido incompleto.

Em muitas outras consultas de crianças – crianças mais neuróticas –, o espaço de brincar está inalterado, ou seja, possivelmente em seus primeiros anos de vida este tipo de crianças pode criar fenômenos e espaços transicional que, por sua vez, lhes permitiu ter acesso a um universo simbólico compartilhado. Trata-se de crianças que sabem brincar, que não têm dificuldade em criar uma situação de brincadeira enquanto entram em contato com o terapeuta e estabelecem uma transferência positiva de trabalho.

Igualmente sofrem diversos sintomas, ciúmes, fracasso escolar, enurese, fobias, transtornos obsessivo-compulsivos, para citar somente algumas patologias frequentes na clínica com crianças.

O enquadre analítico favorece a rápida colocação no brincar, nunca melhor dito, desses e outros conflitos a partir do brincar, a questão a se colocar com esses casos é outra: como e quando intervir nesse brincar que a paciente criança desenvolve?

Em primeiro lugar, o analista que trabalha com crianças deve saber muito sobre o brincar infantil, porque o brincar acompanha a criança desde muito cedo em sua existência e vai evoluindo, modificando, transformando-se à medida que a criança cresce. Há uma espécie de duplo brincar, a criança cresce e passa por diversas vicissitudes, e seu brincar por sua vez vai se modificando; esse brincar que vai modificando-se permite à criança crescer.

Pode-se realizar um breve esquema sobre a evolução do brincar nas crianças. A. Aberastury, em *A Criança e suas Brincadeiras* faz este trabalho desde sua concepção teórica, seguindo as ideias de M. Klein.

Até o *final do primeiro ano*, o brincar da criança simboliza o ventre materno. Há uma grande descarga agressiva, o exemplo típico é o menino que brinca com os utensílios de cozinha, a panela e a colher, fazendo muito barulho; neste momento os brinquedos representam as fantasias de ter filhos, começam a brincar com animais, bonecas, esferas e bolas.

Ao redor dos *dois anos* aparecem as brincadeiras relacionadas com o controle dos esfíncteres, os jogos ou brinquedos são flexíveis, amassáveis, cortáveis, a massa de modelar é o melhor exemplo, mas a areia do parque e a terra ou o barro são excelentes substitutos, também a criança começa a jogar, a passar substâncias de um recipiente a outro.

Nessa idade já aparecem as brincadeiras de esconder e aparecer, brincadeiras de encontro e separação (o *Fort-Da*).

Até os *três anos* a mãe não permanece indiferente, as brincadeiras giram em torno da identificação materna; aparecem as brincadeiras de fazer comidas para os demais, brinca de alimentar e alimentar-se. Também é a idade na qual a criança começa a desenhar, recriando deste modo aspectos de seu próprio corpo, sobretudo no desenho da casa.

Entre *os quatro* e os *cinco anos* o brincar começa a representar as fantasias da vida sexual dos pais, ter filhos e cuidar deles, as bonecas ou seus derivados ocupam um lugar especial, conserta os brinquedos quebrados e começa a personificação com objetos idealizados e persecutórios; nesta idade começa a desenhar para reter imagens e aparece a monotonia na repetição de histórias e contos.

Entre *os seis* e *sete anos* já começam as brincadeiras de competição, de conquista e ação. Entre os meninos aparecem o brincar de competição e ação através da personificação de diversos heróis, índios, pistoleiros, policiais, extraterrestres, enquanto nas meninas se manifesta esta competição por meio da identificação feminina, brincar de encontros entre mulheres, se disfarçam de mulher, gostam de colocar roupas de mulheres adultas, ou brincar de ser professora ou diretora da escola.

Em ambos os sexos começam o interesse pelos jogos de regras: damas, dominó, ludo e jogos de cartas.

Também em ambos os sexos o brincar expressa desejos genitais claros: brincar de papai e mamãe, namorados, casamentos, doutor; brincadeiras nas quais a necessidade de tocar e ser tocado, de ver e ser visto são claras.

Durante a *latência* se acentuam estas brincadeiras identificatórias e aparecerá um maior interesse pelos jogos com regras, brincar de ser adulto com jogos como o *monopólio*, carros, bonecas, professores, dão pistas sobre a presença do momento edípico.

Outros autores realizaram novos estudos de categorização do brinquedo das crianças evolutivamente, sempre seguindo seus esquemas teóricos. Assim como se mencionou mais extensamente as teorias kleinianas reelaboradas por Aberastury, deve-se mencionar as ideias de F. Dolto, que a partir de suas teorias sobre as diferentes castrações simbólicas pelas quais atravessam a criança, defende que esta representa, em suas brincadeiras, estas castrações.

F. Dolto relaciona as fases de desenvolvimento da libido tal como as postulava Freud, com momentos cruciais na estruturação do psiquismo da criança e, sobretudo, de uma imagem corporal que acompanha esta estruturação. Imagem corporal, sempre inconsciente, que não se deve confundir com o esquema corporal de cada criança.

Tais castrações geradoras de símbolos são castrações porque separam, rompem o ideal fusional com o corpo materno e, por sua vez, são simbólicas, porque permitem, graças a esse corte, a produção de um universo simbólico único e próprio para cada sujeito.

Evolutivamente, Dolto descreve as castrações na seguinte ordem: umbilical, oral, anal, castração primária ou castração genital não edípica e a castração genital edípica. Devido ao predomínio dessas castrações o brincar da criança está determinado, ajudando-a a elaborá-las e metabolizá-las.

De outra perspectiva, seguindo e ampliando as ideias de Winnicott, R. Rodulfo em *El Niño y el Significante* (A criança e o significante), 1989, descreve outros momentos evolutivos do brincar da criança, sempre partindo do fato de que "não há nenhuma atividade significativa no desenvolvimento da simbolização da criança que não passe vertebralmente pelo brincar"; este autor classifica o brincar evolutivo de outro modo, remarcando assim que é a partir de poder observar em que momento de seu brincar está a criança é quando se poderá avaliar o estado dessa criança, o momento de estruturação pelo qual está atravessando.

A partir dessa concepção, o brincar começa muito antes de *Fort-Da*; para este autor, a criança necessita fabricar superfícies para construir sua própria superfície, um limite que o separa do Outro e que o permite diferenciar-se: "A atividade que há que pensar como brincar primeiro é uma combinação de dois momentos: esburacar – fazer superfície, extrair – fabricar superfícies contínuas, extensões, traçados sem solução de continuidade...".

Em um segundo momento, que está muito ligado à criação de superfícies, se vê o bebê entregue a uma série de brincadeiras de relação continente/contido, pôr e tirar coisas do lugar, ainda sem ter adquirido a noção de interno-externo; este segundo momento do brincar dá passo a um processo de amadurecimento a respeito do eu corporal da criança.

A terceira função do brincar será a aparição e desaparecimento, levando em consideração muito especialmente o desaparecimento (de um ou de outro) que até agora causava angústia, causando prazer, e a criança exigirá permanentemente sua repetição.

A partir desse momento, todas as capacidades lúdicas da criança se apoiarão nesta possibilidade de se construir um corpo próprio e ser distinto e separado do outro. As teses sobre o brincar, que aponta R. Rodulfo, insistem nos momentos lúdicos evolutivos antes da função do *Fort-Da*.

Como se vê, seja qual for a perspectiva teórico-clínica de que se observa, o brincar da criança chega sempre a uma mesma conclusão e que é muito importante para a clínica psicanalítica.

A criança e suas brincadeiras são inseparáveis, mudam e se modificam a um e ao outro. Saber sobre o desenvolvimento evolutivo da criança é saber sobre o desenvolvimento evolutivo do brincar, e vice-versa; assim, não é o mesmo encontrar uma criança de dois anos e meio que brinca de se esconder para ser encontrada e mostra uma enorme excitação e alegria quando isto ocorre, que encontrar o mesmo tipo de brincar em uma criança latente de nove anos; tão pouco é igual observar como uma criança latente utiliza e amassa toda a massa de modelar e a esparrama sobre a mesa de trabalho sem poder criar nada mais que uma grande desordem, muitas vezes sem limites, a que se dedica a esticar e separar pequenos pedacinhos com os quais não sabe o que fazer e os gruda no rosto, que se encontrar com uma criança de cinco anos que amassa a massa de modelar com grande habilidade e constrói objetos, coisas, personagens, aos quais logo lhes prestará voz e movimento para criar uma cena teatral, ou um recorte da vida cotidiana. O saber observar o brincar da criança tem um importantíssimo valor diagnóstico. Nos permite começar a perguntar: onde está esta criança?; em que momento de sua evolução lúdica e, portanto, de sua evolução psicossexual se encontra?

Diante desses casos, sobretudo naqueles que encontramos uma verdadeira defasagem entre seu estar no mundo e onde deveria estar, tentar mudar esse estado, mediante interpretações, assinalamentos, e até criar certas tentativas de ensino, não seria correto de um ponto de vista psicanalítico. O risco é que a análise se desfigure e se realize uma intervenção meramente psicopedagógica, ou que se transforme em um ego ideal persecutório que além de ser simplesmente inútil chega a ser iatrogênico e favorecer a aparição de um *falso-self* de estilo adaptativo, como se a partir da criança surgisse a ideia de tornar-se exatamente como se acreditava que ela deveria ser.

O brincar serve para saber onde está essa criança, respeitar esse lugar e tratar de entender por que está assim, ali.

Em muitos casos é necessário que a criança esteja desse modo; parece que mostra com seu brincar algo dela que não está funcionando. Permitir-lhe desenvolver esse brincar, possibilitará saber mais sobre o que quer mostrar com seu brincar.

Usou-se a expressão "querer", e não é de todo correto; "querer" denota certa vontade consciente, e o que torna mais interessante o deciframento, a observação do brincar é que, ao ser um ato que se desenvolve desde e no espaço potencial, é totalmente inconsciente, desde o ponto de vista de que a criança não sabe tudo o que nos está mostrando sobre si mesma no desenvolvimento de um brincar. O brincar expressa como outras atividades psíquicas, aspectos inconscientes da criança, e, por isso, a atividade de brincar tem significado e é traduzível.

Portanto se fala de um método de leitura do brincar, similar ao de leitura do material dos sonhos. Também no brincar aparecem deslocamentos, condensações, projeções, transformações ao contrário, e é tarefa do terapeuta ir lendo/escutando esse brincar para saber como operam todos esses mecanismos. Freud mesmo dá um exemplo de um menino de 13 anos afetado, segundo ele, por uma neurose imputável à masturbação; considera confirmada sua hipótese quando observa o brincar da criança com o fantoche que construiu com migalha de pão; uma vez construído o fantoche o rapaz lhe arranca a cabeça; em alemão "arrancar-se uma" era um termo utilizado popularmente para masturbar-se, ou seja, que o menino reproduzia plasticamente um texto verbal (S. Freud, *Psicopatologia da Vida Cotidiana*, 1901).

O importante da interpretação de um brincar concreto, ou de uma parte deste, tem a ver com o *timing* e o *setting*, ou seja, com o tempo e o enquadre; a criança nem sempre está preparada para escutar uma interpretação na qual estão envolvidos seus conteúdos e conflitos mais reprimidos; é parte do saber fazer do analista o saber quando e como realizar uma interpretação deste tipo, e, sobretudo, fazê-lo dentro do espaço do brincar da criança, inclusive às vezes sem palavras, mas com os mesmos conteúdos lúdicos que a criança está utilizando.

No entanto, em muitos casos se necessita, e até é aconselhável, utilizar as palavras, colocar em palavras aquilo que está sucedendo no brincar, colocar palavras no não dito que fica aderido como sintoma e se repete.

Aqui surge um tema conflitivo na história da psicanálise com crianças; ao se ler os casos conduzidos por Klein ou por qualquer de seus discípulos da época, são encontradas interessantes interpretações e/ou construções que o terapeuta realiza sobre o que observa do brincar de seus pacientes, mas a linguagem que estes terapeutas pioneiros utilizavam com as crianças era um linguajar demasiado adulto. Não se considerava a capacidade de entender e compreender certas palavras segundo a idade de cada paciente.

Intervenções, por exemplo, com este estilo: "Com o seu brincar, você está mostrando a inveja que tem de mim por todos os pênis que conservo dentro de mim", "assim como chocam os carros, você imagina o coito entre seus pais e você quer matá-los..."; poderiam ser realmente entendidas por crianças de quatro ou cinco anos? Autores posteriores se ocuparam desse tema e tentaram acentuar quais interpretações seriam as adequadas, mas não a linguagem utilizada pelos analistas, propondo desde então uma aproximação mais de acordo com o momento evolutivo-cognitivo da criança. Desses desenvolvimentos posteriores surgiram as ideias acerca de que se podia interpretar dentro do brincar e com a própria brincadeira, e, se são necessárias as palavras e inclusive as construções históricas, estas devem realizar-se na linguagem inteligível para a criança segundo sua idade e seu desenvolvimento cognitivo.

Nem todas as intervenções que um psicanalista realiza em uma sessão com uma criança são interpretações, entretanto conservam o caráter fundamental das mesmas: procurar abrir um novo espaço de reflexão sobre o que está ocorrendo e desta maneira favorecer mudanças estruturantes nos pacientes. Uma criança latente, que pede para jogar o ludo com seu analista, começa a trapacear, não suporta perder e em sua maneira de trapacear se observa certo comportamento maníaco ou até perverso. Nesse momento o terapeuta pode parar o jogo e dizer: "Ah!, não, eu não quero jogar com trapaças". Nesse sentido o analista exerce uma função de limite que pode ser mais útil que uma elaboradíssima interpretação sobre o medo de perder de seu paciente e os conteúdos reprimidos que esse medo de perder representam. Outro menino menor (ou não), isto se viu no caso Joan descrito anteriormente, pede para fazer cocô no meio de uma sessão de brincar (provavelmente por ter-se assustado diante de um material e se esforçava por sair de cena). O terapeuta autoriza a interrupção para ele satisfazer suas necessidades e percebe que o paciente, depois de fazer suas necessidades não dá a descarga, deixando o banheiro do terapeuta com seus cocôs e seus odores. É então que o terapeuta pode intervir exigindo do menino, se é necessário, que dê a descarga e que lave as mãos para seguir o trabalho na sessão. Isto também é uma função de limite que muitas vezes funciona melhor que um assinalamento de tipo transferencial ao estilo de que o menino quer deixar suas próprias coisas más à vista. São estilos de interpretação, funções de limite, que reasseguram o correto estabelecimento do enquadre transferencial e que, por sua vez, permitem à criança organizar suas funções de cuidado, representam uma lei e apontam a um desejo. Muitas crianças fazem coisas porque no fundo estão esperando que outro lhe diga que aquilo que fazem não é bom ou não está bem feito.

Em outras brincadeiras as crianças mostram algo de natureza traumática, difícil ou complicado de elaborar nesse momento, crianças que observam brigas em casa brincarão com animais que lutam e se comem entre si, crianças ciumentas pelo nascimento de um irmão brincarão de fazer parir animaizinhos para em seguida machucá-los; um menino de nove anos foi informado dois dias antes da intervenção de que ia ser operado de criptorquidia e que, aproveitando a anestesia, operaria também de fimose. Este menino não tinha uma ideia consciente do que significava a criptorquidia, e nem o cirurgião, nem os pais haviam explicado a ele. Ao chegar em sua sessão, o paciente construiu um estacionamento; tratava-se de um jogo repetido e que estava ligado a ciúmes de seus dois irmãos, sempre construía *estacionamentos* pequenos, um carro, o maior (ele era o maior) sempre ficava de fora; porém nesse dia decidiu utilizar mais cubos de madeira e o estacionamento que se dedicava a construir seria o mais moderno, com a ajuda de outros materiais construiu um *estacionamento* com dois elevadores, para que os carros subissem e abaixassem comodamente, depois acrescentou: "Com esses elevadores os carros abaixarão facilmente para ser reparados"; depois de uma sessão de brincar como esta, pode-se afirmar, como fazia seu cirurgião, que o menino não sabia realmente nada sobre sua operação? Neste caso, toda interpretação não podia ser mais que um assinalamento, um descobrimento sobre o que ele sabia acerca do que ocorria com seus testículos e o que ocorreria depois da intervenção; toda outra interpretação, mais próxima dos fantasmas de castração que operavam de seu inconsciente em torno de seus genitais, não faria mais que aumentar uma angústia que por si só era necessária e suficiente.

Retoma-se o exemplo já citado por Freud da criança cujo médico olha a sua garganta, ou qualquer outra situação na qual a criança em atitude passiva necessita logo brincar a situação em posição ativa como modo de elaboração, uma intervenção do analista bastante frequente é a de traduzir em palavras aquilo que está observando. Se esta interpretação é ouvida, a criança mudará de brincadeira, ou ainda acrescentará novos conteúdos em seu brincar. Mas, às vezes, as situações são tão óbvias que qualquer interpretação a respeito se torna inoperante; muitas vezes o melhor que pode fazer o terapeuta é observar este fenômeno lúdico (transformação ativa de um acontecimento passivo) e deixar que a criança brinque, porque, voltando a citar Winnicott, o brincar por si só é terapêutico.

Outro tipo de brincar que acontece na análise com crianças tem a ver com situações traumáticas que não puderam ser metabolizadas nem elaboradas pela criança; assim, a criança com seu brincar na sessão repetirá muitas vezes aquela situação que a deixou marcada, ainda que, às vezes, não seja consciente das marcas que tal situação traumática deixou:

Caso Rubens

Um menino de oito anos é levado à consulta por ter medo de sentar-se no vaso sanitário, tem pânico; quando fala sobre esse pânico diz que tem medo de que do vaso saltem seres ferozes e malvados e lhe comam o bumbum; este pânico o levou a um estado de obstipação intestinal grave e a desenvolver outras fobias, sempre relacionadas com animais que o devorariam e o matariam.

Quando nas entrevistas com a mãe se ouve a história desse menino, compreende-se ainda mais o caráter de seu sintoma e o estilo de brincar que optou por desenvolver durante muito tempo em suas sessões.

Quando este menino contava somente um ano e três meses de idade, o pai ficou doente e não foi trabalhar, a mãe tinha saído cedo para o seu trabalho e entre ambos avaliaram que, ainda doente, o pai cuidaria dele. A mãe regressou oito horas mais tarde e encontrou seu bebê angustiado e chorando, tentando acordar seu pai sem consegui-lo. O pai morreu repentinamente muito pouco tempo após a saída da mãe; assim, o menino passou quase oito horas cuidado por seu pai morto. Logo observou a angústia e a dor de sua mãe e alguns enfermeiros que imediatamente levaram o pai em uma ambulância.

Segundo a mãe, seu filho não lembra nada de tudo aquilo, "era demasiado pequeno e não pode saber de nada", porém nas sessões de análise o menino propôs ao terapeuta durante muito tempo a seguinte brincadeira: "você se estira no chão e morre, então eu tento curá-lo e então você revive", com o terapeuta brincando de ser o morto, o menino ficava totalmente regressivo, engatinhando pelo consultório, emitia sons guturais imitando um bebê e fingia que chorava. Com a reanimação do terapeuta morto cumpria o desejo de reparar a morte do pai, mas, com todo o brincar que desenvolvia em volta do morto, revivia à sua maneira a situação pela qual na realidade passou em seu primeiro ano de vida.

Depois de um tempo, o terapeuta disse que não se faria mais de morto, que podia utilizar os brinquedos para brincar disso; também o terapeuta indicou que o morto não era ele, que era seu próprio pai e que assim estava mostrando tudo o que sofreu estando ao lado de seu pai morto.

Começou então a repetir a cena, porém, com bonecos, agora um boneco era o pai morto e outro boneco o bebê que pulava sobre ele ou engatinhava ao seu redor; em uma sessão pulou tanto sobre o boneco que representava o pai "quebrado", que começou a falar da culpa: "E se eu fiz isto?", "E se eu matei o papai?". A partir de então construiu com massa de modelar animais ferozes que vinham comer o bebê mau que matou o pai; começava a ficar claro uma das sobredeterminações de suas fobias, por "retaliação" esses animais ferozes vingavam a morte do pai, comendo-o e o matando.

Pouco depois deixou o pai de lado continuando com os animais ferozes que o atacavam e comiam, mas desta vez dentro de um brincar, que por si só, acompanhado das intervenções do terapeuta, o ajudaram a superar seus medos e a elaborar a morte de seu pai.

Poder-se-ia citar muitos materiais clínicos que demonstram o poder curativo, terapêutico, do brincar. O possibilitar que essas brincadeiras se desenvolvam no espaço potencial de um tratamento é tarefa do analista, do enquadre que ele oferece à criança para que essas e outras brincadeiras continuem a acontecer.

Uma das dificuldades técnicas que muito se observa na análise com crianças é quando o brincar parece deixar de sê-lo para se transformar em um elemento de resistência. O brincar se torna estereotipado e não

transmite nada. Sabe-se, desde os escritos técnicos de Freud, que quando aparece a resistência, ela está ligada a uma determinada situação transferencial que deve ser interpretada para dissolver os aspectos resistenciais.

Todavia, a dificuldade pode ser entendida, escutada de outra perspectiva. Pode ser que não se trate do brincar resistencial, mas de um tipo de brincar que o paciente, criança, necessita brincar com seu analista. Muitos analistas de crianças se queixam dos aborrecidos e intermináveis jogos de regras dos pacientes em pleno período de latência. Frente ao não saber o que fazer com esse jogo que a criança quer jogar parece mais fácil torná-lo como um jogo resistencial e inclusive – como muitos o fazem – não deixar jogá-lo. Estamos falando de todo tipo de jogos que requerem algumas normas e regras concretas para ser jogados e aos que muitas crianças, em determinados momentos de seu tratamento, querem jogar: cartas, ludo, damas e o xadrez são os preferidos por muitos latentes. É muito interessante observar, quando acontecer estas situações, como cada criança mostrará mediante sua maneira de jogar, de posicionar-se diante do jogo, algo referido a seus fantasmas e conteúdos inconscientes.

Quando a criança propõe um jogo, pede-se que ele explique as normas para saber como jogá-lo. Quando se pula as normas em uma desesperada tentativa para ganhar do adulto-terapeuta (sempre dependendo da patologia de cada criança), às vezes convém deixar que mostre todas as trapaças, e mostrar-lhe as trapaças que faz a ele e que faz ao outro que está colocado em uma posição transferencial. Assinalar-lhe a imperiosa necessidade de ganhar e o que isso significa em sua estruturação edípica, a voracidade por comer fichas, que representam objetos internos ou externos de sua vida com quem tem verdadeiras dificuldades para se relacionar. Outras vezes será necessário não se aliar com essa parte mais regressiva da criança e interromper o jogo se não se cumprem as regras, exercendo assim a função de limite, de lei.

Um dos jogos que mais possibilidades oferece no que se refere ao momento edípico pelo qual o paciente está atravessando é o xadrez. Por tratar-se de um jogo que acaba quando o pai-rei morre, as defesas que se organizam ao redor de seu próprio rei oferecem um material muito valioso para interpretar situações que de outro modo não ficariam claras. Um menino de onze anos, que tinha verdadeiros conflitos com seu pai, comentava enquanto movimentava as peças do xadrez: "o rei não é o mais importante, porque somente move uma casa, o importante é a rainha, se move por todos os lados e como quer...". Algumas crianças, muito espertas nesse jogo, na situação analítica parecem esquecer suas destrezas e em muito poucos movimentos colocam a rainha em perigo de morte. Quando questionados: "Viu onde você colocou a rainha?", logo respondem: "Sim, quero que morra logo, é muito chata!". As explicações que as crianças realizam sobre suas jogadas, a animação que dão às fichas do tabuleiro, a posição em que colocam tais fichas, todos esses momentos do jogo são suscetíveis de interpretação e se prestam a abrir novos campos para seguir investigando, junto com a criança, partes de sua própria história e da posição que se coloca nela.

Vários tratamentos com crianças são realizados fundamentalmente com jogos de regras, o simbolismo aparece igualmente e, além disso, aparece a palavra, primeiro explicando movimentos, para continuar expressando fantasias e desejos que colocam em jogo no espaço transicional do tabuleiro escolhido.

Seja o que for que se jogue no espaço transicional gerado entre analista e paciente, sempre há que se considerar que o que ali está ocorrendo deve ser traduzido, interpretado e, portanto, historiado entre os dois jogadores para que, com as possibilidades de criar sua própria história e ser donos de seu próprio desejo, as crianças com seus jogos se libertem das ataduras de seus próprios fantasmas.

Capítulo 6

A interpretação de desenhos

6.1. O lugar do desenho na psicanálise com crianças

No capítulo anterior se insistiu sobre as possibilidades de intervenção terapêutica na clínica psicanalítica com crianças a partir do jogo. Outra das muitas possibilidades de expressão que as crianças usam, e que demonstrou ser muito útil nos tratamentos, é o desenho.

Já nos escritos de Freud se encontram algumas referências importantes dos desejos. Em *O Caso do Pequeno Hans* é o pai quem desenha uma girafa no zoológico, mas é o mesmo pequeno Hans que acrescenta a coisinha de fazer xixi. Isto permitiu a pai e filho continuar com suas conversas sobre a sexualidade que tanto preocupava o pequeno Hans. O pai levou este desenho a Freud, que não titubeou em reproduzi-lo quando publicou o caso.

Em *O Homem dos Lobos* é o próprio paciente que faz para Freud um desenho sobre o sonho dos lobos; o famoso desenho dos lobos presos à árvore permitiu a Freud chegar a uma interpretação mais "fina" sobre o sonho. Tomando o desenho como mais uma associação, todos os detalhes do desenho do sonho abriram a possibilidade de novas associações, a cor dos lobos, seu olhar, o fato de serem cinco e o fato de que não estava desenhada uma árvore de Natal.

Em outros textos, e em especial no texto sobre a lembrança infantil de Leonardo da Vinci, Freud volta a utilizar a interpretação psicanalítica para desmembrar, passo a passo, uma obra de arte. Inclusive associando outras obras de arte e desenhos do mesmo autor para apoiar sua tese. Nesse texto, Freud não só faz uma análise minuciosa do Quadro de Santa Ana, como inclui Gioconda e alguns desenhos anatômicos realizados por Leonardo.

Na história da psicanálise com crianças, um dos primeiros casos que se publicou é um concluído quase em sua totalidade graças ao material gráfico do paciente.

O artigo "Um caso de mutismo psicógeno" de Sophie Morgenstern, foi publicado pela primeira vez em 1927, na *Revue Française de Psychanalyse*. Sophie Morgenstern era uma psicanalista polonesa radicada em Zurique desde 1917, onde trabalhou com Bleuler, para mudar-se logo para Paris em 1924, onde foi admitida no serviço do dr. Heuyer. Na época, esse serviço era o único de neurologia e psiquiatria infantil, e apesar das resistências que o próprio Heuyer tinha sobre a psicanálise, admitiu a dra. Morgenstern, a quem enviava os casos que dava por perdidos no seu ponto de vista.

Nesse serviço do Hospital Vaugirard de Paris, em 1934, uma jovem médica, que queria especializar-se em pediatria, realizou um ano de prática externa aplicando injeções e realizando punções lombares em crianças, para logo poder assistir às sessões clínicas da equipe em que permaneceu trabalhando com Sophie Morgenstern. Tratava-se de Françoise Dolto, que sempre sustentou seu reconhecimento para esta pioneira da psicanálise com crianças.

Jacques R., o caso de mutismo psicógeno, era uma criança de nove anos e meio que, quando chegou ao consultório de Sophie Morgenstern, estava há um ano sem falar com seu pai e quatro meses sem pronunciar uma só palavra.

Esse tratamento pioneiro durou três meses apenas com desenhos que a criança realizava na sessão. A analista relata que em mais de uma ocasião tentou coagir seu paciente para que falasse, mas a criança respondia às coações e reprimendas com seu mutismo e seus desenhos. Ela analisou cada um dos relatos gráficos que Jacques R. realizava, interpretando-os individualmente e em conjunto, de forma sequencial. Nesses terríveis e angustiosos desenhos apareciam cabeças, braços e outros membros do corpo cortados, seccionados, homens maus com facas sangrentas e muito pânico nas expressões das personagens. Morgenstern foi interpretando seu pequeno paciente, sua angústia de castração e seus medos edípicos. Três meses mais tarde de iniciado o tratamento, a criança começou a falar. Foi quando a analista e o paciente puderam falar sobre esses desenhos, confirmando assim as interpretações que lhe foram dadas.

Assim, o desenho começou a ter um lugar importante em todo tratamento com crianças. Na caixa de brinquedos que se oferece à criança deve sempre haver lápis de cor e folhas de papel em branco.

6.2. Um olhar sobre o desenho

Durante milênios, o homem foi caçador; com o tempo e a experiência, aprendeu a interpretar os indícios, às vezes imperceptíveis, deixados pela presa. Talvez foi o primeiro a "contar uma história", como assinala Carlo Ginzburg, porque era o único que se achava em condições de "ler", nos rastros mudos, uma série coerente de acontecimentos.

A tradição chinesa atribui a invenção da escrita a um alto funcionário que havia observado as pegadas impressas por uma ave sobre a ribeira arenosa de um rio.

Uma pegada representa um animal que passou por ali. Uma trabalhosa pegada que não é vivida em seu sentido no presente, quer dizer, na consciência, deixa no aparelho psíquico o trabalho subterrâneo de uma impressão (como matiza Derrida, em *Freud e a Cena da Escrita*).

Em relação à materialidade da pegada, o pictograma constituirá um enorme passo adiante para a humanidade no caminho da abstração intelectual. As obras artísticas mais antigas surgiram a serviço de um ritual, primeiro mágico, logo religioso.

Ernest Gombrich, historiador de arte, analisa recentemente o valor das "sombras" em uma série de quadros da National Gallery de Londres. Entretanto, os sombreados foram universalmente utilizados na pintura ocidental para assinalar os relevos e para descrever a textura do objeto representado; outras vezes define a forma da superfície em que aparecem, ou matiza a luz, indicando o momento do dia; também cria efeitos dramáticos, ou expressa um determinado ambiente emocional no quadro.

Às vezes, é a "chave emotiva" do quadro. Gombrich diz: "São parte de nosso ambiente, mas aparecem e desaparecem de seu lugar, são fugitivas e mutantes". Talvez as sombras refiram ao duplo, à morte...

Os indícios, os detalhes... também são detalhes as impressões digitais, que servem como identidade pessoal.

Freud, em *A Interpretação dos Sonhos* assinala que a interpretação não atua sobre o conjunto, mas sobre cada um dos elementos: os detalhes são "pegadas" deixadas inconscientemente.

Entre os contemporâneos de Freud, encontram-se dois experientes detalhistas: um médico italiano e historiador da arte: Giovanni Morelli (citado por Freud em *O Moisés de Michelangelo*, 1914) que "sublinha a importância dos detalhes secundários, das peculiaridades insignificantes, como a conformação das unhas, dos lóbulos auriculares" para distinguir entre imitações e originais. O outro detalhista é a personagem de Conan Doyle: Sherlock Holmes mostra sua sagacidade ao interpretar pegadas no barro, cinzas de cigarros e outros indícios parecidos.

Observa-se uma analogia entre os métodos de Morelli, de Holmes e de Freud.

Partindo desses detalhes em *O Múltiplo Interesse da Psicanálise*, Freud assinala que "nos sonhos a interpretação será análoga ao decifrar de uma antiga escritura pictográfica, como os hieróglifos egípcios. Nos dois casos, há certos elementos que não estão destinados a ser interpretados, ou lidos, porque estão somente marcados para servir de determinantes, quer dizer, para estabelecer o significado de algum outro elemento".

O que ocorre então com a arte? O que ocorre com o desenho infantil?

Rosolato dirá que "o fenômeno estético parece conter aquilo que prescinde da linguagem: a sensação corporal vivida; esse prazer libidinal conduz o corpo a seu prazer direto, do olfato, do gosto, do tato, da cinestesia e do sexual. Dessa maneira, o deleite estético tende à encarnação específica no desfrute, e o olho e o ouvido se prestam especialmente a esses transportes".

O método de interpretação das obras de arte, que encontra seu modelo na interpretação dos sonhos, consiste em encontrar o arcaico individual e coletivo mediante as deformações e os detalhes.

Mas se o sonho está voltado para trás, reporta-se à infância, ao passado, a obra de arte está adiante do próprio artista, é mais um símbolo prospectivo do porvir do homem do que um sintoma regressivo de seus conflitos não resolvidos. Perdido como lembrança, o sorriso da mãe é para Leonardo um lugar vazio na realidade. Recriará o sorriso da mãe no sorriso de Monna Lisa. P. Ricoeur dirá que não recria a lembrança da mãe, a "cria" como obra de arte; será um esboço de soluções.

O artista está mais próximo do neurótico, do homem primitivo, da criança, do que do grande homem. É uma criança que brinca.

Brincando de escrever se aprende a escrever; brinca-se também de falar, de desenhar.

O desenho pode ser um espaço lúdico, ou um espaço de angústia, assim como a angústia do pintor frente ao branco da tela. Como disse A. Aberastury: "O fato de que, tanto a imagem externa como a própria, seja fugitiva, o angustia... quando descobre como recriá-la e retê-la mediante desenhos, diminui a angústia" ("Os desenhos infantis como relato"). O desenho fica assim constituído como espaço transicional.

Quando pedimos a uma criança que desenhe, será num espaço determinado: o diagnóstico, as sessões. Não serão os desenhos que a criança realiza em sua casa, tampouco na escola.

O método de interpretação será semelhante ao dos sonhos.

Ainda que déssemos prioridade a associações verbais, como na análise dos sonhos, pode acontecer que elas não aconteçam e aí está a similaridade, em parte, com as obras de arte. Rosolato diz: "Deve-se perguntar à obra, tentar perceber sua voz".

Há um texto próprio do sonho, como há um texto próprio da obra de arte, texto simbólico e sintomático de um conflito de forças. Na arte ocorre com a intenção de ser compreendido, de uma ou de outra maneira: mas não é assim no sonho. E no desenho infantil?

O desenho infantil está, em parte, "a meio caminho" entre o sonho e a obra de arte. Tem semelhança com o sonho em sua condição de figurabilidade e por meio das associações verbais; mas também tem com a obra de arte (não só quando não tem associações verbais), mas também porque é dirigido a um público/analista. Para o sujeito que contempla, se estabelecem na arte os passos sucessivos no tempo do não sentido ao sentido; se há um primeiro momento que recolhe o estilo, haverá outro que inclui as proliferações associativas do sujeito, na articulação consciente-inconsciente.

O desenho infantil será análogo? Diferencia-se do sonho que é uma produção espontânea e impulsiva do inconsciente. O desenho o é apenas às vezes. É diferente da obra de arte em que se espera um prazer, um gozo estético.

Deve-se pensar em dois níveis na interpretação do desenho infantil: um é o que o desenho "diz" por meio das associações verbais do paciente e da atenção flutuante do analista; outro é o que o desenho "mostra", pelo impacto que sua peculiar e específica personificação nos produz, nos surpreende, às vezes pelos detalhes, os traços, as pegadas dessa milenar e ancestral presa, que tentamos caçar e que muitas vezes nos escapa.

6.3. O desenho evolutivo

Tal como se apontou no capítulo anterior sobre o brincar, deve-se ter em conta que o desenhar, o grafar, passa por períodos concretos que podem nos orientar muito sobre o momento que determinada criança atravessa. Saber e conhecer o processo evolutivo que acontece no desenhar das crianças pode orientar um diagnóstico e, certamente, orientar também a direção de uma cura.

Toda criança começa a desenhar a partir da reprodução de uma pegada, seus passos na areia ou no barro, a passagem de um objeto qualquer sobre uma superfície que deixa pegada e faz pensar em sua reprodução. O desenhar se transforma a partir desse momento em uma produção própria e não é por acaso que isso aparece a partir da etapa anal, na qual as produções próprias adquirem tanto interesse.

O desenho das crianças é uma produção gráfica ou plástica que tem umas características que o diferenciam dos outros, tem um estilo próprio: *Los Estilos del Dibujo en el Psicoanálisis de Niños*, de Nejamkis (Buenos Aires: Alex, 1977), diz que a palavra estilo provém etimologicamente de *stylus*, que em latim quer dizer instrumento, o objeto que se utiliza para deixar marca.

Para Widlöcher, as principais características do estilo do desenho da criança provêm da intenção que tem a criança de contar e descrever a realidade que conhece, e isso é o que faz com que no desenho infantil a vivacidade e a riqueza de expressão tenham mais importância em detrimento da estética.

Tal autor foi quem mais se encarregou de realizar um estudo evolutivo do desenho, dividindo-o por fases:

1. Início da expressão gráfica:
- Protodesenho: impressão da trajetória do gesto sobre uma superfície capaz de registrá-la.
- Origem do desenho – quando o traço se torna motivo ou objetivo do gesto, o que supõe:
a. O encontro fortuito do gesto e da superfície.
b. Consciência da relação causa-efeito entre gesto e impressão.
c. O desejo de reproduzir a impressão, que comporta os primeiros fracassos.

Com o perfeccionismo do controle motor, é possível buscar a reprodução de uma forma determinada, que leva a entrar na fase seguinte.

2. O Rabisco:

Trata-se de uma fase de grande evolução em que a criança se encontra submetida não só a sua imaturidade orgânica, como também a sua indiferenciação quanto ao outro. O desenho se caracteriza pelas formações de figuras não figurativas.

É importante esclarecer que se para o outro, o adulto, esse magma, esse rabisco nada representa, para a criança sim, é a representação de algo. Muitas vezes se encontram crianças presas nessa etapa que dizem: "Olhe meu nome", "Veja minha assinatura", "Veja meu pai". Se nesses momentos cruciais não se sabe ver o que a criança quer mostrar, ocorre uma grande frustração nela, que a leva a acreditar que suas produções são improdutivas.

3. Início da intenção representativa:

Trata-se do momento em que vão aparecendo formas diferenciadas, desde o magma ao rabisco. A criança começa a dar nome a suas produções, pois encontra certa analogia entre a forma produzida e o objeto evocado.

É o momento em que aparece a primeira representação do corpo, que também vai seguindo uma evolução peculiar. Primeiro aparece um círculo, com duas linhas verticais que figuram as pernas; no interior desse círculo pode se ver pontos ou pequenos círculos que representam os olhos, o nariz e a boca. Logo outras linhas verticais serão os braços. Pouco a pouco a criança acrescenta mais detalhes: mãos, pés, orelhas e cabelo. Depois aparece o alargamento das pernas e a partir daí aparece um espaço que será o tronco, ao qual vão sendo agregados detalhes.

4. Fase do realismo infantil:
- Trata-se já de produções muito mais figurativas.
- O desenho nessa fase tem um sentido sintético.

O desenho equivale a um relato: por meio do desenho a criança mostra uma preocupação ou uma fantasia para informar e explicar o que acontece.

5. Abandono do realismo infantil:
- Ocorre habitualmente perto dos 12 anos.
- Inicia-se a partir do predomínio da perspectiva.

6.4. O desenho na clínica

Continuando, dá-se mais um passo na clínica e seus exemplos.

Como foi exposto anteriormente, a criança definida como perversa polimorfa no funcional, também é polimorfa em seus meios de expressão e a primazia da linguagem verbal não está nela estabelecida, como costuma já estar na adolescência.

Vale a pena assinalar que nem o brincar nem o desenho são traduzíveis por inteiro para o verbal e por isso não podem ser entendidos em suas especificidades mais ocultas, valendo-se da palavra como referente privilegiado. O que nos faz humanos é falar e converter-nos em um ser de desejo, mas deve-se respeitar a recusa da criança pela linguagem, que não deve ser uma manifestação para agradar, como quando se brinca e desenha porque ainda não pode falar.

A criança fala quando pode, mas também o faz com seus brinquedos, seus desenhos e seu corpo. Aprender a ler esses diferentes textos requer teorias distintas, que nem sempre se articulam. Somente conhecendo-a se está em condições de escolher.

O que falta reivindicar é um "campo de dispersões" (Foucault) onde *falar, brincar, desenhar, modelar* e outras manifestações simbólicas coexistem numa trama polimorfa e conflitiva, à maneira de escritas que não reconhecem qualquer ponto central nelas, nem subordinações, nem derivados, nem complementos.

O texto de A. Aberastury – "os desenhos infantis como relato" –, citado anteriormente, começa com uma citação de R. Barthes, extraída de *Analisis Estructural del Relato*: "Em primeiro lugar há uma variedade prodigiosa de gêneros, eles mesmos distribuídos entre substâncias diferentes, como se toda matéria fosse boa ao homem para confiar-lhe seus relatos: o relato pode ser suportado pela linguagem articulada, oral ou escrita, pela imagem fixa ou móvel, pelo gesto e pela combinação ordenada de todas essas substâncias".

O problema é: que lugar é destinado ao desenho, à produção gráfica, na psicanálise infantil? Mostra uma categoria própria? Esta pode ser separada da linguagem?

Marisa Rodulfo, em *A Criança do Desenho* propõe que, se há uma categoria e é assim, é porque a partir da psicanálise caiu-se numa espécie de "logocentrismo". Não obstante, pode-se ver as coisas de outra maneira, quer dizer, não esquecer que todos somos seres de linguagem e, por isso, vamos escutar/interpretar as associações verbais que uma criança pode fazer sobre seus desenhos sem deixar de ver/observar nessas produções gráficas *elementos/riscos/traços/detalhes*. Quer dizer, significantes pictográficos que por sua condição de não simbolizantes de outra maneira (não processado pelo processo secundário) estão ali.

Aparecem nos desenhos, repetem-se na produção de uma criança, no mesmo espaço da folha ou em outros sucessivos desenhos vão trocando de forma, de posição.

São necessárias, como se diz, as associações verbais das crianças em análise ou em diagnóstico, sobre um desenho, ou uma série de desenhos, para entender o que está ocorrendo com esta produção e elaborar uma interpretação. Veremos um exemplo conhecido por todos, trata-se de uma sequência de *O Pequeno Príncipe*, de Antoine de Saint-Exupéry:

> "Mostrei minha obra-prima às pessoas grandes e lhes perguntei se meu desenho os assustava.
> Responderam-me: Por que um chapéu iria assustar?
> Meu desenho não representava um chapéu. Representava uma serpente que digeria um elefante.
> As pessoas grandes nunca compreendem nada por si mesmos e é cansativo para as crianças dar sempre e sempre explicações".

Quando se pensa nesse exemplo, a associação sobre o primeiro desenho se faz por meio de outro desenho. O Pequeno Príncipe se vê obrigado a desenhar a transparência de sua cobra onde se vê o elefante dentro, mas o protagonista do conto também nos alerta sobre algo muito importante para a clínica com crianças: que os adultos necessitam explicações, e também que veem o que querem ver, sem deixar que o desenho fale por si só.

6.5. A clínica com o desenho
Caso Miguel

Miguel tem seis anos quando seus pais pedem uma consulta pelos terríveis medos que ele sente. Tem medo de tudo: de ficar no colégio, na piscina, de dormir à noite. Além dos medos, a criança sofre crises asmáticas, o que lhe produz medo de morrer sufocado. Tudo isso foi relatado numa primeira entrevista em que não apareceram dados mais relevantes. Interessa explicar desse caso, especialmente um desenho, onde se pode encontrar um elemento que favoreceu certo esclarecimento sobre a dinâmica familiar e, portanto, sobre o diagnóstico de Miguel.

Recorrer-se-á a uma sequência de desenhos.

Ao desenhar a casa (desenho 1), ele faz o seguinte relato: "Aqui vive muita gente, um pobre e um cigano, pessoas normais e um policial, é uma espécie de casa com jardim". Além de apreciar a condensação que realiza entre casa-edifício de andares, se escuta uma série de coisas que não estão no desenho; seu relato permite "pensar" toda essa gente dentro da casa (como o elefante dentro da cobra) e seu desenho permite ver que o jardim não existe. Que esta casa está sofrendo um verdadeiro terremoto e que se não for amparada vai cair e que seu telhado/teto está mais povoado que o resto.

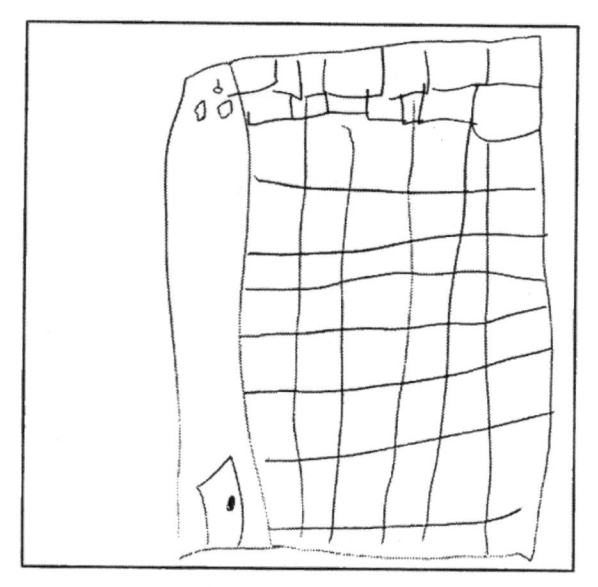

Desenho 1

Sempre à direita da folha, como evitando ocupar todo o espaço, Miguel desenha uma pessoa: "É um homem, tem 30 anos e olha muito atento porque sua família vai vir" (desenho 2).

Desenho 2

Seu desenho seguinte: "É um médico e se chama Amparo, os médicos curam a asma, eu nunca tive diarreia" (desenho 3).

Desenho 3

Quando pediram a Miguel que desenhasse uma família ele disse: "Isso é muito complicado, aqui não cabe uma família, não posso, não consigo; bom, farei os que puder", e, enquanto desenha, diz: "É que são todos tios e sobrinhos ou primos, não sei, é uma confusão". Entre o quarto e o quinto personagem Miguel apaga várias vezes. Desculpa-se: "É que estou aéreo" (desenho 4). Tudo isto permitiu aclarar, numa entrevista posterior com os pais, a confusão familiar de Miguel e uma possível origem de seus sintomas. Os pais eram primos-irmãos; antes de ter

Miguel a mãe perdeu quatro gestações, outra chegou a termo, era uma menina que morreu no parto, para a mãe, "afogada", para o pai "descerebrada". Ambos tinham medo de parir filhos bobos pelo seu parentesco. Segundo eles, nem Miguel nem seu irmão sabem algo dessa pré-história, mas, segundo o que Miguel produz em sua sessão diagnóstica, algo não metabolizado por ele "está no ar", e aparece em seu desenho e no relato sobre ele mesmo.

Desenho 4

O que ocorre quando há uma produção gráfica de um paciente sem associações verbais? Pode se olhar adiante? O desenho permite criar hipóteses sobre a forma como esta criança está se estruturando?

Frente a qualquer produção da criança em transferência, o psicanalista deveria prestar uma atenção igualmente flutuante (Freud, 1912). Assim como não se prioriza o conteúdo de uma brincadeira nem se fica somente com o conteúdo global de um sonho, também se podem observar seus desenhos, em que talvez um traço, um detalhe, chame nossa atenção, e se possa observar sua evolução por meio de diversas produções.

O desenhar na criança responde a determinadas leis de evolução. Interessa saber isso porque se verá se uma determinada criança pode desenhar segundo seu momento evolutivo e como seu grafismo vai mudando à medida que cresce. Ao passo que se modificam-se questões que impedem um determinado crescimento, novamente a observação atenta dos desenhos poderá orientar sobre a relação da criança consigo mesma e com os demais.

Segundo Aberastury, em *A Criança e seus Desenhos* (1971): "A criança começa explorando seu corpo, para se interessar depois pelos objetos inanimados; também quando desenha é o corpo seu primeiro interesse. A casa, que o simboliza, será logo o objeto central de suas paisagens. Reproduzir seu próprio corpo, o dos pais, para logo desenhar animais e objetos inanimados, é a cronologia do desenho em todo desenvolvimento normal. A casa é o primeiro objeto inanimado que aparece nos desenhos e isso se compreende por ser um símbolo do esquema corporal".

Caso Mário

Mário tem quase seis anos quando desenha esta casa. Seus pais buscam uma consulta porque seu filho não aprende as letras, apesar dos esforços de sua mãe, que lhe compra quebra-cabeças com letras, obriga-o a copiar letras em uma lousa, mas seu filho não aprende. Indagando sobre a vida cotidiana da criança, contam que ainda usa fraldas para dormir e que a mãe reforça sua alimentação com uma mamadeira diária.

Há um detalhe do desenho sobre ele que chama a atenção pela evolução que haverá na produção gráfica de Mário: o teto da casa; no desenho seguinte toda a casa está mais amável, agora parece um castelo pela forma como ficaram esses rabiscos do teto; estes traços em forma de "m". Mário os desenha aos montes (desenho 5). A mãe relata que passa horas fazendo-os, pode-se ver como aparece em outras situações e vai tomando diferentes posições.

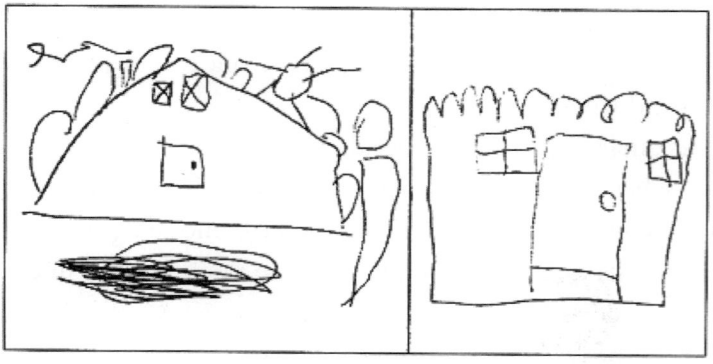

Desenho 5

Perto do dia de Sant Jordi, Mário começa a desenhar dragões, um dragão leva numa mão a rosa para a princesa e na outra a espada que o mata; o que se nota é que a própria característica de Mário se deslocou agora para a boca do dragão ("são seus dentes") e para a asa; tal como fica desenhada esta aleta, parece que o dragão levava algo na barriga que também vai crescendo a cada desenho (desenho 6). Nessa mesma época a mãe relata que está grávida e não sabe como contar a seu filho.

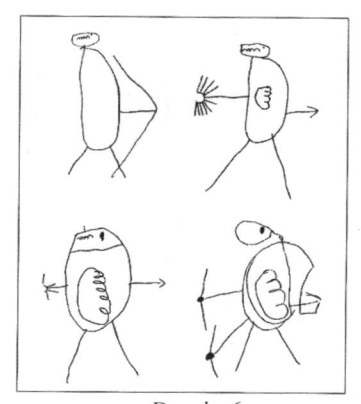

Desenho 6

Por intermédio dos desenhos de Mário pode-se ver que, o que ocorre com a mãe, ele está registrando. Também se pode interpretar o quanto lhe custa ver-se em uma posição separado dela, já que continua deixando sua assinatura, desta vez em uns ovos de Páscoa (desenho 7).

Desenho 7

O desenho seguinte (desenho 8) segue falando dele. "A galinha pôs uns ovos, o galo e a galinha cuidam de seus ovos"; nota-se que só dois traços diferenciam o galo da galinha, o galo é mais alto, e que tem o rabo mais comprido (nessa família a palavra "rabo" é uma referência direta ao pênis). Onde está agora a característica própria de Mário? A crista dos animais diz que continua na cabeça, por cima de suas cabeças. Perdido no céu, a princípio o que era um Sol ele acrescentou umas patas e comentou: "Este é o filhinho". Assim se vê como aquilo que não adquiriu as condições de figurabilidade/representação do conjunto do desenho será o que permitirá interpretar o lugar em que se coloca esta criança. Pode-se estender essa aplicação a toda possível interpretação de material gráfico na análise com crianças, um detalhe dele mesmo, que geralmente não combina com o conjunto, adquire para nós o valor que um lapso tem em relação ao discurso verbal de qualquer paciente. É em um detalhe que ele se mostra.

Desenho 8

Depois de um tempo, Mário está preocupado em saber se as baleias põem ovos ou têm os filhotes na barriga; desenha uma baleia que pode fazer as duas coisas; também se vê aqui como as "escamas", a "pele da baleia", e "leva os bebês aqui dentro", estão desenhados com o mesmo traço (desenhos 9, 10a e 10b).

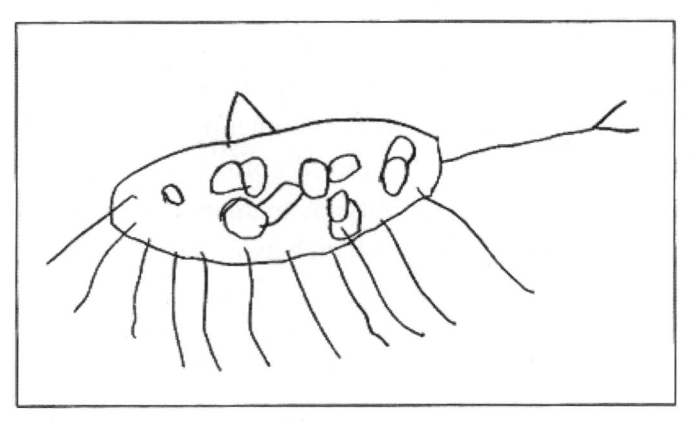

Desenho 9

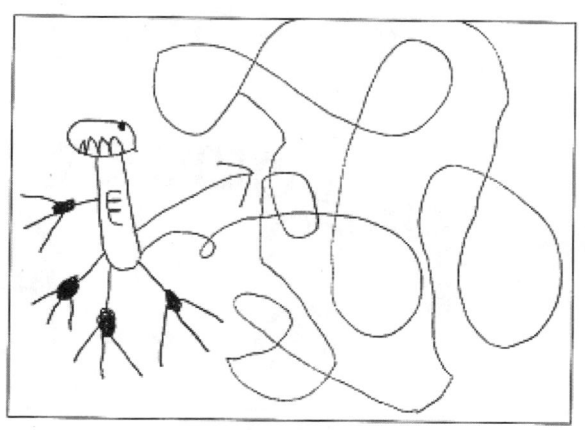

Desenho 10a

Desenho 10b

A interpretação de desenhos

Seu desenho seguinte (desenho 11), em que utiliza uma caneta hidrográfica para que fique mais forte, é um resumo de todas as vicissitudes que sua assinatura sofrerá, a mesma de quando quis escrever "amigo", os corações que representam "o amor do príncipe e da princesa", o número três, a coroa do rei e as pétalas da margarida "que é a rosa de *Sant Jordi*"... Primeiro desenha a casinha (abaixo à direita), de sua chaminé sai a fumaça que será logo tudo isso que relata; entre a primeira chaminé da primeira casa e esta podemos percorrer o caminho de um traço, um caminho que não fez mais que começar.

Se a realidade é impenetrável, existem zonas privilegiadas.

Desenho 11

Caso Raquel

Raquel tem sete anos. Trazem-na por indicação do avô paterno.

É muito tímida, custa adaptar-se à escola, quase não participa nem fala, se bloqueia, ainda que em casa seja totalmente diferente. Não pode ficar na casa de suas amigas. Tem um irmão de 17 anos e uma irmã de 14. Com o irmão ocorre algo parecido: custa-lhe aceitar as mudanças, mas afinal se adapta. Raquel é muito apreensiva e contam que a irmã tem medos noturnos.

Há uma constante referência aos irmãos no relato dos pais.

O pai conta que se criou entre muitos temores de sua mãe, que diz: "Tive que fazer um esforço para superar os medos e quero (no presente) livrar-me disso fazendo às vezes o contrário". É uma atitude contrafóbica que segundo seu lapso ainda conserva. Também aqui se observa a comparação com sua filha. Parecem um pouco indiferenciados, com sintomas similares.

Da sua história evolutiva relatam que "era boníssima, nos primeiros meses quase não chorava". Foi difícil abandonar a chupeta, que conservou até os dois anos e meio, e lhe custava comer. O controle de esfíncteres ocorreu aos dois anos. Foi muito difícil acostumar-se à creche.

A mãe fica à noite contando histórias e, muitas vezes, acaba dormindo com ela. Queixa-se que o marido trabalha muito, está pouco em casa e é um pouco "estranho: às vezes parece que estava na Lua".

Raquel não pode fazer nada sozinha, se está com mais de uma amiga se sente excluída. O pai parece também excluído nessa particular relação entre mãe e filha. A mãe mostra muita desconfiança que sua filha seja tratada; para ela assim está bem, é sua forma de ser. Teme ficar excluída na relação da filha com o terapeuta.

Raquel quase não fala nas primeiras entrevistas. Não inventa histórias. Conta que não quer ficar sozinha nem com a porta aberta. A mãe tem que esperar dentro da sala, para depois ficar na sala de espera, mas com a porta aberta. Depois de uns meses, pode-se fechar a porta, e depois esperar na rua.

Os desenhos são muito pobres e inibidos.

No desenho de sua família (desenho 1) o irmão, à esquerda, parece o cabeça da família. É o único não pego pela mão do personagem seguinte, é de estatura maior e com calça comprida. À direita aparece o pai, cujo nome é o único escrito em letras minúsculas, com pernas muito finas e frágeis, calça curta e com camisa de manga comprida. Depois a mãe e a irmã, com calças compridas e a primeira com cabelo curto e sem nenhum traço de diferença sexual em relação aos homens. Raquel termina a série tomada pela mão de sua irmã e com seu braço esquerdo livre que parece um rabinho (sozinha não pode fazer nada). Usa como o pai uma calça curta e camiseta de manga comprida.

Desenho 1

Quando se pede que desenhe uma família inventada, faz um ovo com cara de palhaço (desenho 2). Aqui começarão os desenhos de corpos fragmentados.

Desenho 2

Durante os seis meses que dura o tratamento – interrompido pois a mãe não acredita que seja necessário e, além disso, a filha não quer vir –, Raquel desenha e desenha. Não fala, não brinca. Faz o desenho e o entrega. Pede-se que ponha um título e alguma frase.

Realiza 84 desenhos.

Os primeiros são uma espécie de apresentação, a princípio, dos espaços: "Minha casa", "a casa com piscina", e logo de parte de sua família: "Meus irmãos" e "Raquel com uma garrafa grande de água".

Os personagens estão desenhados de perfil, escondendo parte do rosto. Raquel tem um comportamento em casa e outro diferente na escola, como se tivesse dois rostos. É chamativo o adjetivo "grande", que se repetirá em vários dos desenhos anteriores, e o peso enorme que carrega: a garrafa de água é a metade de seu corpo. Nessa apresentação de sua casa não desenha os pais.

Continuando, aparece desenhado um dos motivos da consulta: seus medos. Com o título "Terror" (desenho 3) faz uma espécie de bruxa com sangue que escorre da boca e das mãos, dizendo: "Vou matar todos". O que representará está bruxa que vai matar todos e quem seriam todos? Será a representação paranoide da mãe, a mãe "má"?

Desenho 3

Seguem desenhos de personagens da televisão e de contos. A mãe conta-lhe histórias de noite para acalmar seus medos: "Xixi-calça-larga", "Burt Simpson" e "Pinóquio". Será a representação da mãe "boa"? Raquel tem uma evidente conduta dissociada.

Seguem desenhos de corpos fragmentados. Será o machucado que a bruxa ensanguentada produz; quebrar os corpos?. "A menina que não tinha corpo" (desenho 4) – desenha só o rosto da menina – e "A mão", com o nome de Raquel no dorso. A mão ensanguentada da bruxa será a sua mão? É ela também a bruxa que reprime seus impulsos sádicos e agressivos e estes retornam ao desenho?

Desenho 4

Em dias próximos ao Natal, Raquel desenhou "Papai Noel" (desenho 5) com muitas estrelas. Apresenta agora o pai, com muitas estrelas, "como na Lua", refere-se à mãe.

Desenho 5

Continua com "O patinete" (desenho 6). Desenha-se no patinete, dizendo: "Olha, vou com uma mão", seguida pelo irmão que diz: "Vou te pegar". A ideia persecutória da bruxa se desloca para o irmão, depois do desenho anterior do pai e com a referência "à mão", em relação com um dos desenhos anteriores: "A mão".

Desenho 6

Raquel dá início a uma série de desenhos em que se repetem as qualidades "grande-pequeno", retomando o desenho de sua pessoa com "a garrafa grande". Desenha "A cabeça grande" (desenho 7): um corpo com uma cabeça enorme e muitas estrelas (como o do Papai Noel). Antes havia desenhado a criança com cabeça e corpo e "A praia mais pequenina".

Desenho 7

Associados com a praia fará "O castelo de areia" e "O mar com montanhas". Raquel vive em uma localidade litorânea.

Em relação à oposição mar-montanha, ela desenha "A classe" e "Minha casa", dois lugares onde seu comportamento são opostos.

Faz um parêntese com "O Tibidabo" e "Os carros trombadores" e volta ao grande: "Os sorvetes maiores" (desenho 8), um desenho com um grande sorvete fálico como espada.

Desenho 8

Agora é "O urso panda muito raro" (desenho 9). Na escola se comporta de forma incomum, sem falar com ninguém e subindo num brinquedo de argolas que há no pátio, como um animalzinho.

Desenho 9

Passa, através do animal, a desenhos de referência oral: "O Mcdonald's" (faz hambúrguer e batatas) e "O pastel". E repete o "Burt Simpson" com a frase "se machucou porque caiu" (Da árvore? Ou a bruxa o machucou?).

Agora serão "Duas crianças voadoras – voam porque lhes cresceram as asas" (desenho 10) e em associação com o adjetivo "grande": "A estrela, maior e mais distante". Parece que voar é sinônimo de se afastar. Se voa poderá ir às estrelas e à Lua, como o pai "que parece que está na Lua".

Desenho 10

Segue com "Os ratos comendo queijo", na linha oral.

"Star Wars vai ao fim": já não são asas para afastar-se, agora é em uma nave.

"A folha que se torna pequena": o pequeno. Para associar com o grande e fragmentado: "Os maiores olhos" (desenho 11): desenha olhos, nariz e boca aberta, sem o contorno do rosto e sem orelhas. Agora é "A boca fechada": em alusão a seu mutismo, é como o desenho anterior, mas com a boca fechada. De sua apresentação inicial com a garrafa grande passa a se representar muda como uma menina pequena que ainda não fala.

"O maior pão do mundo": condensa o grande com o oral, mas com a boca fechada do desenho anterior não poderá falar nem comer. Raquel demorou a comer.

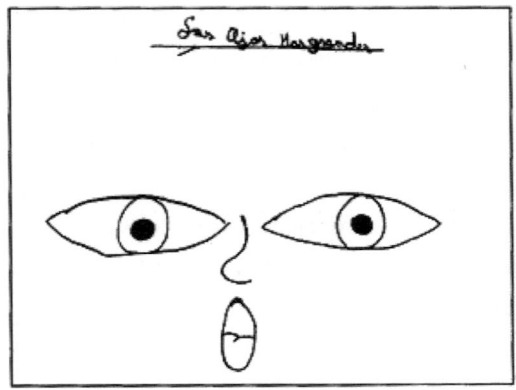

Desenho 11

"O lápis mágico escrevendo numa folha". Raquel não fala, tem a boca fechada, só desenha, talvez com a intenção mágica de que assim a compreendam. Quando as crianças ainda não falam parece que é a mãe que indica o que seu filho quer. Se ele chora, a mãe, às vezes, sem dúvida alguma, diz que tem fome, ou sono, ou quer que o peguem no colo. Perante a indefesa do filho, a mãe responde com um poder ilimitado.

"O garoto que fuma"; é um corpo de perfil com uma cabeça grande fumando. O lápis se desloca ao cigarro na boca. Talvez seja a chupeta que Raquel custou a deixar e que de certa forma ainda conserva e a impede de falar. Neste e em outros desenhos de rostos é chamativo o tamanho dos mesmos, como se abrigassem muitas fantasias.

Outro desenho fragmentado e associado à boca: "A boca do dente quebrado" (desenho 12): uma grande boca aberta na qual falta um dente. E "O pulôver": uma roupa no varal.

"O macaco que se pendura todo dia": a brincadeira favorita de Raquel é pendurar-se como um macaquinho de argolas.

"A carta e a casa dos cachorros": uma carta onde conta a sua irmã que o pai comprou a casa dos cachorrinhos; são duas casas, uma maior que a outra.

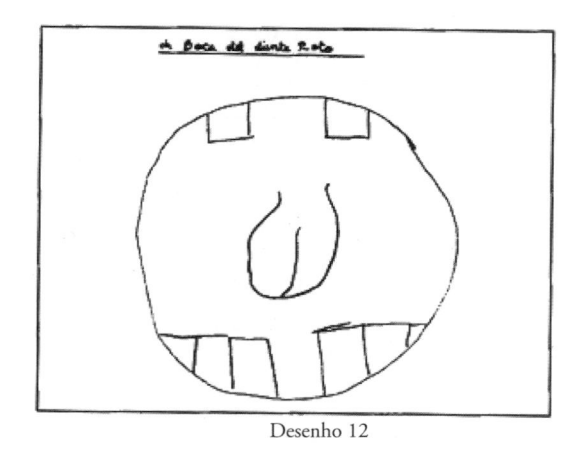

Desenho 12

Voltam os desenhos de estrelas e agora é "O espaço": é como uma bola, a terra de diferentes cores.

"O bebê grande que está sempre rindo" (desenho 13): um corpo de menina com uma chupeta enorme. Parece ser seu esquema corporal, e com uma chupeta que a impede de falar. Agora sim aparece a chupeta.

"O rack que sempre ganha com a televisão grande": parece estar conectada a um rack enorme e à televisão. O consolo antes era a chupeta, agora é o rack e a televisão. O adjetivo "grande" parece indicar que ela se vê pequenina.

"As duas crianças voadoras e que estão escondidas pelas nuvens": retoma um desenho anterior das crianças voadoras nas quais cresceram asas. Associado ao espaço e às estrelas. Uma nuvem tampa uma das crianças, da cintura para baixo (diferença sexual?).

Desenho 13

Agora vem um desenho chocante: "A prisão é a morte" (desenho 14) e uma criança que diz: "Quero sair daqui". Presa entre as grades. Suas palavras estão trancadas. Raquel se tranca com a televisão e o rack, com o silêncio, com o mortífero.

Desenho 14

Volta o desenho fálico: "O sorvete maior do mundo"; o desenho é agora de perfil e o sorvete é, dessa vez, maior que seu corpo (outra vez o adjetivo "grande").

"O bebê grande, que é maior que seus pais": uma criança com a boca fechada, como ela que não fala. No desenho da família o irmão tem maior estatura que o pai, que parece ainda menor ao ser desenhado com calça curta.

Outra vez será "Minha piscina grande" (o adjetivo "grande"), e os motivos de índole oral: "O Mcdonald's: o hambúrguer com batatas fritas".

Passa a outro rosto, corpo fragmentado: "O palhaço", repetindo o desenho da família inventada.

"As crianças: as crianças pequenas com a bola ao lado", um deles dizendo ao outro: "Corre que a bola te pega". A bola é maior que eles, como o rosto do palhaço anterior, e volta o persecutório do desenho do patinete, onde o irmão a persegue.

Faz um parêntese com "A feira: é divertida".

"A praia: ao lado do Sol". Na temática do mar e da areia.

"A estrela maior do mundo": seguem as referências a estrelas e outra vez "grande".

"A festa em que iriam todas as crianças": oito crianças em desenhos com pauzinhos e grande quantidade de bolas, como as cabeças das crianças.

Outra vez "O palhaço", é um grande rosto chorando.

"O dinossauro com listras".

"Os boliches", onde a vemos com uma bola muito preta e grande apontando para três boliches. Parece que representam seus impulsos agressivos.

Na temática da praia ("O barco genial"): dois adultos, um no timão e outro na vela, e três crianças sentadas atrás, em possível alusão à sua família.

"O jogo da escada": uma grade com números e sobre ela uma escada e uma menina pequena.

Um desenho de cópia: "O lápis", com uma borracha, que são os instrumentos que utiliza nas sessões. E "O carro preferido do irmão".

Talvez queira copiar o irmão, em alusão à semelhança com ele: "As mudanças também são difíceis para seu irmão". Outra vez a temática de "O mar com ondas".

"O urso mais forte do mundo": de pé e sem patas dianteiras, com dois rabos de cavalo, como sua figura no desenho da família.

"O Bombom", na linha oral.

"O livro de inglês", onde escreve seu nome, sua idade e sua cor preferida (o azul), numa possível tentativa de fornecer por escrito alguns dados pessoais, em outro idioma, como o idioma do desenho.

Agora é outro desenho persecutório que se associa com a prisão, mas com um pedido de ajuda: "As crianças enganadas no bote de Cola Cao" (desenho 15). São três crianças (os três irmãos?), que dizem: "Alguém nos ajude. Eles nos escutam? Não, eles não nos ouvem". Sob a temática oral: o bote de Cola Cao tem um pedido de socorro, mas ninguém os ouve. Parece um pedido de ajuda ao terapeuta para que a tire desse aprisionamento.

Desenho 15

Uma referência ao filme *Toy Story 2*: um homem e um cachorro.

Repete um desenho anterior. "A mão que não está pintada". Associa outra cópia: "Os lápis", um estojo com quatro lápis de cor. E volta a repetir outro desenho anterior: "O dinossauro", mas também não está colorido. Há um desenho de lápis de cor, mas não os utiliza nos desenhos não coloridos. Por que não utiliza? É a possibilidade de falar?

Volta aos desenhos de sua casa: "A mesa com as cadeiras e os talheres": é uma mesa grande em cujo extremo se sentam duas meninas em cadeiras sem pés. O título faz referência aos objetos, não às pessoas. Associado à mesa repetirá "O Burger King": hambúrguer, batatas e sorvete.

"O gato e o pato", o primeiro desenhado a partir do desenho número 8 e o segundo do 2.

"O urso que não está em quatro patas", outra repetição e dessa vez com rabos de cavalo nas quatro patas (antes apenas nas dianteiras).

"Os bonecos anões": dois bonequinhos de Playmobil, com os rabos de cavalo, agora desenhados como garras, e com o adjetivo "anão", já não são "grandes".

Um dos desenhos iniciais: "a bruxa", aparece deformada em "As meninas: Raquel e uma amiga do drácula" (desenho 16). São duas meninas com a cabeça enorme em relação ao corpo e com sangue escorrendo pela boca. Será que a bruxa também é ela?

Desenho 16

Continua com "A menina com sardas que usa muletas e tem uma manga da camisa mais curta que a outra" (desenho 17): aparece com o pé direito engessado (será o castigo por ser drácula, por seus impulsos agressivos?) e com uma manga comprida, como havia representado seu pai e ela mesma no desenho de sua família, enquanto sua mãe e irmãos usavam mangas curtas. Agora apresenta os traços do pai, da mãe e dos irmãos.

Desenho 17

Segue outro desenho fálico: "O elefante com rugas porque é velho", com uma tromba enorme enrugada.

"As argolas", que é sua brincadeira favorita no colégio: duas meninas presas por argolas-bolas.

Copia a caixa de lápis e a marca: "Esplendor: o pássaro que gosta de plantas".

Outra vez "O urso panda: com flores e com o olho mau": um olho roxo, como o olho da bruxa e o rabo de cavalo que segura um ramo de flores.

Volta a "O sorvete", desenhando só a marca, Frigo, como a marca dos lápis.

Outra vez "Meu carro", e o último desenho "A menina" (desenho 18): sardenta e dizendo "agora subo, mola" até uma casinha em cima da árvore de onde lhe dizem "sobe, Raquel". Parece anunciar sua saída: subir, mas não para crescer, apenas para voltar a ficar em uma casinha de brinquedo.

Desenho 18

Lamentavelmente, Raquel não falava nas sessões, por isso não há associações verbais com seus desenhos. Há associação nos títulos, nas frases que escreve e na sequência dos desenhos.

Depois do último desenho, o pai telefona e diz que sua mulher não quer que Raquel continue o tratamento, porque não acredita que seja necessário. O pai se despede dizendo: "com minha mulher não posso fazer nada".

Pouco se pôde fazer com Raquel. Apenas assinalar seu medo de falar, despertar sabe-se lá que fantasias horrorosas e seu medo de se separar da mãe, nesta relação narcísica que a oprime e a condena ao silêncio. E seu medo de ficar presa no barco Cola Cao com a bruxa que "vai matar a todos".

Capítulo 7

A interpretação dos sonhos

7.1. Os sonhos na infância

Em janeiro de 1908 o pequeno Hans tem um sonho de angústia: levanta de sua cama chorando e ante a pergunta da mãe sobre o que aconteceu, o menino diz: "Quando dormia, pensei que tinhas ido embora, e que eu já não tinha mais a mamãe para me acariciar". Este sonho que é relatado a Freud pelo pai de Hans, aparece pouco tempo antes de desencadear a fobia do menino. Freud faz um trabalho extenso sobre essa fobia, mas omite qualquer comentário sobre o sonho em questão. O certo é que o sonho de Hans, apenas oito anos depois da publicação de *A Interpretação dos Sonhos,* parece contradizer tudo o que o autor sustenta sobre os sonhos na infância.

O sonhador tem apenas quatro anos e nove meses no momento do sonho, e sem dúvida não fica claro que se trata da realização de um desejo não realizado no dia anterior. Além disso, este sonho mostra claramente como, desde muito cedo, pode aparecer a desfiguração onírica para disfarçar o desejo que está se realizando.

Com a vantagem que dá o tempo transcorrido até então e todo o material que se escreveu sobre o caso, hoje se poderia aventurar uma hipótese interpretativa: é provável que o sonho realizou um desejo oculto da criança, um desejo que o preservaria também da sua fobia posterior. Se a mãe se afasta, se afasta com ela a mãe onipotente e fálica, possuidora de um faz-xixi, de quem está tão enamorado que "se vê obrigado a temer o pai". Ficar sem seus carinhos lhe produz muita angústia, mas ficar com os cocôs lhe dá tanta angústia que elabora uma fobia. É interessante destacar como

Hans conta seu sonho: como um pensamento à noite que, na realidade, o deixa sem uma mamãe para o acariciar.

As crianças pequenas relatam seus sonhos como reais porque os vivem assim. Entretanto, não podem aceitar que se trata de uma cena imaginária produzida por eles mesmos. A intemporalidade que todo sonho sofre explica em grande parte essa dificuldade. A criança pequena não tem interiorizadas as categorias temporais, vive no presente, e os sonhos são uma parte de sua vida.

Para S. Freud, como defende em *A Interpretação dos Sonhos* (1900), os sonhos das crianças estão muito pouco desfigurados, há pouco "trabalho de sonho", no sentido de disfarçar o desejo para fazê-lo representável: "os sonhos das crianças pequenas são, com frequência, simples realizações de desejos e, ao contrário das pessoas adultas, muito pouco interessantes. Não apresenta nenhum enigma para resolver, mas possuem um valor inestimável para a demonstração de que, em última essência, o sonho significa uma realização de desejos".

Os trabalhos psicanalíticos não dão um lugar importante ao estudo do sonho infantil. Não obstante, e como Freud demonstrou mais de uma vez, permite assentar sobre bases sólidas a teoria, segundo a qual, o sonho representa a realização de um desejo. A experiência em psicanálise com crianças tende a demonstrar que é durante a psicanálise que uma criança pode mostrar o encobrimento de tais desejos através de um trabalho que os transforma.

O título do capítulo III de *A Interpretação dos Sonhos* é "O sonho é uma realização do desejo". Seu primeiro parágrafo termina com uma frase citada sempre em contextos diferentes: "Nos encontramos em plena luz de um descobrimento repentino".

Esta luz iluminará toda a teoria e a ciência do sonho. Uma vez comprovado e compreendido que o sonho da criança realiza em geral um desejo não satisfeito durante o dia, Freud lembra a princípio que sempre sonha que bebe abundantemente quando sofre a sede provocada por um jantar muito salgado e dá vários exemplos de sonhos de crianças que confirmam sua tese:

1. Um menino de cinco anos, frustrado no decorrer de um passeio por não ter realizado uma caminhada até um esconderijo, sonha que realizou uma subida que o levava para cima. De manhã está feliz: "Esta noite sonhei que estávamos na cabana de Simon situada no cume do morro Sachstein". Quanto a detalhes, só deu os que ele ouvira antes: "Sobe-se em seis horas, por degraus".
2. Uma menina de oito anos sonha que um menino dorme no dormitório de seu irmão. Assim aproxima-se dele, como o deseja.
3. Uma de suas filhas, de três anos, sonha que realiza o passeio de barco, aquele que foi proibida de fazer.
4. O sonho de Anna Freud, que aos 19 meses, fazendo dieta após uma indigestão, presumivelmente por morangos, disse durante o sonho "Ana, morangos, framboesas, bolos, papinha", mostrando deste modo seu desejo de comer o que foi proibido durante o dia. Horas mais tarde sua avó, com quase 70 anos, que estava de dieta por problemas digestivos, também sonhou com uma boa comida.

Esta tese de que o sonho da criança, ao menos quando pequena, realiza um desejo insatisfeito volta em outros escritos freudianos, como no capítulo VIII das *Conferências Introdutórias à Psicanálise* (1915-1916), intitulado "O sonho infantil". Recorrendo aos mesmos exemplos de *A Interpretação dos Sonhos* chega a certas conclusões:

a) O sonho da criança fala claramente a partir de um conteúdo manifesto;
b) Sua compreensão é facilitada pelo conhecimento dos fatos ou de um fato ocorrido na vida da criança na véspera do sonho;
c) O sonho infantil realiza um desejo não dissimulado;
d) Como nos sintomas, pode-se entender como um compromisso entre duas tendências: uma que busca manter o sonho e outra que responde à excitação.

Assim como fala claramente do sonho como guardião do repouso, é mais sucinto quanto a outra parte do conflito: a natureza da excitação psíquica provocada pela dor que gera um desejo não realizado. Também é importante sublinhar que o trabalho de encobrimento do desejo, elemento importante na elaboração do sonho, é pouco importante para a criança. No sonho que realiza um desejo, a excitação psíquica readquire lembranças de uma excitação não satisfeita, mas são lembranças não reprimidas. Mesmo no caso do aparelho psíquico ter alcançado um alto grau de desenvolvimento e complexidade, como no período de latência, há possibilidades que o conteúdo latente do sonho se encubra pouco no relato manifesto.

No entanto Freud, ao retomar o tema em 1925, na ocasião de sua *Interpretação dos Sonhos*, assinala que o esquema anterior, que fazia de todos os sonhos infantis uma realização direta do desejo no inconsciente, devia ser matizado diante da complexidade de certos sonhos.

Por exemplo, o segundo sonho infantil do capítulo III é bastante complexo.

Assim o relata: "Havíamos levado conosco a Hallstatt o filho de nosso vizinho, um garoto de 12 anos, todo gentil, que, segundo me pareceu, já havia conquistado a simpatia da pequena. Então, ao levantar-se de manhã, ela me contou o seguinte sonho: "Acredita que sonhei que Emílio era um dos nossos, conversava com vocês, papai e mamãe, e dormia conosco no quarto grande como nossos pequenos. Então a mamãe veio ao quarto e deixou tabletes grandes de chocolate, envoltos em papel azul e verde, debaixo de nossas camas". O pequeno está no quarto dos irmãos, o que implica certamente o encobrimento do desejo, referido a este amigo e aos irmãos daquela que sonha. Outra imagem necessitaria uma análise mais precisa do conteúdo manifesto: tabletes de chocolate envoltos em papel prateado são jogados debaixo da cama. Freud indica somente que a mãe se negou a comprá-los num quiosque depois de um passeio rico em prazeres. As perguntas surgem: a pequena quis realizar um desejo de rivalidade com a mãe? Por que debaixo da cama? Trata-se de um compromisso suplementar para mascarar o desejo?

A experiência mostra que as crianças gostam de se esconder embaixo das camas, porque não podem se dedicar abertamente em brincar de papai e mamãe sobre e na cama. Ali também escreve sobre os sonhos de repetição que sempre ocorrem em forma de pesadelos ou os que constituem anteparo de lembranças, como o que Freud analisa magistralmente na história de *O Homem dos Lobos*.

O interesse pelo tema da cena primária, como fundo de sonhos infantis, está presente em 1912, numa carta aberta, publicada no *Periódico Central de*

Psicanálise, que trata sobre a técnica de interpretação dos sonhos. Destinada aos aprendizes que se iniciam no trabalho analítico, pede-se a seus colegas que lhe façam conhecer sonhos infantis. Estes poderiam reafirmar a hipótese de que a excitação original se relacionará com o assistir às relações sexuais dos pais.

A partir do caso *O Homem dos Lobos*, cuja apresentação se organiza a partir de um sonho infantil, aparece outra ideia de sua compreensão: sua organização a partir de um trauma, ou seja, a observação da cena primária ou de seu fantasma.

Nessas condições o trauma é, enquanto inscrito numa sucessão de fatos, apenas o trauma patogênico, é o sonho dos lobos.

É em *Inibição, Sintoma e Angústia* (1926) que o trauma aparece ligado aos aspectos não domináveis da excitação. Na criança pequena a excitação determina estados de inibição pré-neurótica, quando os afetos não estão ligados às representações, em um eu rudimentar.

O sonho, quando aparece, é às vezes uma forma de liberação de angústia "atual" e desorganizadora e a representação (e a fonte) das organizações pós-traumáticas.

Sonho e sintoma possuem o mesmo valor. Para realizar o desejo introduz o funcionamento em código, condena os derivados do inconsciente a utilizá-lo para expressar-se.

Isso lhe outorga o valor de um instrumento de liberação, condenado a se repetir, para reproduzir nos sonhos sucessivos o trauma patogênico e inibitório. A experiência mostra que muitos desses sonhos angustiantes e repetitivos desaparecem espontaneamente quando a criança cresce, em particular quando entra na latência. Também podem reaparecer no curso de uma psicanálise.

James Hamilton, analisando o papel dos sonhos na criação poética de John Keats, teve a ideia que o sonho do bebê lhe permite adaptar-se às privações orais. Não seria somente o guardião do repouso, mas também o terapeuta do dono do sonho e das frustrações orais.

A teoria freudiana do sonho da criança pequena, como realização de um desejo, merece ser levada em consideração em relação aos elementos complementares que implicava. O pesadelo de *O Homem dos Lobos* levou Freud a retomar os estudos do trauma, à luz da repetição e das teorias da angústia.

Como as crianças relatam seus sonhos? A quem elas os contam?

Os surrealistas recomendavam aos pais que contassem seus sonhos aos filhos. As crianças o fazem parcialmente e não comumente quando despertam, com exceção dos filhos de psicanalistas que os estimulam que lhes contem.

Isso não é novo na história da psicanálise: desde o pai de Hans, que recolheu sonhos de seu pequeno investigado, como o chamaria Freud, até Tausk, seu discípulo, que sofreu tão azarada morte, nos revelam o interesse por essa produção privilegiada do inconsciente, até reconhecendo que a amnésia do despertar é particularmente importante nas crianças pequenas.

Parece interessante expor outro autor não psicanalítico que se interessou pelos sonhos infantis: Jean Piaget, que num capítulo de seu livro *A Representação do Mundo na Criança*, consagrado aos sonhos, assinala que a teoria do sonho supõe um dualismo do interno e do externo de uma parte, e da matéria e do pensamento de outra. Sua investigação se assenta em quatro pontos:

> 1. O conhecimento do fenômeno sonho. As crianças respondem que o sonho vem "da cabeça" ou "da noite".
> 2. O espaço é concebido como se desenvolvendo na cabeça ou no quarto.
> 3. Pergunta-se sobre a origem do sonho.
> 4. A quarta pergunta é sobre as razões do sonho. Depois dos sete anos as crianças geralmente se referem aos restos diurnos.

Os resultados desta investigação levam Piaget a distinguir três estágios sucessivos na posição da criança quanto ao sonho:

> 1. *O sonho vem de fora e permanece exterior*: o primeiro sonho é considerado verdadeiro e objetivo, o que resulta evidente quando se desperta de um pesadelo. Mais tarde será visto como uma realidade enganosa: "O sonho é, de fato, uma imagem ou uma voz que vem de fora e se coloca diante de nossos olhos. Esta imagem não é verdadeira no sentido que não representa fatos reais, mas existe objetivamente como imagem: é exterior à criança e

não tem nada de um objeto mental". Tudo acontece como se a criança não pudesse falar do sonho, diferente da realidade, se não fosse porque os adultos a desiludem a propósito da objetividade das cenas oníricas.

2. *O sonho procede de nós, mas não é exterior*: concepção que testemunha o realismo infantil. A criança aprendeu que o sonho provém dela mesma, de sua cabeça, mas não compreende que essa imagem que vê possa ser exterior no momento em que a vê. Por isso a situa no quarto, como objeto real, ligada à visão e à fala. No entanto, aqui começa a ter participação na imagem do sonho, por um sistema próximo à projeção.

3. *O sonho é interior e de origem interna*: o problema que se coloca à criança é entre a interrogação das imagens e a relação que existe entre o sonho e o pensamento. Intervém um olho interior que "olha" e um ouvido que "escuta" a voz interior do pensamento. A distinção entre a imagem e o externo começa aos cinco ou seis anos e culmina aos dez anos.

Esta perspectiva genético-evolutiva operatória merece estar presente quando pensamos nos trabalhos analíticos voltados para o relato do sonho da criança.

Onde a criança conta seus sonhos e a quem? No seio da sessão analítica e na transferência. O estudo desse fenômeno não é tarefa fácil para uma aproximação clínica. As crianças misturam de uma maneira difícil de separar suas fantasias e seus sonhos. O desenho e o brincar não as estimulam a falar de seus sonhos, salvo nos casos em que explicitamente o analista lhes pede que os dramatizem ou os desenhem, como fazia F. Dolto. Talvez isso explique a escassa bibliografia do tema à nossa disposição.

Louise Despert tentou descrever os sonhos das crianças em idade pré-escolar. Salienta o desgosto com que participam para falar de seus sonhos atemorizantes, em que os pais não entram em cena. Só intervêm chamando-as ao despertar. Em tais relatos a autora descreve sonhos com grandes animais, que mordem e perseguem a criança, e mais tarde animais reconhecíveis, como lobos, leões e tigres devorando a criança, que desperta antes que a ação se consuma. Despert assinala que os sonhos citados permitem estudar defesas primitivas como a negação e a identificação com o agressor.

7.2. Os sonhos na clínica

Ainda nos exemplos que Freud nos oferece poderíamos encontrar maiores possibilidades de interpretação do que as que o próprio autor nos fala. À medida que as crianças que cita são maiores, maior é a desfiguração onírica, mas, como Freud bem disse sobre o sonho dos bombons, somente por meio da investigação analítica poderíamos encontrar o significado de algumas cenas dos sonhos, nesse caso, porque a mãe joga os bombons debaixo da cama.

Em todos os exemplos mencionados por Freud o que fica claro é a relação entre o resto diurno e a construção do sonho. Em toda sua teoria se encontra esse resto diurno como organizador do roteiro do sonho, sobretudo pelo poder que tem de ocultar em si mesmo emoções inconscientes reprimidas que se aproveitam para evitar a censura. Além disso, se o resto diurno é em si mesmo um desejo não realizado, maior é seu poder de condensação de outros desejos reprimidos.

Freud coloca no centro de sua teoria dos sonhos a realização do desejo de dormir: é o sonho que garante o dormir. Assim, Anna segue dormindo enquanto sonha com morangos, enquanto outra criança, em circunstâncias parecidas, poderia ter despertado durante a noite gritando que queria morangos. Mas tão importante para o sujeito como é o dormir, é a construção do sonho mesmo, a possibilidade de criar em seu aparelho psíquico as condições necessárias para estabelecer uma realização alucinatória de desejos, postergando desse modo não só o despertar, como também a ação promotora da realização do desejo ou sua consequente frustração.

Assim se coloca o acento do sonho em sua fabricação, como um modo de elaboração intrapsíquica que permite à criança um trabalho de elaboração permanente dentro de seu psiquismo, entre as diferentes instâncias e suas pulsões, entre o processo primário e o secundário – em suma, entre sua realidade psíquica e a realidade exterior.

É bem provável que essa fabricação do sonho comece a surgir desde a vigília, daí a importância dos restos diurnos como participantes ativos na configuração do sonho. O processamento que toda criança deve fazer de todos os estímulos que recebe durante sua vida de vigília, tanto internos como externos, necessita da retirada de todo estímulo externo para se completar.

Quando se fala dos sonhos, está se falando da relação do psiquismo consigo mesmo, em sua autoconstrução, sua autopercepção e seu autofingimento.

Como disse Patrick Miller em *Le Rêve est Bref mais Il Dure* (o sonho é breve mas tem duração), "[...] esta imersão do sonhador na intimidade de si mesmo, não é somente um regresso ao espaço maternal, mas também é a prova, reencontrada a cada noite, de sua capacidade de ser maternal consigo mesmo".

Dessa concepção pode-se postular com Masud Khan (muito além da experiência do sonhar), em *Loucura e Solidão*, a existência de um "espaço do sonho", semelhante ao espaço transicional de Winnicott, onde vão se processar as experiências do *self*, muito diferente do texto do sonho, quer dizer, o conteúdo manifesto lembrado.

O texto do sonho toma alguns aspectos da experiência do sonhar para fazer uma narração que possa ser comunicada, compartilhada e interpretada, mas o sonhar em si está além de toda interpretação.

É essa experiência de sonhar que se pretende averiguar, encontrar, estudar e investigar em uma criança, atrás do relato de um texto de sonho, não somente para interpretá-lo no sentido de mostrar à criança os conteúdos inconscientes que aparecem ocultos e revelados no seu sonho (isso é feito em uma análise de texto do sonho), mas também para seguir com a criança os transformadores de seu próprio *self*: quer dizer, como se vai permitindo processar, elaborar, metabolizar determinados aspectos da realidade que se enfrenta dia após dia.

O sonhar, entendido como uma experiência de tipo transicional leva-nos a pensar em que lugares podem situar os sonhos: trata-se de algo próprio da criança? Está fora dela? Dentro? Dentro e fora? Tal como ocorre nos fenômenos transicionais, pode-se averiguar as diferentes etapas que atravessam as crianças até chegar a colocar seus próprios sonhos como um material que lhes seja verdadeiramente próprio. Quando a criança é muito pequena o seu sonho pertence à realidade externa, e não pode entender nem aceitar que não seja assim. É justamente isso o que nos leva a pensar nos sonhos como um processamento da realidade, uma realidade que deve ser interiorizada e que escolhe os caminhos do dormir para realizar tal interiorização.

Mais tarde, a criança poderá reconhecer que o sonho vem dela mesma, mas o sonho segue sendo exterior, a criança tem que chegar a outra etapa para assumir que o sonho é um produto interior.

Isso foi mencionado anteriormente pelas contribuições de Piaget. Suas investigações são de grande utilidade para entender o tratamento que a criança dá ao sonho. Deve-se aclarar que ainda que este autor apresente três etapas bem diferenciadas, vê-se, tanto em seus exemplos como na prática clínica, que essas etapas se dissimulam muitas vezes e que crianças que cronologicamente superaram as primeiras etapas podem relatar alguns de seus sonhos como provenientes realmente de fora e com certa existência na realidade exterior. Esse fenômeno pode acontecer pela sobrecarga emocional que recebem determinados conteúdos do texto do sonho, sobrecarga que o ouvido psicanalítico prestará especial atenção para poder desentranhar e esclarecer os conteúdos que ali se condensam.

Tal fato é bem claro clinicamente nos casos de pesadelos com objetos de caráter fóbico. A criança que sonha com um lobo debaixo de sua cama precisa olhar para constatar essa presença. Nos casos em que a fobia está completamente instalada, por mais que o adulto afirme para a criança a inexistência do lobo debaixo da cama, o caráter alucinatório do sonho ganhou terreno na prova de realidade e o lobo continua estando aí onde o havia sonhado.

Voltando à questão do espaço de sonhar como um espaço transicional, salienta-se que o objeto transicional é em definitivo o que facilita à criança a separação com o objeto real. O espaço de sonhar é o que facilita à criança a integração de determinados aspectos de sua realidade interior e da realidade exterior, incluída a necessidade de se separar da mãe e se autocuidar.

Quando se observam bebês, a pergunta é: O que sonham? Seguindo os ensinamentos de Freud, chega-se à conclusão de que os bebês reproduzem em seus sonhos as experiências orais satisfatórias, mas, quando se observa detidamente, vê-se nos bebês adormecidos movimentos faciais e corporais que parecem registrar experiências realmente dolorosas e insatisfatórias. Se a experiência dolorosa é forte demais ou permanente, a função de sonhar se interrompe, o bebê desperta e reclama a atenção de alguém do exterior capaz de acalmá-lo.

Na clínica com crianças as consultas pelas dificuldades de dormir são frequentes. Muitos pais relatam ter passado verdadeiros calvários pelas noites, durante vários meses na primeira infância de seus filhos. Nesses casos alguma situação transtornou a relação com a criança de tal maneira que se alteraram as funções de sonhar e, portanto, as de dormir.

Ao se escutar com atenção tais casos, encontram-se dilemas dos pais que não estão resolvidos e que se cristalizam no momento da paternidade com seu filho.

Dentre todos os autores que aprofundaram os aspectos do sonho, destacam-se os trabalhos de C. David e M. Fain: "Aspectos funcionais da vida onírica", em *Revue Française de Psychologie*, 1963. Desde sua conceitualização destacam o aspecto funcional do sonho e se relacionam as patologias psicossomáticas com as possíveis irregularidades nesta função do sonhar: "[...] sonhar é uma atividade mental preciosa, cujo bom funcionamento constitui um dos elementos garantidores do equilíbrio mental e protetor das perigosas derivações somáticas de uma libido diminuída".

Outro aspecto que se quer destacar sobre os sonhos na infância faz referência à sua utilização no dispositivo analítico. A criança relata seus sonhos em um tratamento porque logo compreende que o trabalho proposto pela análise passa por tentar compreender como processa os acontecimentos de sua vida. As crianças, quando relatam seus sonhos, estão em transferência com o trabalho terapêutico e com o terapeuta: em muitíssimas ocasiões o relato do sonho e o encarregado de dar forma ao próprio sonho. Graças ao relato que a criança pretende transmitir, o sonho adquire caráter de texto possível de interpretação. Os acréscimos ao sonho acontecidos durante sua exposição são escutados como partes do sonho mesmo e muito provavelmente respondem às mesmas características, quanto ao interjogo entre processo primário e secundário na tarefa de elaboração psíquica.

Quando se propõe a tarefa de analisar este texto onírico junto à criança, pode-se pedir a ela associações com o sonho ou partes dele mesmo, tal como se faz com os adultos, mas a riqueza da análise com crianças provém do fato que, se não se encontram associações verbais, pode-se fazer uso de associações lúdicas ou pictóricas. Pede-se à criança que desenhe tal cena do sonho ou que a represente com uma brincadeira. Nesse sentido, as associações têm o mesmo sentido que as associações verbais de um adulto: levar até os conteúdos do sonho que permanecem ocultos no conteúdo manifesto.

Um detalhe em um desenho ou uma reiteração ou um acento posto em uma situação de brincadeira oferecem estas vias de compreensão e profundeza na análise de um texto de sonho.

Em certas ocasiões, é a partir de uma brincadeira ou de um desenho que a criança lembra uma produção onírica, que funciona como "restos noturnos" do sonho e avivam sua lembrança consciente.

Denomina-se "restos noturnos" (por contraposição a restos diurnos) a marcas mnêmicas provenientes do sonho sonhado que podem ficar no pré-consciente para garantir ou promover a lembrança do sonhado.

> Uma menina de onze anos com todos os fantasmas da puberdade aumentados por sua situação edípica, brinca na sessão de vestir uns bonecos. Costura-lhes uns vestidos especiais de festa e comenta: "Ontem mesmo sonhei com isso, sonhei que papai me comprava uns vestidos muito bonitos, grandes e cheios de lantejoulas, todos os vestidos para mim". Logo continua com sua brincadeira, então o analista pergunta se lembra algo mais do sonho e ela diz que não: "Aconteciam mais coisas mas não me vêm à cabeça" . Nesse momento a menina se dá conta de que a roupa que havia desenhado e recortado para os bonecos é muito grande: "Já me saí mal outra vez", comenta cheia de raiva. O terapeuta se propõe a averiguar porque disse outra vez: "Não sei, saiu assim". O que se quer destacar com a historinha clínica é a associação entre o sonho trazido à sessão nesse

momento e a brincadeira que está se desenvolvendo: o que está "saindo mal" a esta menina é a relação que estabeleceu com o pai, obrigando-o a comprar-lhe muitas coisas como uma maneira de fazê-lo pagar sua separação da mãe. Um pouco sobre isso lhe foi dito e então ela acrescentou: "Quando papai vivia conosco comprava vestidos para a mamãe". Esse comentário também é uma associação sobre o sonho e a brincadeira. No sonho, ela se coloca no lugar da mãe, inclusive se assegura de eliminá-la ao declarar que todos os vestidos são só para ela, mas o que está mostrando com a brincadeira – e possivelmente com a parte que não lembra do sonho – é que os vestidos estão grandes, não são para ela.

Esse caso não será aprofundado, apenas é mencionado para mostrar como o brincar pode ser um elemento que ajuda a lembrar um sonho e inclusive fornecer associações sobre si mesmo.

Caso David

David é um menino de sete anos que sofre uma grande variedade de fobias que o inibem, em muitas circunstâncias, de ter uma vida normal. Em sua história há um fato traumático que o deixou marcado: aos três anos, enquanto o pai cuidava dele, falece repentinamente. Nunca se soube a hora do falecimento desse pai, mas a mãe de David calcula que ele ficou junto a seu pai morto algumas horas. O tema da morte é um tema recorrente desde o início do tratamento. Logo se descobre que a preocupação pela morte está muito reforçada pelo comportamento da mãe: ela fala com seu filho da morte continuamente. David terminava de desenhar um cemitério e se dedicava a repintar de preto as cruzes, quando comentou: "este fim de semana sonhei que minha mãe se casava com fulano (um ator famoso) e iam de lua de mel e me deixavam sozinho". O fato de David lembrar seu sonho nesse momento não é casual: um casamento da mãe lhe permitiria afastar-se um pouco dela e do tema da morte e cemitérios. Comentou-se que em seu sonho se cumpria um antigo desejo seu, que a mãe o deixasse só e tranquilo. O menino contestou "sim, mas para isso precisamos que mamãe se case com um homem, não importa se não for o fulano". O sonho desse menino continha a solução para os sintomas da mãe. Enquanto dizia isso, desenhou uma mulher no cemitério; ficou olhando seu desenho um bom tempo e o destruiu cheio de satisfação. Nesse momento interpretou-se que agora podia "quebrar" sua mãe e suas coisas da morte e sentir-se bem. David estava começando a assimilar que fizesse o que fizesse sua mãe, ele teria que romper com ela e sua figura mortífera, assim poderia ficar com a figura da mãe boa para ele, uma mãe com o desejo colocado em outro homem e não na relação com ele.

A figura de outro homem, o ator, vinha reforçar esta ideia: tratava-se do resto diurno que possibilitou o sonho. Essa noite, antes de dormir, estava vendo televisão com sua mãe e, quando apareceu o mencionado ator, a mãe disse "que bonito", para surpresa e contentamento de seu filho, que se encarregou mais tarde de casar o cobiçado ator e com a mãe. Uma vez recuperado o resto diurno foi mais fácil chegar-se a outra interpretação sobre o sonho, não sobre o texto do mesmo, mas sobre o sonhar de David. Pode-se ver então como ele se fazia de portador dos desejos da mãe e até se via na obrigação de realizá-los em seus sonhos: quem deveria sonhar em casar-se com o lindo ator era sua mãe, mas a invasão que esta realizava no psiquismo de seu filho resultava em situações como a descrita.

Todo o tratamento de David até o momento havia levado a esta hipótese: no começo do mesmo, David contava com demasiados detalhes sua permanência com o pai morto. A mãe, ante sua angústia, não conseguiu fazer outra coisa do que transpô-la ao filho. Nas entrevistas realizadas com ela, pôde-se ver que foi ela quem preencheu as lacunas da memória de seu filho, comentando, por exemplo, como havia morrido o pai. Estes detalhes não pertenciam à memória de David, mas eram relacionados ao que ela acreditou que havia sucedido na dolorosa situação. Logo David se apropriou desses comentários e os transformou em lembranças próprias, tão próprias que sonhava com elas como se realmente houvessem acontecido assim.

Tinha naquele momento que atender na consulta um sonho que se repetia muitas vezes: brincava com seu pai e este caía morto. Este era o texto do sonho que se mantinha estável, mas o cenário do sonho variava, às vezes ele estava na cozinha, outras na sala e outras em seu dormitório. Quando se viu que as lembranças do pai eram mais da mãe do que do filho, pode-se entender a variação de cenário: era como se o menino estivesse buscando seu lugar frente à morte do pai e às circunstâncias em que se deu, um lugar próprio para encenar o drama.

Meses mais tarde da sessão do sonho do casamento da mãe com o ator famoso, surgiu um material onírico que parecia ter uma lembrança mais própria: sonhou que ia dentro de uma ambulância, "mas não sei se como morto ou como motorista". Logo desenhou uma ambulância que ia por um caminho comprido, fez mais detalhes sobre o caminho do que sobre a ambulância e diante da pergunta de por que disse morto e não doente, respondeu: "Os mortos vão na ambulância, os doentes vão ao hospital e se curam". Para David isso era uma realidade. E, a cada ambulância que passava, ele pensava assim. A mãe relacionou logo o material que fazia esse sonho mais inteligível: o pai foi levado da casa numa ambulância. David viu como introduziam o pai na ambulância, dos braços de uma vizinha, logo vinha para ele esse caminho longo que encheu de detalhes no desenho. É muito provável que a ambulância fosse uma lembrança do menino. Reconstruindo a situação, David podia não ter fixado com afeto especial a passagem junto ao pai: o que ficou marcado para ele foi a ambulância, já que a chegada desta aconteceu muito depois que a mãe, tomada de angústia, descobriu o cadáver de seu marido junto a seu filhinho. Quanto ao texto do sonho, viu-se com David que, fosse na posição que fosse, cumpria um desejo: se fosse como morto, substituía seu pai e eliminava todo vestígio de culpa, se fosse como motorista, por fim podia conduzir o pai morto, convertendo-se em sujeito ativo do drama que tão passivamente havia vivido.

Este fenômeno, que se pode ver com tanta clareza nesta criança, o fato que os outros, os adultos que o rodeiam, são os responsáveis por certas lembranças das crianças, é muito comum e se pode verificar com muita frequência na clínica com crianças. Um exemplo muito claro conta Piaget num dos seus textos e se refere a um episódio de sua própria vida. Conta que, sendo muito pequeno, a babá que cuidava dele inventou um sequestro frustrado da criança graças a sua valentia. Deve ter contado o suposto sequestro com tanta veracidade que o menino Jean Piaget sonhou durante toda a sua infância com o rosto e os gestos do sequestrador inventado por sua babá, que muitos anos mais tarde, arrependida, contou que se tratava de uma invenção (Piaget, *A Formação do Símbolo na Criança*, p. 257, nota 3).

O corpo e as transformações que ocorrem com ele ao longo da vida também têm um correlato onírico. O processo de sonhar permite ao sujeito incorporar essas mudanças corporais em seu psiquismo. F. Dolto estabelece o conceito de uma imagem inconsciente do corpo que vai assumindo e processando as mudanças que o corpo sofre. Seguindo as sugestões que Freud propõe em 1900, é possível destacar que em certos sonhos, que se podem classificar como típicos, o que aparece como ponto central está relacionado com essas mudanças corporais. Assim, pode-se explicar os sonhos de quedas no vazio como recomposições das primeiras quedas que todo bebê sofre na aprendizagem do caminhar. Considerando-se que o caminhar autônomo é uma das primeiras representações da separação da mãe, é muito provável que cada vez que numa história individual se produz algo relativo ao passo da dependência para a independência, seja produzido inconscientemente os primeiros movimentos dessa separação.

As mudanças corporais que trazem em si a puberdade, são a constatação no real desse processo de separação. Quando o corpo se modifica, a criança começa a fazer um luto pelo corpo infantil para poder adaptar-se a seu novo corpo. Podem-se observar estas reposições do corpo pelo seguinte material onírico:

Caso Marc

Marc é um menino muito alegre e autônomo em suas saídas, vai ao colégio sozinho desde os sete anos e ajuda muito seus pais fazendo pequenas compras no bairro.

Aos 11 anos e sem motivo algum aparente Marc começa a ficar assustado. O medo se apodera dele de tal maneira que já não pode ir sozinho ao colégio e precisa que um de seus pais o acompanhe. Tampouco pode sair sozinho para fazer compras e em poucos dias não pode ficar sozinho em casa nem dois minutos sequer. Angustia-se muito e chora de medo, sem poder explicar o que lhe acontece, apenas pede para seus pais o favor de não deixá-lo só.

Na consulta relaciona o começo de seus sintomas com um livro que teve que ler no colégio: "Era uma história muito triste e logo sonhei com ela e me assustei; trata-se de um menino africano que uns europeus adotaram para que pudesse ter o que comer; na realidade aparece no primeiro capítulo que a mãe o abandona pois não tem o que lhe dar para comer e que o pai morreu; é então que vem os da Europa e o levam, mas, quando cresce, o menino quer ver a sua mãe africana e não a encontra; morreu ou algo assim; ele está contente com seus pais adotivos, mas está muito triste por saber que não tem a sua mãe".

Aparece claramente no relato de Marc a ideia de um pai que morre e não existe e uma mãe que abandona e não pode mais ser recuperada. É muito possível que esteja se referindo ao que aconteceu com ele mesmo:

perdeu seus pais da infância e isto lhe produziu muito temor, tanto que se identifica com o menino do conto, que perdeu seus pais, definitivamente.

Em outra sessão Marc desenha um menino cujo cabelo está sendo cortado, a tesoura é maior que toda a cabeça, e diz do seu desenho: "O cabelo cresceu muito, estava muito desarrumado, assim vai ao cabeleireiro para que o cortem e arrumem". Talvez aqui Marc esteja falando de outras coisas que cresceram muito nele e que sente que o incomodam – seu aspecto físico denuncia esta situação. Um pequeno bigode aparece em seu rosto e ao referir-se a outras mudanças se queixa dos pelos que lhe saem no púbis. Cortá-los ou arrumar-se com eles? É possível fazer uma referência ao medo de castração que aparece tão claramente em Marc?

Ele mesmo vai ampliar esta hipótese e possibilitará que se possa falar com ele sobre tais temas, sem que fiquem disfarçados em contos africanos nem em medos de abandono. Marc é filho único, a mãe trabalha em escritório, enquanto o pai se dedica ao transporte de mercadorias. O trabalho do pai estimulou certo temor na mãe, um temor que, segundo ela, comentava com seu filho, sem entender o alcance que esses comentários tinham para ele: "Papai está demorando muito...", "...e se aconteceu algo na estrada?".

Marc relata que poucos dias depois de ler o maldito livro sua mãe lhe avisou que desceria para comprar umas coisas. Ficou olhando como sua mãe entrava no elevador e viu que também entrava no elevador um homem desconhecido. Então teve a necessidade de escutar pelo interfone se sua mãe e o homem desconhecido se falavam. Marc reconhece que então teve a seguinte fantasia: "O homem era bonito e mamãe também, pensei que podiam fazer amor no elevador porque ninguém os via; logo marcavam novo encontro, precisava escutar o novo encontro para que papai soubesse, melhor, isso faria papai e mamãe se separarem...".

Marc descobre com sua incipiente sexualidade uma mãe sexualmente atraente, capaz de namorar o desconhecido do elevador; mas também descobre para sua surpresa e desconserto que disse "é melhor se separarem", que estaria falando de seus sentimentos mais ocultos. Assim como a mãe africana não tem marido, assim como ele pode se separar da mãe e do pai, a polissemia de suas intervenções permite entrar na superdeterminação do seu sintoma fóbico. Centrado em sua puberdade, seu corpo está mudando, mas as fantasias que acompanham essa mudança se tornam insuportáveis para Marc. A partir daqui já não tolera que o deixem só, possivelmente como um modo inconsciente de controlar seus pais para que não realizem na verdade suas fantasias edípicas: papai fora e mamãe para mim, ou para outros homens. O medo se apodera da vida cotidiana de Marc, mas ao refletir sobre suas fantasias e seus temores, Marc deixa de ter medo. Aparece também um medo associado à puberdade: não quer praticar nenhum esporte para não passar pela horrível experiência de sua nudez nos vestiários. A experiência dos vestiários com outros garotos remete à comparação de seu próprio crescimento com seus semelhantes aparecendo sempre como desprotegido, pequeno, disforme, incapaz.

Tal problema não é exclusivo de Marc. Quase todos os púberes homens, angustiados pelo crescimento de seu corpo, colocam na imagem de seu pênis a constatação de que esse crescimento está acontecendo. A possibilidade de ver os genitais de outros homens, sejam seus iguais ou adultos, faz encarar a preocupação pelos próprios genitais, quase sempre vistos como pequenos, inúteis ou desprotegidos, possivelmente representantes do pai. À medida que sua terapia lhe permite refletir sobre seus fantasmas, Marc reinicia suas competições desportivas, alcança certo êxito em um esporte. Os pais assustados pela mudança de posição de seu filho frente à puberdade, tentam proibir suas saídas com a equipe esportiva. Os pais preferem ter um filho medroso a ter um filho capaz de assumir sua independência. O problema deixa de ser de Marc: os pais terão que enfrentar seus próprios fantasmas da puberdade e permitir que seu filho viva seu próprio crescimento sem medo algum.

Algo semelhante ocorre no caso seguinte:

> Gabriel aos 13 anos sonha com a germinação que o fizeram realizar na escola, no dia anterior: "Eu punha uns feijões em um vaso com algodão e água e os deixava na janela; durante a noite um dos feijões crescia tanto que se tornava uma árvore que tampava toda a janela, enorme, cheio de folhas muito grandes", logo acrescentou: "Esse sonho é absurdo porque eu sei que os feijões não se tornam árvores". Este púbere também sabia, e assim expressava seu sonho, que seu pênis estava crescendo e que à noite crescia ainda mais; isso lhe dava muito prazer e muito medo, como todas as mudanças.

Caso Roberto

Com apenas 12 anos, Roberto estava muito deprimido. Não fazia nada de que gostasse. Começou a fracassar no colégio, dizia não entender nada do que lhe explicavam os professores e tampouco compreendia os textos que lhe davam para estudar. Seus irmãos maiores tentaram ajudá-lo e estimulá-lo tanto nos estudos como nos momentos de lazer. Mas nada o interessava, preferia ficar deitado em sua cama em lugar de sair ou fazer outra coisa. Nesses momentos de solidão e afastamento pensava o quanto gostava antes de sua coleção de soldadinhos de chumbo. Estavam sobre o móvel de seu quarto, olhava-os com o carinho da saudade, mas tampouco se entretinha com eles. Às vezes dedicava uns minutos para limpá-los, mas logo voltava a deixá-los em seu lugar. Ele se sentia um pouco como os soldados da coleção, estático e surpreso no tempo, um tempo que se fazia grande e difícil de suportar. Seus pais, angustiados ante sua atitude, o levaram ao médico e este os orientou ao psicoterapeuta; com seus três filhos anteriores isso não acontecera. Descobriram que cada um de seus filhos havia atravessado sua crise puberal de maneira diferente. O excesso de sonhos de Roberto e seu eterno olhar de tristeza, começou a preocupá-los.

Roberto começou a falar de seu mal-estar quando viu-se em um lugar para ser escutado e não julgado. Primeiro contou a raiva que lhe dava ao atender o telefone e qualquer interlocutor o confundia com alguma das mulheres de sua família. Tal preocupação o levou a poder falar de todas as mudanças puberais, sobretudo a partir de um sonho que trouxe à sessão: "Tive um pesadelo espantoso, ia com meus pais a um parque de diversões e ao sair não me deixavam ir, diziam que eu tinha que ficar trabalhando no túnel do terror, então olho num espelho e efetivamente sou um monstro e não sou eu! Quero gritar e me sai uma voz de mulher horrível e meus irmãos riem". A raiva por não haver mudado a voz e não ter voz de homem o levou a falar sobre outros atributos masculinos que invejava terrivelmente de seus irmãos maiores: "Toda manhã, eles passam horas no banheiro, porque ficam muito tempo se enfeitando e se olhando no espelho; eu odeio me olhar no espelho, sou horrível, esta penugem que está saindo não é bigode nem nada, parece sujeira, como se tivesse lavado mal o rosto, depois estou cheio de espinhas e meus irmãos implicam comigo e me chamam de moleque ou coisas assim. Depois são os garotos da classe, só implicam comigo, não aguento suas gracinhas...". Essa intolerância às gracinhas, gozações dos irmãos e colegas fala da intolerância de suas mudanças. Odeia o espelho porque este lhe devolve a realidade de uma mudança permanente. Os modelos que ele tem em casa o levam a pensar mais em uma adolescência já assumida e consolidada do que desfrutar das mudanças que vai sofrendo.

Onde Roberto vê uma penugem horrível e suja, outros púberes veem um formoso e incipiente bigode. Prefere ficar horas olhando os soldadinhos de chumbo que representam sua infância, aquilo que adorava e colecionava; o desinvestimento de tudo do presente, pode-se entender como uma rejeição absoluta a toda a puberdade. O fato de ser o filho menor da casa aprofunda ainda mais sua rejeição ao crescimento. Pais e irmãos reconsideraram suas posturas diante do menor da casa e puderam reconhecer como suas atitudes e tratos mantinham o pequeno deixado de lado, que tampouco queriam perdê-lo. Trata-se mais uma vez de uma resposta bastante corrente como negação frente às mudanças que significam a puberdade. Na situação de ser sempre o excluído reviveu momentos de sua infância nos quais este sentimento de exclusão havia aparecido de maneira mais poderosa e o havia afastado à sua maneira: estático e impassível como um soldado de chumbo.

Nas meninas púberes, encontram-se em suas produções oníricas, os fantasmas frente às mudanças puberais.

Caso Sandra

Quando Sandra teve sua primeira menstruação se assustou muito, a mãe lhe havia prevenido que aquilo aconteceria a qualquer momento, mas quando descobriu sangue em sua calcinha estava sozinha: "completamente só"; foi ao supermercado mais próximo e contou à operadora de caixa o que havia acontecido. A moça, assustada ou não, lhe vendeu uma caixa de absorventes e muitas historinhas sobre a menstruação: "Você vai ver como dói!". "Ui, que horror!", e outras sugestões que Sandra precisava para chamar a atenção de seus pais... "Eles não disseram nada sobre a menstruação, me felicitaram e pronto, mamãe nem se preocupou se tinha absorventes".

O tema da *primeira menstruação* é um dos mais importantes para toda menina púbere: é tão importante que mereceria um capítulo à parte, igual às primeiras poluções dos meninos. É importante porque enfrentar a menstruação não é nada fácil para muitas meninas, e parece que é ainda menos fácil para muitas mães. Historicamente é assim, muitas mães de adolescentes relatam como elas "tiveram que aprender sozinhas". Seu discurso fica respaldado e racionalizado devido a uma época anterior em que os assuntos do corpo e do sexo eram verdadeiros tabus. Na atualidade, certos temas parecem estar superados e aparentemente teria que se falar mais e melhor de certas coisas, mas a repetição de histórias provenientes do passado parece que é mais forte que a suposta liberdade de diálogo sobre o assunto.

Para esse tema, como para muitos outros, os pais se apoiam com certa tranquilidade nos colégios, se inteiram por seus(suas) filhos(as) que há classes de educação sexual entre 11 e 12 anos. Além disso, as chamam assim: educação sexual, como se o sexual pudesse ser ensinado como os rios da Europa. Aprofundando-se nesses temas se descobre que a assim chamada educação sexual não é mais que um compêndio de anatomia dos aparelhos genitais acompanhada de uma breve explicação das funções e disfunções dos mesmos. Em alguns textos a informação se amplia com uma série de instrutivas fotografias dos diferentes métodos de anticoncepção: assim, o sexual passa a ser uma subdisciplina de biologia afastando-se o máximo possível da sexualidade humana. Agora, as meninas recebem e estudam uma extensa informação sobre o que é a menstruação em termos fisiológicos, mas tudo o que acompanha a menstruação – seus componentes mais psíquicos – está ausente; é então que se espera que o diálogo com os pais possa se iniciar e aprofundar sobre o assunto. Sandra é um exemplo a mais dos muitos que se poderiam citar: ela acaba falando com a operadora de caixa do supermercado. A maioria das púberes na atualidade conversa muito pouco do assunto com seus pais; nesses casos o grupo de amigas volta a ocupar um lugar fundamental como espaço de compreensão e de contenção de determinadas angústias. Logo será fácil perguntar-se por que estas púberes sentem terríveis dores no período da menstruação quando não há uma explicação médica suficiente que informe que isso é assim. Talvez precisem chamar a atenção a sua maneira, ali onde o diálogo com os mais velhos ficou truncado.

> Quando veio à sessão, Sandra relatou o seguinte sonho: "Eu ia numa viagem de navio, era um navio muito luxuoso, cheio de salões para dançar, como no Titanic, e igual ao navio que afundou eu me jogava na água e nadava sem parar, nadava muito até chegar a uma pequena ilha no meio do mar; estava completamente só, rodeada de água".

Pode-se comparar este sonho com o sonho de Eva, também sobre o tema da primeira menstruação: Eva, em seus 12 anos, expõe um sonho muito divertido na sua sessão: "Estava numa festa, toda cheia de bexigas e grinaldas como as festas que me faziam em casa quando era pequena, estão todas as minhas amigas do bairro e as do colégio, todas juntas, começamos a brincar com umas bexigas e nos demos conta que estavam cheias de água em vez de ar e uma estourou em cima de mim e me molhou toda; aí eu acordei". Na semana anterior a este sonho a menina teve sua primeira menstruação; sua mãe comentou que deviam fazer uma festa porque ela já era moça. Em seu sonho, vêm-se condensadas muitas das coisas que estão ocorrendo, a festa é "como quando era pequena", despedindo-se assim de seu corpo infantil que deixa de ser por "molhar-se toda". Assim ela protestou contra sua menstruação: "É incômoda, me molha toda".

Pouco depois, Sandra teve um namorado, um garoto com todas as características de um namorado puberal. Era rejeitado pelos pais e gostava exatamente de um tipo de música que aborrecia seus pais.

Mas esse não era o problema da pequena Sandra. Além do seu namorado/par, não tinha amigas nem amigos no colégio, mas dava a impressão de superioridade e de estar por cima de todas as criancices que faziam seus(-suas) companheiro(as)...

Seus pais eram o espectro de um casal que havia existido uns dez anos antes. No momento da eclosão puberal de sua filha estavam mais preocupados com eles do que com a filha, não só até o ponto que tivera de buscar os absorventes sozinha, no supermercado, como também até o ponto de que sua mãe não tolerava que usasse sua roupa para ir a uma festa.

Igual a qualquer púbere, criticava sua mãe por seu tamanho e seu gosto para vestir, mas sua mãe escutava as críticas como uma separação de sua filha e, portanto, uma agressão a sua pessoa e não como uma crise puberal. Isso produziu tantos atritos que ambas não conseguiram ter uma relação coerente, adequada e específica para a idade de cada uma. A mãe de Sandra se transformou em uma púbere à medida que sua filha crescia: falava mal de seu grupo de amigos e amigas e criticava cada um dos rapazes que pretendiam namorar a filha – qualquer coisa que ela fizesse era objeto de crítica de uma mãe que não tolerava seu envelhecimento e, portanto, o crescimento de sua filha.

Além disso, como uma púbere bastante típica, Sandra odiava seu crescimento, negava-o e tentava esconder a qualquer preço: comprava camisas ou camisetas de tamanhos bem maiores, ou usava suéteres enormes mesmo quando fazia calor: "Não aguento meus seios, não quero nem que notem, não quero vê-los nem que os vejam, por isso quero usar roupas grandes.

Mamãe insiste em querer me comprar sutiãs, mas isso é coisa de velhas e não de uma menina de minha idade, mamãe me disse que meus seios vão cair se não usar sutiã e eu respondo que tudo bem, que isso é o que quero, que caiam e me deixem em paz".

Caso Ester

Quando Ester completou 11 anos, seu corpo começou a mudar e, com seu corpo, ela mesma. Não demorou muito tempo para queixar-se de terríveis dores por toda parte. Primeiro começou com sua barriga, as dores a impediam de comer e a mantinham num estado de queixa permanente. Seus pais, preocupados, a levaram ao pediatra, que por sua vez recomendou uma visita ao gastroenterologista, que solicitou todos os tipos de exames para descartar qualquer patologia. Foi assim que, desde muito jovem, Ester soube o que eram os clisteres, as ecografias e as endoscopias. Depois de analisar todos os exames médicos, os especialistas chegaram à conclusão de que não tinha nenhuma alteração e optaram por recomendar-lhe uma dieta sadia e equilibrada.

Pouco tempo depois Ester ficou gravemente doente dos brônquios, tinha febres muito altas e uma tosse persistente que levaram a menina e a família a uma consulta com pneumologista, que curou com antibióticos a possível pneumonia da menina, mas não esqueceu de enviá-la a um alergologista para descartar o fator alergênico. Foram superados todos os exames do alergologista, consistindo em várias agulhadas diárias. Ester soube que era alérgica ao pólen e às framboesas, mas sua tosse persistente lhe impediu de assistir às aulas de ginástica do colégio, além de ficar acostumada a um xarope expectorante que, de passagem, lhe produzia um pouco de sono. O sono começou a ser cada vez mais profundo e seu despertar muito custoso; ao despertar começou a sentir terríveis dores de cabeça que não demorou em chamá-las de enxaquecas, agora faltava a consulta com o neurologista, que depois de analisar uma tomografia e outros exames, decidiu aconselhar os pais a uma consulta com um psicanalista. Agora Ester estava com 13 anos e meio e uma história clínica de várias páginas.

Então, quando vem à consulta, tem um sonho de angústia que se repete: "Estou num hospital e vão me operar, me abrem para me operar e descobrem que estou vazia: não tenho nada dentro!".

Não são muitos os comentários a fazer desse caso, talvez reforçar como a equipe médica se coloca a serviço das doenças imaginárias dos pacientes, reforçando com esse ato iatrogênico uma quantidade de benefícios secundários que o paciente recebe como recompensa. A puberdade de Ester ocorreu entre enfermidades, o que para ela era traduzido como papai e mamãe preocupados com seu corpo fraco e doente, que a tinham como uma doente crônica e se punham à disposição de seus caprichos e necessidades.

Obviamente a atitude de rejeição frente a sua própria puberdade ocasionou nesta menina uma série de somatizações que deixavam toda sua família preocupada com seu corpo. Mas tratava-se sempre de um corpo a cuidar e sarar, nunca um corpo que muda e se transforma. Os pais encontravam também nesse corpo fraco e no discurso médico a resposta que esperavam para não ver o corpo púbere de sua filha. Assim, Ester seguiu sendo cuidada como uma menina pequena até que o neurologista atuou de outra maneira.

O tratamento psicoterápico permitiu a esta púbere falar de todas as suas mudanças e sua postura ante as mesmas, seu medo de crescer e separar-se de seus pais e seu medo de compartilhar com seus amigos as suas alegrias e sofrimentos; suas enxaquecas, tosses e dores estomacais desapareceram para dar lugar a um corpo no qual já era possível viver.

Toda criança tem uma história que lhe é absolutamente própria. Muitas vezes surgem problemas na vida das crianças quando determinados aspectos dessa história não puderam ser processados. A partir da psicanálise se sustenta que este processamento se dá em permanente troca com os outros a partir de complexos sistemas de identificações que terminam por moldar uma estrutura que é específica da criança. Quando, a partir de uma demanda de tratamento se pode aquiescer junto à criança para investigar esses processos de elaboração de sua própria história, o que se está propondo é uma reescrita dos mesmos, novamente em relação com o outro, desta vez, o analista. Como se vem sustentando, este trabalho terapêutico terá um correlato onírico; os sonhos durante o tratamento são instrumentos muito eficazes para confirmar as mudanças psíquicas que se produzem em nossos pacientes.

Caso Henrique

Henrique é uma criança adotada que começa um tratamento aos dez anos por apresentar uma série de medos, entre eles o de dormir, devido a seus maus sonhos. Todos esses temores se desencadearam a partir de uma mudança – ainda que os pais digam que sempre foi uma criança medrosa, possivelmente por ser adotado. Informados por profissionais, os pais têm falado muito com seus filhos sobre sua condição de adotado, sendo assim, Henrique sabia em que condições se realizou sua adoção. Nesse caso, como em muitos outros de crianças adotadas, saber a verdade sobre sua origem não impediu que Henrique organizasse um sintoma fóbico, precisamente a partir de uma mudança que é um pequeno luto, outro na lista de lutos que esta criança tem que processar.

Seus sonhos maus são variações sobre o tema da adoção transformada por esta criança, como para muitas crianças adotadas, em medo de ser roubada ou sequestrada. "Vem os maus do planeta Z e me levam numa nave espacial até uma prisão", "uns ladrões sobem de helicóptero até minha janela, jogam uma corda e me raptam e pedem a meus pais um resgate que não podem pagar"; "os androides da megagaláxia, que me levam junto com todas as crianças do colégio para fazer uns experimentos com humanos, nos levam num veículo interestelar".

Aqui é necessário abrir um parêntese para falar dos materiais que as crianças utilizam para construir seus sonhos. Todos são restos mnêmicos provenientes dos programas infantis. A televisão – esse grande monstro imaginário que consome as crianças de nossas sociedades avançadas – fornece a elas um riquíssimo material fantasmático em que abundam seres malíssimos com intenções igualmente perversas e heróis que salvam a Terra e outros mundos das supostas maldades. Certamente também são abundantes os diversos veículos que falam muito sobre os desejos de seus imaginativos inventores que tendem a anular o passar do tempo e as distâncias. Alguns especialistas em infância asseguram que este material é altamente nocivo para as crianças. O que se quer destacar é que as crianças utilizam atualmente a televisão por ser o meio de comunicação mais empregado; sem dúvida, antes de sua proliferação estavam e por sorte ainda estão, os contos infantis, magníficas contribuições ao imaginário das crianças de todas as épocas, prolíficos também em bruxas e malvados, robôs, sequestros, canibalismo e sonhos eternos, junto a heróis que terminam resolvendo situações extremas e finais com casamentos felizes. Os programas infantis, como os contos tradicionais, garantem seu êxito entre as crianças por emprestar-lhes um perfeito cenário onde projetar os fantasmas mais comuns de sua novela familiar. Em psicanálise utilizam-se esses materiais quando as crianças trazem, permitindo-lhes, de algum modo, escrever sua própria história.

> Na história de Henrique houve um voo de avião imediatamente depois de sua adoção. Em seus pesadelos sempre aparecia uma nave; na construção de seus sonhos o deslocamento, a mudança, acarretava grandes perigos e perdas, como em sua própria história. O que esta criança tentava com suas produções oníricas era incorporar a sua vida mental sua situação passada. Certos elementos provenientes de seus pais adotivos o impediam de realizar esta incorporação sem angústia. Em seu caso, a angústia funcionou como uma chamada de atenção para ser escutado para poder ser processado por outras vias. Em certa sessão este menino brincou de montar um zoológico; colocou cercas para separar os animais e classificou os animais segundo a espécie. Como não tinha cercas e animaizinhos suficientes, decidiu construir um zoo especial, "todos os animais misturados". Logo comentou que havia sonhado com o zoológico. Em seu sonho realizava um desejo postergado pelos pais: fazer uma visita para ver os novos animais. O resto do dia havia sido proporcionado, mais uma vez, pela televisão. No dia anterior viu um documentário sobre animais que chamou muito a sua atenção: o programa mostrava como uns gatos eram criados por uns cachorros. Na brincadeira da sessão misturou todos os animais, em sua brincadeira, um macaquinho ficava a cargo de uma leoa: "Não vai comê-lo, vai cuidar dele até que cresça...", como ele em sua própria história, brincada no cenário de sua análise.

7.3. Sonhos, mitos, contos

A experiência da análise com crianças demonstrou que os personagens humanos aparecem mais tarde. Encontram-se sobretudo nos sonhos de púberes, mascarados ou escondidos em fantasias e contos. Quando se pede para desenhá-los, um detalhe do rosto, a roupa, permite que o analista e a criança possam reconhecer modos de projeção do Superego e formas de defesa do Ego, assim como frequentes alusões transferenciais. Mais adiante se exemplificará isso com o sonho na literatura e a fantasia num conto de uma menina púbere em tratamento analítico.

É interessante perguntar: por que as crianças pequenas utilizam em seu material onírico os animais selvagens, já que o medo dos pequenos é mais tardio? Tem a ver com o que Freud delimita, falando do simbolismo nos sonhos, que este medo remete à ambivalência da criança frente ao nascimento dos irmãozinhos?

O medo de serpentes, guerras, incêndios, extraterrestres se forma a partir de restos diurnos, leituras e sobretudo programas de televisão. Esse grande imaginário, complexo e apaixonante, se modifica e enriquece constantemente, mas remete sempre aos velhos mitos que a humanidade cria para lutar com a vida, a morte, os pais e o sexo.

O estudo comparado dos mitos e os contos de fadas por um lado e os sonhos por outro, permitiu a Geza Roheim elaborar a hipótese de que o relato ouvido e contado permite à criança reviver em seus sonhos os mitos ancestrais e nucleares. Nessa perspectiva, o sonho que retoma a herança dos mitos é a expressão mais precoce e econômica de proteção contra a excitação, que põe em perigo a unidade psicológica da criança e resulta difícil diferenciá-lo das fantasias.

As crianças que contam seus sonhos na sessão, às vezes os inventam na própria sessão e talvez reiteram sua natureza onírica. Ainda quando são reticentes ao contar seus sonhos, sobretudo os pequenos, fornecem um material muito valioso na consulta e na cura terapêutica. Por exemplo, os terrores noturnos são um motivo frequente de consulta em crianças pequenas.

Os pesadelos são manifestações de descarga de excitação, que se consolida e se representa no espaço assustador da noite. Como uma tentativa de elaboração sintomática de representações pulsionais, pode se considerar o pesadelo também como uma organização pré-fóbica, internalização de conflitos, com fantasmas em que a ambivalência frente à mãe permite uma clivagem de suas primeiras representações. Há casos em que esse tipo de sonho se complica com um sistema fóbico extensivo: a criança tem medo de dormir e de ser tomada por pesadelos terroríficos. Deve-se ter presente essa distinção diante de uma indicação terapêutica.

Para Freud e outros especialistas estes sonhos constituem o verdadeiro trauma e podem definir o núcleo original da neurose infantil, mesmo quando seguido de uma fase de latência e uma organização desencadeada por fatos e vicissitudes da vida posterior.

Os sonhos infantis também permitem pensar em suas possibilidades criativas. Os psicanalistas de criança têm tido a ocasião de admirar a potência criadora da criança, realizada no brincar. Freud, em seu ensaio sobre "O poeta e a fantasia", compara o brincar com o poeta. Diz: "Toda criança que brinca se comporta como o poeta, pois cria um mundo próprio ou, melhor dizendo, insere as coisas de seu mundo em uma nova ordem que lhe agrada". Winnicott, no intercâmbio de seus "rabiscos", descreve o "momento sagrado" em que o analista e a criança tomam consciência subitamente da situação emocional que os une. Momentos privilegiados, nos quais o analista não deveria invadir seu analisando para deixar que nesse espaço transicional da análise ele possa criar. Um desenho, como se fosse um sonho, em que o sistema de condensações e deslocamentos conduz à cena final e ao mesmo tempo impossível. A criatividade, fecunda na criança pequena, em todos os momentos de sua vida, tende a apagar-se no período de latência, em que as forças representativas atuam com toda força. Sem dúvida, a criatividade ainda pode manifestar-se no espaço da cultura e no âmbito da sessão analítica.

As excitações põem em jogo processos primários que se expressam livremente, dando às brincadeiras e aos sonhos o valor de uma produção criativa, organizada e trabalhada. A psicanálise deve poder respeitar, acompanhar e tentar compreender, com todos seus recursos, para eventualmente interpretá-la.

Em contextos e roupagens diferentes, a literatura e a sessão analítica mostram a riqueza e a complexidade do que o sonho mostra e mascara. No primeiro caso, no texto da ópera de Ravel: *L'enfant et le sortilége* [A criança e seu sortilégio], realizado por Colette e que M. Klein analisa em 1920 em seu artigo "Situações de angústia infantil refletidas em uma obra de arte e no impulso criador", relata o sonho de uma criança de seis anos que não pode fazer seus deveres, mordisca o lápis e desenvolve este estado infantil de preguiça, em que o aborrecimento passa a ser hipocrisia. "Não quero fazer esses deveres idiotas", exclama em voz doce de soprano. "Quero ir passear no parque. E o que mais quero é comer todos os pastéis do mundo ou puxar o rabo do gato ou arrancar todas as penas do louro! Gostaria de repreender a todos! Antes de tudo queria pôr a mamãe no canto." Abre a porta. O cenário está povoado de figuras enormes que destacam a pequenez da criança. Da mãe só vemos a saia, um avental e uma mão. Um dedo aponta a criança e uma voz lhe pergunta, afetuosamente, se fez os deveres. A criança se rebela em sua cadeira e lhe mostra a língua. Ela sai. Tudo o que se ouve é o ruído de sua saia e as palavras: "Vai comer pão seco, e nada de açúcar no seu chá!".

A criança explode de raiva. Pula, bate na porta, deixa cair a xícara e a chaleira, que se quebram. Trepa no assento da janela, abre a gaiola e começa a cutucar o esquilo com seu lápis. O esquilo escapa através da janela entreaberta. A criança pula pela janela e pega o gato. Berra e agita as pinças, atiça furiosamente o fogo da lareira aberta e com suas mãos e pés empurra a panela para dentro do quarto. Escapa uma nuvem de cinzas e fumaça. Agita as pinças como uma espada e começa a rasgar o papel de parede e arranca o pêndulo. Entorna tinta sobre a mesa. Os cadernos e livros voam pelos ares... Ufa!

As coisas que maltratou ganham vida. Uma poltrona se recusa deixá-la sentar ou usar as almofadas. A mesa, a cadeira, o banco e o sofá levantam subitamente seus braços e exclamam: "Fora com essa criatura suja!". O relógio tem uma terrível dor de estômago e começa a dar a hora como louco. A chaleira se apoia na xícara e começa a falar chinês. Tudo sofre uma mudança aterradora. A criança retrocede e se coloca contra a parede tremendo de medo e desolação. O aquecedor lhe cospe uma chuva de faíscas. Esconde-se atrás dos móveis. Os retalhos do papel de parede que rasga começam a balançar-se e se erguem mostrando pastores e ovelhas. Da flauta do pastor ouve-se um lamento dilacerante; o rasgo do papel que separa Corydon de sua Amarylis se tornou um rasgo na tela do mundo. Da capa de um livro sai um homenzinho. Suas roupas são feitas de números e seu chapéu tem a forma da letra grega π. Sustenta uma régua e pula pelo quarto com pequenos passos de dança. É o espírito da matemática e começa a examinar a criança: milímetro, centímetro, barômetro, trilhão, oito e oito são quarenta. Três vezes nove é duas vezes seis. A criança desmaia. Quase sufocada se refugia no parque que rodeia a casa. Mas ali lhe espera outro clima de terror: insetos, rãs lamentando-se em suaves terceots, um tronco de árvore ferido que goteja resina em lentas notas de baixo, libélulas e adelfos, todos tocam para o recém-chegado. Corujas, gatos e esquilos vêm em multidão. A disputa sobre quem vai morder a criança se converte em uma luta corpo a corpo. Um esquilo mordido cai ao lado da criança gritando. Ele tira seu cachecol e imobiliza a pata do animalzinho. Há grande surpresa entre os animais, que retrocedem a um segundo plano. A criança murmura: "Mamãe! ", então é restituída ao mundo humano de proteção, de "ser bom". "Este é um garoto muito bom, um garoto que se porta muito bem", cantam os animais, muito seriamente numa suave marcha, o final da peça, enquanto abandonam o cenário. Alguns deles exclamam: "Mamãe!".

Não é minha intenção incluir a interessante e valiosa interpretação que faz M. Klein desta criação poética de Colette sobre o mundo infantil e sua fantasmática. Apenas apontar que lembra sua hipótese sobre a relação do bebê com o corpo materno e o pênis do pai dentro dela e o sadismo prematuro da criança. Assim mesmo a proposta de que o conflito edípico começa sob a completa dominação do sadismo e a dependência do Ego frente a um Superego cruel.

A ideia de incluir essa obra é mostrar como Colette dramatiza, com grande beleza, o inconsciente e suas leis, as do processo primário onde tudo é possível e onde o espaço e o tempo da realidade desaparecem. A situação de angústia relacionada com a perda da mãe, os ataques pulsionais de várias fontes, é o que se descobre na análise de crianças. Diante deles o temor e a retaliação criam esse clima opressivo, que se dissipa com a aparição da palavra. Não é alheia a isso a tradução castelhana que se fez do livrinho: *A Palavra Mágica*. Quando cura o esquilo ferido murmura "mamãe", como se produzisse uma identificação com o objeto que se sente perdido pelos ataques agressivos.

Esta relação pelo viés do narcisismo permitiria analisar o sonho como um relato, pensando que todos os personagens são o sonhador. Freud diz isso quando caracteriza o sonho como essencialmente egoísta, hipótese que retomará Fairbain. Em sua correspondência com Fliess, quando descreve os sintomas tão móveis e diversos da histeria, faz esta observação: "Pluralidade de pessoas psíquicas – o fato da identificação autoriza um emprego literal desta expressão". É precisamente essa insistência, essa efetividade o que surpreende Freud. As vias seguidas pela formação dos sintomas e pelo sonho subvertem os caminhos do Ego e os fazem problemáticos. Na língua a identificação expressa, em outras coisas, um modo de criação novelesca. Freud o toma ao pé da letra: não há sintoma que não seja motivado por uma novela, quer dizer, um conjunto de relações entre personagens, entre uma pluralidade de pessoas. A identificação neurótica é uma identificação novelesca, um modo de pensar inconsciente que modifica o Ego. O Ego sofre os efeitos do desejo sexual, que os atores, os diferentes personagens do sonho, atuam em uma pantomima dirigida em outra cena. O desejo é o agente, o ator, sujeito ativo que transforma o Ego. O Ego é como a marionete de um drama, cujos autênticos motivos só se podem adivinhar se seguir o jogo das identificações. Freud alcança aqui a dimensão de cada um: se nos comovemos com dramas ou tragédias, como Édipo Rei ou Hamlet, é porque as compulsões inconscientes, reprimidas, que nelas se completam, passam pelo jogo velado dos reconhecimentos, das identificações despertadas e negadas. Sem esta presença da negação não poderiam se realizar os movimentos das identificações entre atores e espectadores.

Ao retomar o tema da puberdade na vida da mulher, como situação normal de crise, ao não se resolver absolutamente, aparece e reaparece nos momentos importantes, quer dizer, em sucessivas crises femininas. A sua fantasmática se repete em sonhos adolescentes, na primeira relação sexual, quando concorda com a maternidade, na menopausa e em todas aquelas fantasias que pareciam esquecidas e que aparecem sintomaticamente.

O fantasma, em sua opacidade consciente, é em sua origem inconsciente que permite chegar até ele. Sua origem é o que descobre seu destino. Freud o compara com os mestiços; se assemelham aos brancos, mas têm um traço chocante que os exclui deles. Dessa mesma natureza são os fantasmas que se reconhece como os estados preliminares na formação dos sintomas e dos sonhos. São rejeitados e não podem chegar a ser conscientes, são seres mistos como o andrógeno e o centauro. O melhor exemplo de relação entre fantasma e mito é o complexo de Édipo. Freud procurou e o encontrou nos fantasmas do sonho, mas, graças a seu retorno ao mito de Sófocles, o reencontrou e lhe deu seu nome. Só o mito convertido, retornado, deu origem à psicanálise em Freud. Quando Freud teve que completar a teoria de Édipo, recorreu a outra mito: o de narciso. Dessa conversão recíproca nos fala a escolha do nome de batismo, com as tradições familiares implicadas. Dar o nome de um antepassado, um santo, um rei, é como consagrá-lo a um mito.

O tempo é o mesmo no mito, no conto e no fantasma. Existe atemporalidade, que não é o mesmo que ausência de tempo. É o "era uma vez". A forma ou conteúdo manifesto, por exemplo nos contos de fadas, apresenta elementos típicos com personagens e temas elaborados à maneira dos sonhos e dos sintomas, quer dizer, multideterminados. É uma tela de projeção para os sonhos diurnos, durante o processo dos fantasmas e angústias próprias do complexo de Édipo.

Haveria elementos comuns entre o mito, o conto e o fantasma: a ação transcorreu em territórios comandados pela realeza (figuras parentais idealizadas) e a protagonista se relaciona com as pessoas do mesmo plano no momento do conflito. Freud estabelece isso na novela familiar, junto às teorias sexuais infantis, nas quais se dedica aos fantasmas. Aparece na morte da mãe: em *Branca de Neve*, na morte da rainha e seu desaparecimento no caso de *A Bela Adormecida*. O pai, em geral, é um pai ausente, sem grande relevância, sem poder de interdição. Uma fantasia da novela familiar assinada pela orfandade e a desproteção e ao mesmo tempo a presença de uma figura idealizada dotada de poderes mágicos (fada madrinha), como parte dissociada da imago materna. Nos contos a família substituta é em geral fantasmática. Trata-se de animais ou de seres estranhos como os anões da história *Branca de Neve*. A imago da mãe fálica representada pela(s) bruxa(s) ou pela ogra no caso de *A Bela Adormecida*, introduz o fantasma da mãe fálica devoradora, de estrutura narcisista. No crescimento e na eclosão do drama, aparece a rivalidade com a mãe. A mulher fálica tem poderes onipotentes: orais, anais, uretrais e fálicos, além de elementos bizarros que lança à donzela que é a púbere, nossa protagonista. Existe uma transação, uma submissão desta a respeito da mãe fálica.

Na trama do conto aparecem as tentativas de acordo que finalmente não acontecem: na difamação, o retraimento ou o torpor. A salvação final pelo objeto exogâmico, o homem, o príncipe, permitirá derrotar a mulher fálica com seus símbolos.

Os contos de fadas surgem como fragmentos de diferentes mitos que se combinam entre si e cuja trama está centrada em Édipo.

Há certas correlações importantes entre os contos de fadas e o mito edípico: as dificuldades dos reis para ter filhos, a idealização colocada na natureza que, junto com os humildes, salva os protagonistas e a grande rivalidade com a mãe, que acompanha o fortalecimento dos desejos incestuosos.

Os grandes escritores de contos da atualidade, assim como os do século XIX – Grimm e Perrault –, não podem incluir a expressão direta dos desejos incestuosos, que então aparecem nos relatos medievais.

Os atributos da menina púbere, a protagonista dos contos, são a beleza, a cordialidade, a graça, a possibilidade de expressar carinho, todos esses valores que coincidem com uma estrutura quase de perfeição, que constituiria o Ego de qualquer menina e de qualquer mulher.

Ao mesmo tempo em que aumenta a beleza da menina, em relação direta aumenta a maldade da mãe ou em todo caso sua não beleza. É como se a imago materna fosse mudando com o nascimento da menina e com sua entrada na adolescência. A relação conflitiva mãe-filha, constituinte da fase pré-edípica, se vê aumentada pela fantasia surgida em função de um pai ausente, "abandonante", que não pode fazer nada diante desta situação dual.

O conto de *A Bela Adormecida* fala de um pai que queima os fusos das rocas, colocando a menina em uma espécie de clausura endogâmica e ao mesmo tempo deixando-a à mercê da mãe fálica. A temida espetada da roca tinha a ver com a defloração, a primeira menstruação e a masturbação, quer dizer, como o florescimento das pulsões sexuais e os elementos que suportam a emergência da puberdade, como momento da reinstalação edípica. Como tal, nunca vai ser, apesar da repetição edípica, vivida da mesma maneira. O Édipo conduzirá diferentes significações inscritas no passado, seu mito pessoal, e no futuro, dado pelo mundo adulto, ou seja, o universo simbólico onde esta menina está incluída.

Esses pais se acham imersos em sua própria crise da idade madura, descrita em detalhe por Elliot Jacques como a crise da primeira metade da vida. É um modo de corte, em que a criatividade sofre modificações e passa a ter características impulsoras e de grande envolvimento com uma atividade mais serena e pensada, que se relaciona com a inclusão da morte como algo mais próximo.

A mãe atravessa uma crise narcísica e, olhando a puberdade de sua filha, recria uma parte de seu passado e o vínculo fantasmático com sua própria mãe. Assim como a filha, terá que romper com a estrutura narcisista da infância. O mito destaca a mãe de Branca de Neve, madrasta que substituirá a mãe pela morte desta na hora do parto; é uma mulher que aparece no conto como medíocre. A puberdade da menina lhe provoca uma crise e a converte em uma bruxa, uma mãe má, competitiva, que começa a consultar o espelho.

No conto original, como no de Cinderela, toda a hostilidade provocada pela puberdade da filha, que dirige a hostilidade para sua própria mãe, aparece com o florescimento da beleza da menina. O conflito incestuoso, o que provoca tal hostilidade dos pais em relação aos filhos, quando se trata da menina púbere, precisa incluir a relação que se está jogando ali.

O conflito com a mãe e como a mãe viveu seu próprio conflito puberal está incluído nos contos, através de seu caráter cíclico, no qual uma é o espelho da outra. O conto diz que nada pode evitar que a menina entre na puberdade e passe por uma série de vicissitudes pelas quais passaram sua mãe e sua avó.

É como propor que para entender a fantasmática da puberdade há que entender a da relação mãe-filha, com sua união mal discriminada e sua posterior separação. Nesse outro momento, na adolescência, poderá escolher um objeto não homossexual e sair da situação do duplo ou da amiga íntima. A puberdade se converte em uma situação perigosa, porque implica uma defasagem entre as possibilidades que biologicamente outorga a primeira menstruação, a escolha de objeto exogâmico e a maternidade.

Há um lapso que dura vários anos, com a angústia que se causa à menina, quando lhe diz "já é mulher". Esse tempo que precisa para desvincular-se dessa imago materna que a aprisiona numa estrutura narcisista, permitindo a passagem do pai, encontra significado no mito ou no conto pelo sono ou torpor. As fantasias de catalepsia, sono que se prolonga por muitos anos, compatível com a vida, temores claustrofóbicos, de sepultamento em vida, talvez relacionados a lutos que não podem ser elaborados.

Ao mesmo tempo, a exogamia nos contos aparece com todo seu peso, no encontro com seres perigosos. Lévi-Strauss afirma que os dragões estariam mostrando o perigo que afronta o homem, para sair da situação endogâmica.

A puberdade é um momento vital em que aparecem mudanças corporais visíveis e ao mesmo tempo mudanças no caráter. É uma saída da latência, vivida como situação de relativa estabilidade e mantida graças à repressão das fantasias sexuais, dos mecanismos obsessivos e das fortes dissociações. Essa relativa estabilidade da latência, que além disso tem seu preço, entra em crise com a interrupção da puberdade, produzindo uma ruptura da dissociação diferenciadora, que antes havia permitido saber o que era bom e o que era mau, o que era feminino e o que era masculino.

Também reaparece a masturbação, com uma forte tendência regressiva para abandonar a própria identidade e tomar um "objeto" por intrusão nele. Assim são produzidas situações de confusão sobre o corpo, como com a primeira penugem pubiana ou o crescimento do seio. A perda do corpo infantil é uma realidade a enfrentar que produz sintomas leves ou graves de despersonalização, hipocondria ou histeria.

A perda dos pais da infância é um verdadeiro momento de ruptura narcísica, mas o elemento de perda importante é em relação à mãe, como

Ego-ideal. O pai muitas vezes é secundário nesse vínculo. Os sintomas desse luto se manifestam por um lado na aparição de fantasias mágicas e megalômanas e, por outro, numa retração narcísica. Isso supõe uma mudança que os pais não entendem: de uma menina latente bem conectada com seu meio, com bom rendimento escolar, com amigos, que não se envergonha de falar em público, transforma-se em uma menina retraída, envergonhada, com medos esporádicos de ladrões, de ficar sozinha, do escuro e de sair na rua sem companhia.

Nesta fantasmática o pai ladrão ameaça uma mãe narcísica, fálica, como criação imaginária independente de como ela detém sua função. Esta imago materna se torna muito complexa porque representa a mãe que satisfaz, dissociada da mãe devoradora que aparece nos contos, sonhos, desenhos e relatos.

Na história de Branca de Neve, por exemplo, a mãe ordena a seu jardineiro que mate a menina e lhe tire o coração e o fígado para comê-lo. Em Édipo, é Laio que ordena que deixem o menino no bosque para pasto de feras. Aparece o homem bom que salva por meio de um subterfúgio. No caso de Branca de Neve mata um cabrito, deslocamento do bebê e da criança e oferece à mãe. Este mitigar do perseguidor dura pouco, porque a mãe descobre a verdade e reinicia a perseguição.

Em torno das mudanças corporais e da primeira menstruação como luto que produz a perda do corpo da infância, surge uma sintomática, com sensações lábeis de despersonalização que em suas formas mais simples reveste a dificuldade na troca de roupa. Podem aparecer também somatizações, dores erráticas, cefaleias ou medos hipocondríacos que coincidem com o mesmo tipo de fantasmas da mãe. É o momento em que ela se aproxima da menopausa, às vezes longe da realidade, por mais que apareça na fantasia. Uma amenorreia é interpretada como uma gravidez tardia.

A puberdade estabelece um ato de infidelidade doloroso e inevitável com a mãe, enquanto a adolescência o estabelece com o pai. Se a menina púbere não pode sair dessa situação, é provável que terá sérias dificuldades em sua identificação feminina, porque, no mesmo tempo que tem que se separar da mãe fálica e incestuosa, tem que se identificar com os aspectos sexuais dessa mãe, atravessada pela castração, para poder realizar sua maternidade com maior ou menor êxito.

A relação passiva com a mãe aparece nos contos nos quais a menina é o objeto passivo dos ataques da mãe fálica, sem que o pai possa salvá-la até que aparece o objeto exogâmico, o príncipe que cumpre essa função.

As fobias e os sintomas hipocondríacos a aproximam da mãe e a distanciam do pai, a incluem em uma fantasia concêntrica, que tem a ver com o lar, o ficar com ela.

Outro fantasma que aparece relacionado com a mãe é aquele pelo qual o crescimento da filha provoca o envelhecimento da mãe. Muitas vezes esse fantasma vem comprovado pela própria mãe. Ela se enfrenta com suas próprias perdas ao ter que abandonar certas fantasias onipotentes. Isso provoca situações de choque que se traduzem num vínculo rebelde e culposo, que posteriormente pode levar a filha a dedicar sua vida à mãe. São as mulheres que cuidam de sua mãe e prescindem de sua vida sexual, de sua maternidade, convertendo-se em mães de suas mães.

Assim, a púbere se encontra prisioneira de um paradoxo: renunciar a essa imagem primordial é perder as razões para viver, mas manter-se agarrada a ela supõe a condenação a não viver.

A possibilidade de analisar os fantasmas da puberdade feminina por meio de um conto se deu no seguinte fragmento da análise de uma menina. O conto de fadas serviu a ela como material privilegiado para expressar os enigmas com que todo ser humano se encontra e cujas respostas lhe são reveladas e veladas ao mesmo tempo. Como um sonho, como um sintoma. Ali está presente a verdade sobre as origens, a vida, a morte, os sentimentos e as relações humanas, os processos biológicos etc.

Caso Lucy

Lucy está em análise há dois anos. Tem 12 anos, acaba de ter a primeira menstruação dois dias antes da sessão e melhorou notavelmente dos sintomas pelos quais seu pai e sua madrasta a trouxeram para a consulta. Sofria transtornos sérios de aprendizagem, má relação social e conflitos com seu corpo (sofre de hipertricose). Ela se considerava, como seus pais e irmãos, o patinho feio da família. Não tinha amigos e brincava sozinha. Em sua história há uma marca traumática que insiste sob diferentes aparições: a morte de sua mãe, 20 minutos depois que ela nasceu. Sua mãe, jovem e bonita, morreu de uma hemorragia inestancável, inexplicável. A filha maior, irmã de Lucy, três anos mais velha nasceu sem problemas. O pai voltou a se casar quando Lucy tinha cinco anos e dois anos depois tiveram um filho, que Lucy diz gostar e proteger muito. "Me faço de mamãe quando mexem com ele", diz.

O conto é uma associação com um sonho que tem uma noite antes de uma prova de matemática. Lucy conta o seguinte: "Estou na aula, num lugar e me põem orelhas de burro. Os garotos riem de mim e eu começo a chorar. Acordo mal". A diferença do exemplo literário é que se recorre à teoria e ao simbolismo para explicá-lo, este sonho corresponde a um processo analítico.

As crianças, especialmente nessa idade, produzem associações verbais. Lucy começa falando do medo que lhe dá a prova de matemática, não gosta da professora e tem medo de confundir-se e fazer as contas erradas. Lembra que no dia anterior seu pai a convidou a comer e ir ao cinema e acredita que Alícia (sua madrasta) não gostou. Ela se sentiu incomodada, mas não disse nada ao pai; este estava especialmente simpático e carinhoso. A associação seguinte é com o conto *Pele de Asno*, que lembra vagamente e foi contado pela avó materna, que a criou durante os primeiros seis meses, quando era pequena.

Diz que a mãe de Pele de Asno morre, sem causa aparente, e que era uma mulher belíssima. Na sessão seguinte aparece com um livro de contos e deseja ler os contos porque tem coisas que ela tem pensado. Traz a história medieval anônima, que é mais complexa e cheia de significados, sem adoçamentos nem eufemismos, entram fantasmas traumáticos, como o incesto consumado na primeira versão de *A Bela Adormecida*, por exemplo.

Começa a ler tranquila, cometendo equívocos quando o rei quer desposar sua filha e consulta o velho druida (diz: "Que palavra tão difícil, não me sai!").

O conto é este: "Um rei, respeitado por seus vizinhos e aliados e amado por seu povo, vivia muito feliz em companhia de sua esposa. Teve uma filha dotada de numerosos encantos, mas não podia ter mais filhos. Em meio à magnificência, o gosto e a abundância, nas cavalariças um asno ocupava o lugar mais destacado. Sua virtude era que, quando acordava, a pata sobre a qual dormia, em lugar de estar suja ficava coberta de escudos e luzes de ouro de todo tipo, que enriqueciam as arcas do rei. Em uma ocasião a rainha adoeceu gravemente, e o rei aflito implorou por sua saúde, embora em vão. A rainha, sentindo seu fim próximo, deixou ao esposo como último desejo que, por uma necessidade imperiosa de ter sucessão, ele voltasse a se casar, o fizesse com uma princesa mais bonita que a própria rainha. A rainha exigiu este juramento porque achava que o rei não encontraria nenhuma mulher que reunisse essas condições, e que, portanto, não se casaria. Finalmente morreu. Em seguida à morte, os conselheiros do reino começaram a exigir-lhe um novo casamento, frente ao qual o rei reafirma seu juramento. Procuraram diferentes princesas para oferecer o trono, mas nenhuma era tão bela como havia sido a rainha e foram descartadas. Um dia, o rei descobriu que a infanta, sua filha, não só era bela como era mais do que sua mãe. O rei ficou fortemente enamorado de sua filha e lhe comunicou que havia resolvido desposá-la, já que só ela poderia desobrigá-lo de seu juramento.

A princesa se jogou aos pés de seu pai e lhe rogou que não a obrigasse a cometer tal crime. O rei foi consultar um velho druida, que pela honra de ser confidente do rei, sacrificou o interesse da inocência e da virtude, suavizando-lhe o crime que ia cometer e persuadindo-o que era uma obra piedosa desposar sua filha. A princesa, aborrecida, recorreu a sua fada madrinha Lilá. Ela mostrou que estava inteirada do que ocorria e sugeriu que pedisse a seu pai um objeto impossível de conseguir. Só depois de tê-lo recebido se casaria com ele. Em primeiro lugar, lhe pediu um vestido da cor do tempo, desejo que o pai satisfez. Então lhe pediu um vestido da cor da Lua e também o pai pode satisfazê-la. A infanta, encantada com este soberbo vestido, recorreu de novo à fada, que lhe disse para pedir um vestido da cor do Sol. O pai satisfez também este pedido. Para fazer estes vestidos, o pai recorreu a um sem fim de pedras preciosas, ouro e prata de suas riquezas. Ao ver que o rei cumpria os desejos de sua filha, a fada, encolerizada, sugeriu à infanta que pedisse a seu pai a pele do asno. A infanta seguiu a sugestão da sua madrinha, e o rei sem vacilar sacrificou o animal e entregou a pele a sua filha. Sentindo-se encurralada, acabou desesperando-se, mas a fada madrinha acudiu em sua ajuda sugerindo-lhe que se envolvesse na pele do asno e fugisse do palácio.

Ninguém a reconheceria coberta dessa maneira... e acrescentou que, quando se sacrifica tudo pela virtude, os deuses sabem recompensar, e que ela cuidaria para que pudesse conservar-se pura. Seu pequeno cofre com suas roupas e joias a seguiria por baixo da terra, e quando a princesa batesse com uma varinha, que ela lhe daria, o cofre apareceria ante seus olhos. Depois de falar isso, a fada lhe entregou a varinha. A jovem se cobriu com a pele suja do asno, se besuntou com fuligem da chaminé e saiu do palácio sem ser reconhecida. Ao perceber o desaparecimento, o rei desesperado enviou centenas de homens em busca da princesa. Mas a fada, que a protegia, a fazia invisível.

A infanta caminhou muito tempo. Ainda que por caridade lhe davam de comer, estava tão suja que ninguém queria recebê-la. No entanto, ao chegar às portas de uma bonita cidade, encontrou um sítio cuja sitiante necessitava de uma mulher para cuidar de perus e porcos. Aceitou de muito boa vontade a tarefa, tão cansada estava de caminhar. Acomodou-se num lugar distante da cozinha e durante os primeiros dias recebeu brincadeiras grosseiras dos criados pela sujeira e desagrado causados pela pele de asno. No entanto, logo se acostumaram com ela, que cumpria cuidadosamente os seus deveres, por isso a sitiante a pôs sob sua proteção. Um dia, sentada junto a uma fonte, enquanto lamentava sua triste condição, olhou-se nela. A espantosa pele de asno que constituía sua vestimenta e seu penteado a assustou. Envergonhada, limpou o rosto e as mãos, que se tornavam brancos como a neve, e a bela pintada retomou a frescura natural. Logo se banhou na fonte e colocou seu vestido cor do tempo. A princesa se olhou e ficou tão satisfeita que decidiu colocar de vez em quando seus vestidos nos dias de festa e aos domingos. Assim o fez, misturava flores e diamantes em seus cabelos e sempre suspirava por não ter testemunhos de sua beleza, exceto os carneiros e os perus que a queriam tanto com sua pele de asno, nome pelo qual a conheciam na granja.

Um dia de festa, no qual Pele de Asno colocara seu vestido cor do Sol, coberto de ouro, o filho do rei, a quem pertencia a granja, desceu para descansar da caça antes de voltar para sua casa. Era um jovem belo, muito querido por seus pais e adorado por seu povo. Depois de comer algo, se pôs a percorrer os currais e os lugares. Assim, entrou em uma passagem escura, ao final da qual havia uma porta fechada. Por curiosidade colocou o olho na fechadura e descobriu a jovem belamente vestida, com ar modesto e nobre e a tomou por uma divindade. Procurou se informar sobre quem ocupava a casa, e lhe responderam que uma jovem suja a quem chamavam Pele de Asno, devido à pele com que se vestia. Ninguém lhe dirigia a palavra nem a olhava, e havia sido admitida por piedade para cuidar de carneiros e perus. Pouco satisfeito com esta resposta, o príncipe pensou que essas pessoas grosseiras não tinham maior conhecimento e que era inútil perguntar. Voltou ao palácio muito enamorado e arrependido de não ter batido na porta daquela casa. O ardor de seus sentimentos lhe produziu naquela noite intensa febre, ficando adormecido. A rainha, que só tinha este filho, se desesperou. Prometeu em vão as melhores recompensas para quem salvasse seu filho, e finalmente os médicos concluíram que uma tristeza intensa causava seu mal. Quando sua mãe soube perguntou ao príncipe qual era a causa de sua tristeza. Se tratava de ceder-lhe a coroa o fariam encantados e se o desejo era uma princesa, sacrificariam tudo para obtê-la. O príncipe respondeu negativamente a estes oferecimentos, não queria a coroa nem desejava casar-se.

Estimulado pelo interesse de sua mãe, pediu que Pele de Asno lhe fizesse uma torta. Surpresa pelo pedido, a rainha perguntou quem era Pele de Asno, e lhe responderam que era uma jovem suja que vivia cuidando de perus e porcos. A rainha ordenou que se respeitasse o desejo do jovem, e a solicitação chegou a Pele de Asno (segundo Perrault, alguns autores asseguravam que quando o príncipe colocou o olho na fechadura, Pele de Asno o advertiu e olhou pela janela, ficando presa de sua beleza). A jovem, entusiasmada com a ideia de ser conhecida pelo príncipe, fechou-se em sua casa, livrou-se da pele, limpou sua roupa e suas mãos, penteou-se, vestiu-se e preparou a torta. Deliberadamente ou não, um anel seu caiu na massa e se misturou com ela (é interessante enfatizar a relação que existe entre este fato e o sapatinho de Cinderela, como maneira de deixar um rastro). Quando a torta ficou pronta, ela entregou ao oficial vestida com sua pele. O príncipe pegou a torta avidamente e enquanto a comia descobriu o anel. Atormentado pelo amor que sentia e sem se atrever a perguntar quem havia feito a torta, sua febre subiu. Os sábios diagnosticaram que estava enamorado. A rainha e o rei lhe pediram que dissesse o nome da pessoa com quem desejava casar-se. Ele pediu que buscassem a jovem que usava o anel, fosse ela uma princesa ou camponesa. Os reis concordaram e chamaram Pele de Asno, que atendeu à chamada vestida com suas melhores roupas e com a pele por cima. Conduziram-na até o príncipe, que assombrado pelo adorno da jovem não se atreveu a crer que fosse ela mesma que havia visto. Quando a jovem introduziu o dedo no anel, deixou cair a pele e apareceu com toda a sua beleza à vista da corte. Os pais do príncipe a abraçaram e lhe perguntaram se desejava casar-se com seu filho. Confusa com tantas carícias e tanto amor, a princesa ia agradecer quando de repente se abriu o teto e apareceu sua fada madrinha, Lilá, que contou sua história. Todos a abraçaram e, apesar da impaciência do príncipe para casar-se, ela insistiu em obter o consentimento de seu pai, a quem foi enviado um convite sem dizer quem se casava. No casamento compareceram reis de todos os países, mas o mais magnífico foi o presente do pai da jovem, que felizmente havia esquecido seu amor desatinado por ela e havia se casado com uma viúva muito bonita com quem tinha um filho. Reconheceram-se mutuamente e se abraçaram, antes que a jovem tivesse tempo de ajoelhar-se diante dele. Os reis o apresentaram a seu filho, e as núpcias aconteceram com grande pompa. As festas duraram quase três meses e o amor entre os jovens durou muito tempo.

A leitura deste conto permitiu analisar o mito familiar de Lucy em várias sessões. As primeiras associações a levaram a mostrar a identificação com essa menina desarrumada de antes, o macaquinho, o patinho feio, o sonho das orelhas de burro por não render na escola como quando começou o tratamento; o conto também permitiu trabalhar sobre seu luto pela mãe morta, que sofria novas vicissitudes ao entrar na adolescência e dizer que ia ser mulher. Para ela, em maior grau do que em qualquer outra púbere, era entrar em uma zona perigosa. Sua própria mãe morrera aos 25 anos no seu parto, no momento crucial da sexualidade feminina. No conto se fala de um casal idealizado, onipotente, como a sua mítica de que lhe falaram. Contaram-lhe que sua mãe e seu pai se gostavam muito, que ela era uma mulher ruiva muito bonita, muito inteligente, mas que ela morrera como a mãe de Pele de Asno. Os pais apaixonados, jovens, mas não podem ter filhos, como no mito edípico. Em Lucy a função maternal foi cumprida por uma avó que chora enquanto cuida dela, e logo por Alícia, que entra nesse matrimônio com esperança e força vital, elemento muito decisivo na vida das crianças. A avó, hipocondríaca e triste, seria o equivalente da mãe de Pele de Asno, hipocondríaca. Ambas as imagens contrastam, a beleza da mãe jovem e sua morte prematura, desconhecida e inexplicável. No conto não se explica porque morre a mãe de Pele de Asno, e na morte da mãe de Lucy tampouco se explica a causa, já que morreu 20 minutos depois de seu nascimento, de uma hemorragia inestancável, diante da qual nada se pôde fazer.

Lucy se pergunta muitas vezes por que e como morreu sua mãe. Na história se aproxima com a exigência da rainha, como um luto inacabável; a beleza da esposa, grande formação reativa da analidade incluída no asno, não lhe permite a substituição. O rei tenta reconstruir um objeto desaparecido através de sua filha. Esta fantasia aparece em Lucy, frente ao temor de suas fantasias incestuosas com o pai... que, segundo ela, "acreditava num pai sedutor e perigoso", associação que havia realizado em relação à saída para ir ao cinema e comer, e que Alícia estava com ciúmes. Isso aparece projetado no conto no Superego perverso do velho druida, que a empurra, sem culpa, a cumprir os desígnios incestuosos. Frente a este fantasma recorre à fada, aspecto dissociado da mãe, que lhe dá recursos para que o incesto não se consuma. Na transferência e por meio de suas queixas, pede ajuda nessa situação tão difícil. Não quer brigar com Alícia, teme as consequências de sua agressão. Encarar uma situação de rivalidade clara a assusta muito, sem dúvida pede que a ajude a transitar pelo campo da feminilidade. Quer vestidos de mulher, saias, como sua irmã. No conto são os vestidos que a fada lhe dá: o da cor do tempo reflete os ciclos vitais, o que deve deixar para trás e o que a espera. O da cor do Sol e da Lua, com intenção de reconstruir as figuras do pai e da mãe como símbolos medievais e também com valor de fetiches que lhe permitem reconstruir a mãe morta. A gratificação narcisista que a jovem obtinha, de transformar-se em objeto de desejo do pai, se observa quando esta se mostra encantada pelo vestido recebido, que a investe como equivalente de sua própria mãe, ou seja, triunfar sobre a mãe edípica com a cumplicidade inconsciente ao pedir-lhe esses vestidos e que o pai os dê.

O asno sacrificado propõe várias perguntas. É a mãe com todo seu valor? É ela, apoderando-se destes valores que tem a mãe? Sua fuga com a pele de asno mostra que decidiu assumir a elaboração dos ataques a esta mãe magra, malcheirosa, desagradável, rejeitadora. O uso da varinha, como o falo mágico, a faz capaz de recuperações e anulações. Foge também para sair do círculo incestuoso e em busca de novos objetos. Em Lucy está a identificação com sua irmã que tem um noivo. Que relação Lucy estabelece entre sua pele, com seus pelos incômodos, virilizantes e sua fantasmática menstrual? No momento da saída exogâmica da princesa aparece uma perturbação maciça da identidade. Lucy também se sente como outrora, feia e desprezível. É para perguntar-se: Aparece aí a despersonalização por aquelas figuras e imagens de macaquinho, de patinho feio? Mudanças e recuperação de seu antigo aspecto de feia? A idealização das matérias fecais é básica como elemento de equivalências. Vive quase em uma pocilga, mas alimenta bem as bestas e é recompensada. Desaparece sua transformação quando recorre às pedras preciosas. No cofrinho com todos os atributos femininos está muito bem simbolizada a bissexualidade do momento: a fada lhe dá o cofrinho, elementos femininos, armas femininas, mas além disso lhe dá uma varinha mágica – digamos um falinho mágico – para que em determinado momento possa sair da situação: a dissociação da imago materna no luto pela mãe, que ela associou espontaneamente. Essa mãe que morria tão cedo no conto podia ser sua própria mãe, que além disso morrera inexplicavelmente. O momento perigoso, que coincidia precisamente com o seu, em relação ao pai e à situação edípica, que no conto está tão bem expresso como perigo da consumação do incesto.

Também aparece estabelecida a menstruação, com todos os conteúdos anais que implica essa pele suja e malcheirosa. A menstruação tem por parte um significado de algo regressivo, confuso, e, por outra, um elemento progressivo que manifesta a perda do corpo de menina, dos pais infantis, e a consagra como mulher. É o momento de consagração como mulher e do fantasiar em filhos, não ainda essa substituição do filho-pênis mas de filhos reais. Por isso as fantasias incestuosas adquirem tamanha periculosidade. Aparece também a necessidade de discriminar-se da pele da mãe e descobrir sua identidade. Ela se observa na fonte, assusta-se e decide lavar-se e vestir-se. É uma tentativa de sair da simbiose materna, diferente de Narciso, que fica na armadilha, e se enamora de si mesmo. Ela se rejeita, rompendo com a estrutura narcisista, diferenciando-se desta imagem. Lucy quer ser diferente, descobrir o patinho bonito, converter-se em uma menina macaca, não é um macaquinho feio e peludo. O banho na fonte parece uma recuperação através da função materna vivificante. Na falta de um pai, que a separe de um vínculo pré-edípico, aparece o príncipe.

O pedido da torta permite à princesa encontrar um modelo oral de separação na figura do príncipe, em que encontra um objeto mais durável que a mãe e o pai, mas nesse momento oral também se inclui o anelzinho como equivalente de seus genitais femininos. Faz-se referência nesse ponto que é interessante reparar na similaridade com o sapato de Cinderela. O assimilar o anel também revela sua identidade diferente da identidade da mãe morta. Fixa sua posição social, a situa em seus ascendentes, a separa da mãe e da relação incestuosa com o pai. Substitui pais por príncipe, que lhe permite recuperar aspectos da identidade feminina primária, que ao pedir a permissão do pai inclui a lei. Na Idade Média não cumprir tal requisito era equivalente ao assassinato do pai, ninguém podia casar sem a permissão do pai. Por sua parte, o pai aparece como tendo elaborado as fantasias incestuosas e o luto por sua mulher, casando-se com uma viúva, por sua vez sujeita de uma perda. Tanto o pai como a mãe de Lucy tinham consciência de como eram importantes como objeto de identificação secundária, de ciúmes, de inveja, mas ao mesmo tempo de admiração e carinho, como no final de nosso conto. Apesar da difícil situação de recém-nascida e de seus primeiros anos, algo desta menina lhe permitiu crescer sem graves perturbações, com uma promessa de futuro diferente.

Ainda que este capítulo acaba como um conto; deve-se insistir que os sonhos das crianças, como os dos adultos em análise, seguem sendo motivo de surpresa, revelação e poesia. Às vezes os pacientes sonham porque o terapeuta gosta de trabalhar com eles analiticamente.

Capítulo 8

Quando não se instala a latência: crianças hiperexcitadas sexualmente

8.1. A latência

A necessidade contínua de revisão e adaptação a novos contextos dos princípios psicanalíticos formulados por Freud há mais de cem anos é, sem dúvida, um imperativo do nosso trabalho como psicanalistas e disseminadores da psicanálise.

É nessa direção que nos propomos a questionar e debater a validade do período de latência.

De uma série de vinhetas da clínica atual em que a latência não está instalada, vemos uma série de sintomas em crianças que giram em torno de hiperexcitação sexual.

Freud (1905) descreve o período de latência como o momento em que que "os poderes psíquicos que mais tarde serão apresentados como inibições no caminho do impulso sexual e estreita seu curso para o modo de represas (desgosto, sentimentos de vergonha, reclamações ideais na estética e moral)". Freud acrescenta que essas represas são importantes para o crescimento do indivíduo civilizado emergir à custa de seus impulsos sexuais infantis, cuja energia é dissociada de seu uso sexual para outros fins através do processo de sublimação.

De *Três Ensaios da Teoria de Sexualidade* em diante, para Freud o período latência seria o esperável após a dissolução do complexo de Édipo.

Seguindo a perspectiva freudiana, deveriam se dar uma série de fatores para que a perversão polimorfa das unidades parciais ficasse atrapalhada abaixo dos efeitos de uma repressão tóxica, entendendo a repressão como um mecanismo relacionado à capacidade de conter o impulso para a realização imediata do desejo.

Entre os remanescentes de períodos anteriores em que está instalada a repressão pode-se destacar as características de um tipo de dissociação descrito por R. Zak de Goldstein (1971): "Uma estrutura é mundo espiritual, amavelmente, alimentador, sob a primazia oral e controle com mecanismos obsessivos severos, onde não existe ou são evitados a analidade, a sexualidade e os impulsos agressivos que permanecem atribuídos para o outro mundo, povoado por objetos de sexualidade e agressividade em todos os níveis, mundo carnal, material, sexual, excitante, desejado e temido e denegrido como um todo". Pode ser acordado com G. Rosenthal (1975): "Isso gera a angústia latente do latente: o medo de que eles misturem e contaminam os dois mundos".

Mas o que encontramos na atual clínica de crianças aparentemente latente é que essa dissociação não ocorre mais porque a repressão necessária também não foi instalada; as crianças não entram na latência, porque as fases anteriores de evolução da libido não deviam estar batendo, você se manifesta em sua vida diária.

No segundo dos três ensaios, "Sexualidade infantil", Freud (1905) nos adverte: "É evidente que a sedução não é necessária para despertar a vida sexual da criança, e que esse despertar pode ocorrer também espontaneamente de causas internas". Nos alerta também para os perigos da sedução, já que aparece como óbvio que isso desperta a vida sexual das crianças. Agora podemos dizer: não só acorda ela, é que não a deixa dormir!

8.2. O que ocorre atualmente?

Vamos pegar a questão de deixar dormir. Na clínica atual com crianças descobrimos que a hora de dormir é um jogo de troca permanente de lugares que não faz nada além de confirmar nossa hipótese. Como dormir, apaziguar ou suprimir unidades edipianas que acordam se a criança pode dormir com um ou outro pai sem qualquer lei que regula esses lugares? O co-sono é uma prática estendida, para não mencionar os benefícios secundários de muitas fobias da infância: dormir com a mãe deixando o pai no sofá ou na cama da própria criança.

Quando nos deparamos com esses casos, a resposta é geralmente bastante generalizada: "Pobre menino", "está tendo um tempo muito ruim", e um longo etcetera que explica a incapacidade dos pais para colocar um limite aos seus próprios impulsos parciais e os dos seus filhos. Neste sentido, sim, Freud (1905) permanece válido quando nos Três Ensaios ele nos adverte: "Agora bem: se a mãe conhecesse melhor a grande importância que tem as pulsões para toda a vida anímica, para todos as conquistas éticas e psíquicas, se pouparia as autocríticas ainda depois desse esclarecimento. Quando ele ensina a criança a amar, ele não faz nada além de cumprir seu propósito; é que ele deve se tornar um homem de integridade, talentoso, de uma necessidade sexual enérgica, e consumado em sua vida tudo aquilo para cuja direção a unidade empurra os seres humanos. Sem dúvida, um excesso de ternura por parte dos pais será prejudicial, uma vez que irá acelerar sua maturação sexual; e também 'estragar' a criança, vai torná-la incapaz para renunciar temporariamente ao amor mais tarde na vida, ou estar contente com um grau inferior. Um dos melhores pré-anúncios da neurose subsequente é que a criança é insaciável em sua demanda de ternura para os pais; e, por outro lado, são quase sempre pais neuropatas aqueles que estão inclinados a oferecer uma ternura excessiva e contribuir a um grau notável com seus mimos para despertar a disposição da criança para contrair uma neurose. Para o resto, este exemplo faz parecer que os pais neuróticos têm mais caminhos diretos do que de herança para transferir sua perturbação para seus filhos".

E este famoso parágrafo também nos ajuda a exemplificar o que acontece com espaços de intimidade e a visão da nudez corporal nos tempos da infância. Ainda é frequente a surpresa dos pais quando os terapeutas se esforçam para fazê-los entender que a visão dos genitais dos adultos pode ser uma situação traumática para a criança. Os pais consultores começam a suspeitar de certa prudência na atitude do terapeuta, quando eles não implantam suas próprias formações reativas para responder por um sintoma deles que volta a revelar a falta de limites no espaço familiar contemporâneo. A frase "é que você não viveu o Franquismo, ou a rigidez das freiras que nos fizeram ir", em suas mais diversas versões, quer justificar esse exibicionismo que não faz mais do que manter latentes os impulsos parciais de sexualidade infantil; seguindo Freud (1905): "Advir a repressão destas inclinações, a curiosidade de ver genitais de outras pessoas (do mesmo sexo ou do outro) permanece como uma pressão martirizante, que em muitos casos de neuroses contribuem para a mais potente força impulsora da formação do sintoma".

Na época em que Freud nos apontou os excessos do exterior como fatores que não permitem uma instalação correta da repressão sexual, não podia imaginar que, cem anos depois, um dos programas de TV mais assistido no mundo seja *Gran Hermano*, uma grande vitrine da sexualidade adolescente moldada pelos nossos tempos que passam tão rápido, pela sociedade do imediatismo, que promove uma sexualidade marcada pelo desafeto. As relações deixam de ser afetivas para serem efetivas e são contados mais como troféus do que como conquistas ou habilidades pessoais. *Gran Hermano* é o paradigma, mas não fica atrás da série espanhola tão vista na atualidade como *Física o Química*, na qual há a representação de uma escola secundária que promove diversidade em encontros sexuais como um valor, sem nunca tocar na possibilidade da emergência de afetos.

Como a dificuldade em estabelecer limites é uma das características da paternidade contemporânea, a televisão torna-se convidado de exceção na família, é dado um lugar especial na vida familiar e as crianças são autorizadas com demasiada frequência para ver esses programas.

> Uma criança enurética de 11 anos estava muito preocupada com a chegada iminente da escola colônia e comentou: "Eu não vou poder jogar a noite da dragagem", comentando abaixo que as crianças já aguardavam ansiosamente a famosa noite de "tudo pode acontecer debaixo de um edredom".

Esta grande ideia fornecida pela televisão encoraja as crianças ao que chamamos de fantasia da cena principal que deixa de ser uma fantasia para se tornar uma realidade possível, na qual também a criança não é o terceiro excluído, mas um participante ativo e animado.

Caso Jaume

Pouco antes de começar as férias de verão, os pais de Jaume consultam com urgência: seu filho mais novo, Jaume, de cinco anos, mantinha uma briga com seu irmão dois anos mais velho que ele; isso foi para tocar seu pênis e Jaume respondeu: "Lá você não pode me tocar, meu pau é de Ricardito". A mãe testemunhou a cena e alertou o menino pelo que ela tinha acabado de ouvir e tentou obter mais informações de Jaume: "Eu prometi a Ricardito não dizer nada para ninguém, meu apito é seu e o seu é meu, ele me disse que se ele contasse a alguém me forçaria a casar com ele... Nós chupamos os apitos na hora do recreio há muito tempo". Diante de tal informação, a mãe disse ao pai e ambos vieram com medo de uma entrevista com o diretor do centro que, para tranquilizá-los, disse-lhes que eram apenas "jogos infantis" e que eles não deveriam ficar alarmados.

Uma das múltiplas funções de um terapeuta infantil hoje em dia é a de ser capaz de trocar informações com as diferentes pessoas que cercam o mundo infantil: a frase "reconfortante" levou o terapeuta a entrar em contato com ela. Sua resposta foi franca: "As crianças jogam essas coisas e os psicanalistas tendem a exagerar tudo". Os pais de Jaume sentiram que o diretor não estava certo: crianças (dormentes?) não brincam no recreio para ter felação no banheiro; nem a ameaça de Ricardito é normal, parece fazer parte da "nova desordem familiar" (E. Roudinesco), e sua maior preocupação era que as práticas realizadas com Ricardito (dois anos mais velho que ele) iriam levá-lo diretamente para a homossexualidade.

Esses pais não estavam enganados em relação ao caráter incomum do jogo de seu filho com seu amiguinho: a mãe queria denunciar a escola por não assistir ao que aconteceu nos banheiros no momento do recreio; a intervenção do terapeuta com o diretor serviu para que, apesar de suas queixas, ela investigasse sobre a vida da outra criança, e foi rapidamente descoberto que Ricardito estava sofrendo de abuso sexual por parte do avô que cuidava dele.

O pai de Jaume poderia trabalhar, nas entrevistas com o terapeuta, o medo que se instalou nele: seu filho seria homossexual por ter sofrido esses abusos neste momento de sua vida. Enquanto a mãe insistiu em reclamar contra a escola, como uma forma de deslocamento para não pensar em seus próprios fracassos dentro da dinâmica familiar.

Nestas entrevistas que foram discutidas com os pais (não foi considerado relevante ver ao Jaume de entrada) nós poderíamos trabalhar tudo isso e verificar que o irmão de Jaume era um enurético primário que apoiava toda a família em torno de seu sintoma, removendo e limpando as folhas ao amanhecer e mudando a todos da cama e de lugares dentro da família. O lugar do pai foi totalmente nulo, e tudo o que tinha a ver com uma proibição ou limite estava fora da dinâmica familiar.

O episódio de Jaume na escola funcionou como um gatilho que permitiu consultar e tentar começar a construir algumas dessas barragens de onde Freud já foi mencionado em 1905. Para haver latência, algo tem que ser deixado latente. Se nada for reprimido, a sexualidade polimórfica mais típica dos primeiros anos de vida é instalada como funcionamento permanente na psique da criança, neste caso, a enurese do irmão mais velho pode ser entendida como uma tentativa, reprovada, de reprimir suas fantasias sexuais edípicas. Nem Jaume nem o seu irmão podem ser considerados "filho latente".

Este caso, como muitos outros, abre toda uma linha de debate em torno dos esperados processos de latência típicos. Essas crianças podem estudar, isto é, colocar uma certa quantidade de energia mental em serviço de sublimação e simbolização. A questão seria: isso é realmente assim? Casos como esse em que há impossibilidade de fazer uma latência, não explicam os problemas que sob o título de patologias estão presentes nas crianças de hoje? A hipótese é que mais de um conflito bastante típico na infância pode ser um produto desse excesso de sexualização que impede a implementação da repressão necessária para que a latência seja instalada.

8.3. Consequências

Assim, vemos distúrbios de aprendizagem que vão desde a falta de atenção e concentração e hiperexcitação motora – tão na moda para serem categorizados por laboratórios como transtorno de atenção (com ou sem hiperatividade) – até outro tipo de dificuldade de aprendizagem que possivelmente fazem com que a função da escola como organizadora social e canalizadora das pulsões parciais reprimidas fracasse. Em alguns casos, há um fracasso escolar porque há uma falha de latência: hiperexcitação sexual não reprimida.

Nós falamos sobre fazer uma latência porque nós a consideramos um trabalho que o ego da criança deve enfrentar e que muitas vezes deve ajudar a ser capaz de fazer isso. Nesse sentido, concordamos com os autores que propõem a latência não como um período ou estágio, mas como um trabalho que leva a um grande esforço e deve ser bem feito na adolescência (ou teria que se pensar, senão, em toda a vida). De acordo com R. Urribarri (2000): "A nova organização que se desenvolve é derivada do esforço psíquico que o ego deve enfrentar para silenciar a expressão sexual direta, e conseguir que, o que no início é basicamente executado pelos processos defensivos (repressão, formação reativa), progressivamente possibilite afirmar a inibição de meta e a descarga pulsional mediante a sublimação".

Quando este trabalho não pode ser feito, encontramos uma organização da personalidade, baseada na defensiva e suas falhas notórias: dificuldade em tolerar atrasos e frustrações, assim como confronto com limites (no próprio sujeito ou no mundo externo); e muito pouco desenvolvimento de processos de pensamento secundário, da linguagem e capacidade sublimatória limitada, com tudo o que isso implica.

De acordo com a literatura clássica sobre o período de latência, a única maneira de passar por isso (colocamos ênfase em passar e não em entrar) é adoecendo; construir uma boa neurose obsessiva permitiria passar pelas exigências típicas da idade, e alcançar essa passagem é mais ou menos satisfatório; bem, controles obsessivos permitem que as crianças desenvolvam certos mecanismos adaptativos, como o estabelecimento de uma capacidade motora cada vez mais refinada, o que permite, entre outras coisas, aprender a escrever.

Podemos apreciar a implementação desses mecanismos obsessivos nessas idades, porque é neste momento que surgem os jogos nos quais segredos e esconderijos existem como equivalentes de um refúgio no latente, isto é, o que está escondido pelo próprio corpo ao olhar do outro, como acontece com a área anal. Recolher, em todos os seus significados, é também uma manifestação equivalente, o que implica manter certos tesouros seguros e controlados.

Se trata de passar pelos momentos da infância que exigem um esforço de socialização, pois é nesses momentos que a criança vai ter três tipos de relacionamentos com os quais ela terá que estabelecer *links* muito diversos. O primeiro *link* vem dos estágios anteriores e é prolongado, o da relação com pais e substitutos. O segundo está com a escola e o que ela representa como um organizador de padrões e introdução à cultura. O terceiro é com o grupo de pares: agora, ao entrar na escola, a criança descobre que tem que lidar com seus pares; para alguns autores, a relação com os pares é a melhor defesa contra conflitos, pelos impulsos incestuosos e por suas derivações no desafio às normas institucionais da escola, mas e se no grupo de pares que encontrarem crianças ainda mais sexualmente excitadas do que elas, como no caso que temos visto? Ou em outros casos que nos são apresentados na clínica:

> Uma menina de 10 anos é levada para a clínica porque ela foi pega no banheiro da escola fazendo felação para seus colegas de classe, atos para os quais ela cobrava de um a cinco euros, dependendo do caso. Quando esta menina foi questionada sobre seu comportamento, ela disse que fez isso porque tinha visto no computador do pai: "Meu pai tem em seu computador um monte de senhoras que fazem isso e deve gostar muito porque ele as vê com muita frequência…". Quando perguntado por que, ela disse: "Isso não foi ideia minha, Fulano me disse porque ele diz que os caras pagam por essas coisas e assim nós compramos lanches para o recreio".

Um pai que deixa pornografia em seu computador ao alcance de sua filha, muitos pais que assistem produtos de TV de qualidade duvidosa e de intensa capacidade excitatória com seus filhos, pais que exibem nus com argumentos politicamente corretos, espaços de privacidade quebrada, portas que podem ser abertas a qualquer momento.

Podemos afirmar que o que está em jogo, o que é negado e até mesmo se desmente é a diferença geracional. A diferença geracional é algo que tem que ser dado para que as condições possam ser dadas como necessárias para um possível afundamento do complexo de Édipo: a proibição do incesto e do complexo de castração.

"A percepção da criança de sua impotência infantil por satisfazer o adulto implica reconhecer um novo espaço intermediário que o separa da relação confusional narcisista – carne e troca de fluidos corporais – que tem com o objeto primário" (Sapisochin, 2009). A ideia da importância da diferença geracional já foi proposta por Jones em 1913 ("A fantasia da reviravolta de gerações", E. Jones).

A negação, propiciada pelos próprios pais desta diferente geração não apenas não permite a dissolução edípica, mas, ao produzir distúrbios na estruturação triangular da mente, afeta diretamente à gênese dos processos de pensamento: processos altamente necessários para possibilidades sublimatórias e, portanto, para a suposta entrada em latência.

O que vemos na clínica atual são crianças que têm que cuidar de seus pais pois eles não se apresentam diante de seus filhos como adultos que desejam sua condição de adultos, capazes de colocar um freio a pulsões parciais que os afastariam de uma posição mais narcisista com seus próprios filhos. Esta poderia ser uma explicação das fobias na infância.

Para Winnicott: "Ali onde esteja presente o desafio de um jovem em crescimento deve haver um adulto disposto a enfrentá-lo. O qual não resultará necessariamente agradável. Na fantasia inconsciente, estas são questões de vida ou morte".

Na mitologia grega, Lete, a filha de Eris – personificada em geral como deusa da discórdia – deu seu nome ao manancial do Olvido, que mais tarde se converteu na lagoa Lete, o rio Leteo, as mesmas águas onde os mortos bebiam para esquecer sua vida terrestre e não ter lembranças dela. As almas que retornavam à vida, com um novo corpo, voltavam a beber do rio Leteo para esquecer o que haviam visto no mundo das sombras. O nome de Lete provem do verbo *lanthano*, "esquecer", "esconder", e daí suas derivações até chegar a *latente*, o escondido. De acordo com os novos tempos, tudo parece indicar que as águas do rio Leteo são muito escassas ou se acabaram. Há estiagem de esquecimento.

A psicanálise atual enfrenta o desafio de criar novas represas para recuperar os pântanos do esquecimento e da repressão e não deixar que a infância seja um permanente batimento de pulsões parciais que buscam a qualquer preço suas correntezas de saída.

Capítulo 9

O TDAH: *transtorno ou sintoma*?

9.1. Introdução

O Transtorno por Déficit de Atenção com Hiperatividade (TDAH) está sendo muitíssimo diagnosticado nos últimos tempos. Se fizéssemos caso das estatísticas, nos encontraríamos diante de uma autêntica epidemia.

Mas, na nossa opinião, há que diferenciar se trata-se de um transtorno ou de um sintoma, ou seja, a expressão de um conflito inconsciente, o retorno do reprimido.

Existem as crianças muito exaltadas, e é verdade que existem mais crianças exaltadas do que antes. Mas o primeiro que se faz é diagnosticá-las de uma maneira equivocada, com um "déficit" para o resto da vida, logo se lhe medica e se tenta modificar sua conduta, sem plantear-se interrogantes nem causas, como se somente a medicação resolvesse. É como tomar um analgésico anos e anos porque se padecesse de cefaleias, sem investigar sua origem.

Assim se marca, se estigmatiza, reduzindo a complexidade da vida psíquica infantil a um paradigma simplificador. Em lugar de um psiquismo em estruturação, em contínua construção, no qual o conflito é fundante e no qual todo efeito é complexo, se supor exclusivamente um "déficit" neurológico.

E depois se lhes etiqueta, outorgando-lhes uma identidade: É um TDAH.

Parece que nesta época líquida, segundo Z. Bauman, em que há uma crise de identidade, ter uma identidade acalma. Os pais falariam: "Meu filho é um TDAH", e não "*tem* TDAH".

9.2. Os sintomas

Os sintomas centrais do TDAH são, segundo quem defende sua existência, a falta de atenção, a incapacidade para finalizar tarefas e o nervosismo.

Existe um teste (Questionário de Conduta de CONNERS para Pais) que consiste numa série de itens que os pais devem avaliar sobre o comportamento de seu filho. Os pais avaliam cada item marcando cada "nada", "pouco" ou "muito", e com as respostas se calcula um índice de hiperatividade. Estes são os itens: 1. É impulsivo, irritável; 2. É chorão; 3. É mais exaltado que o normal; 4. Não consegue ficar tranquilo; 5. É destruidor (roupas, brinquedos, outros objetos); 6. Não conclui as coisas que começa; 7. Se distrai facilmente, tem escassa atenção; 8. Muda bruscamente seus estados de ânimo; 9. Seus esforços são frustrados facilmente; 10. Acostuma aborrecer frequentemente a outras crianças.

Responder "Bastante" ou "Muito" a várias destas perguntas (que a criança seja exaltada, que a criança seja dispersa, que a criança lhe custe prestar atenção etc.) não é um critério para diagnosticar este suposto transtorno... Praticamente é a definição da infância! Sobretudo no caso das crianças menores. É que há condutas que são próprias da infância, como que uma criança não conclua o que começa ou que se distraia facilmente.

Também existe um questionário muito semelhante para mestres. Mas nem os pais nem os mestres podem realizar este tipo de diagnóstico. Não estão formados para fazê-lo, nem podem fazê-lo porque não são observadores não implicados: todo observador está comprometido no que observa, forma parte da observação, e os pais e os mestres estão absolutamente implicados na problemática da criança, pelo que não podem ser nunca "objetivos" (já no início do século XX o físico Heisenberg planteou que o observador forma parte do sistema). Da mesma forma, o questionário utilizado habitualmente está carregado de termos vagos e imprecisos (por exemplo, o que é "inquieto" para alguém pode não ser para outro). Este último leva a pensar que é impossível realizar um diagnóstico de um modo rápido sem levar em conta a produção da criança nas entrevistas.

De verdade nos surpreende que as crianças de três ou quatro anos sejam agitadas ou que não queiram concluir muitas tarefas? Como deveriam ser? É bom que uma criança dessa idade seja inquieta, que fique distraída nas suas coisas, que proteste se não quer fazer algo, que corra do nada... É uma criança que está aprendendo a controlar-se, que está experimentando, que está buscando seus limites. Desde quando uma criança que não presta atenção tem uma doença neurológica?

Como estávamos falando, consideramos que o TDAH não existe como um transtorno.

9.3. A medicação

Agora é sabido que o psiquiatra Leon Eisenberg, que descobriu o TDAH, confessou sete meses antes de falecer, em 2009, que é uma "doença fictícia".

A grande maioria das crianças pequenas que, por definição, são exaltadas, lhes custam concluir uma tarefa porque se distraem, querem fazer a sua vontade. Mas se diz que não, que estas crianças sofrem um transtorno neurológico, no qual se expressaram fatores de origem genética. Isto é, se diz que a causa fundamental do transtorno está na biologia (deixando de considerar que podem existir fatores ambientais), em alterações do cérebro, e, claro, são vendidos comprimidos para combatê-lo.

O problema é que estes comprimidos funcionam e, por serem efetivos, engancham. Eles contêm como princípio ativo metilfenidato ou atomoxetina. Ambos são tipos de anfetaminas, pois, mesmo que sejam psicoestimulantes, têm o efeito paradoxo de acalmar as crianças. Como vemos na consulta, devido a medicações que tomam as crianças diagnosticadas com TDAH, muitas vezes elas estão meio adormecidas e lhes custam demonstrar interesse pelas coisas.

Além de que, como temos apontado, não é certo que a causa de que existam crianças especialmente exaltadas ou dispersas está em alterações cerebrais. Há que ser consciente de que os medicamentos que se receitam para o TDAH podem ter sérios efeitos secundários. Por exemplo, segundo a Agência Espanhola de Medicamentos e Produtos Sanitários, o uso dos medicamentos cujo princípio ativo é o metilfenidato "pode ser associado com alterações cardiovasculares e psiquiátricas".

A respeito das anfetaminas em geral, é conhecida sua potencialidade aditiva, e estas têm sido proibidas em alguns países, como no Canadá.

Em relação com o metilfenidato, em diferentes trabalhos se planteia que:
- Não se pode administrar em crianças menores de seis anos;
- Não é aconselhável no caso das crianças com tiques (síndrome de Gilles de la Tourette);
- É arriscado no caso das crianças psicóticas, pois incrementa a sintomatologia;
- Deriva com o tempo em retardo do crescimento;
- Pode provocar insônia e anorexia;
- Pode baixar o umbral convulsivo em pacientes com história de convulsões com o EEG anormal sem ataques.

Sobre a atomoxetina, é sabido que ela pode produzir mudanças clinicamente importantes na pressão arterial e na frequência cardíaca; também pode provocar perda de peso – o qual pode derivar em retardo do crescimento –, síndromes gripais, vômitos e diminuição do apetite.

Ademais, cabe perguntar-se: a medicação administrada para produzir efeitos de modo imediato (efeitos que se dão de forma mágica, sem elaboração por parte do sujeito), colocada como necessária durante longo tempo, não desencadeia adição psíquica ao considerar um comprimido como modificador de atitudes vitais, como geradora de um "bom desempenho"?

As farmacêuticas levam a cabo uma série de inteligentes estratégias para vender seus produtos. Uma delas é a *disease mongering* ("promoção de doenças"), que consiste em criar o caldo de cultivo adequado para seus objetivos. Existem grupos das empresas farmacêuticas que vão nas escolas para falar de supostas doenças como o TDAH; somente são publicados estudos clínicos que avaliam seus interesses – e, às vezes, os dados são falsificados –; eminentes médicos defendem os benefícios dos medicamentos etc. Tudo com o objetivo de vender medicamentos que, muitas vezes, são minimamente necessários.

9.4. Conclusões

Claro que há crianças que são mais exaltadas, dispersas e impulsivas – os três grandes sintomas do suposto TDAH – do que outras. Crianças que, para sua idade, teriam que estar um pouco mais tranquilas e deveriam se concentrar melhor. Insistimos: é normal que uma criança de três ou quatro anos seja agitada, dispersa e impulsiva. E é certo que as crianças de mais de cinco ou seis anos já não teriam que ser tão impulsivas, nem atuar tão à vontade e deveriam se concentrar nas tarefas que realizam. Mas seu problema não tem uma origem cerebral: são agitadas, dispersas e impulsivas porque vivemos numa sociedade agitada, dispersa e impulsiva; uma sociedade acelerada onde as crianças levam um ritmo de vida acelerado e estão hiperestimuladas (televisão, internet, videojogos) e na qual muitos pais não colocam limites adequados para seus filhos. Estes são fatores que explicam que cada vez existem mais crianças muito exaltadas.

A sociedade nos obriga a ser hiperativos. Estamos imersos num universo de ações e imagens para evitar o silêncio, para evitar a reflexão. E as crianças não podem se aborrecer, há que lhes oferecer múltiplas atividades extraescolares para que os pais também possam fazer suas atividades.

Pais transbordados e deprimidos, professores desbordados pelas exigências dos pais, que se aliam com seus filhos e questionam sua autoridade. Vivemos numa sociedade onde a palavra tem perdido valor e com normas que costumam ser confusas.

Tampouco se há tomado em conta a grande contradição que se gera entre os estímulos de tempos breves e rápidos aos que as crianças se vão habituando desde cedo com a televisão e o computador, nos quais as mensagens costumam durar poucos segundos e onde predomina o visual, em contraste com os tempos mais longos do processo de ensino escolar, centrada na leitura e na escrita, ao que a criança não está nada habituada.

Para nós (e para muitos profissionais da saúde mental) não existe o TDAH como transtorno. Portanto, não recomendamos, obviamente, que as crianças sejam medicadas sem trabalhar as causas possíveis.

As crianças exaltadas podem ser desse jeito por diferentes motivos. O principal, como já temos dito, é a falta de limite. Mas pode haver outros motivos, como que estejam sofrendo *bullying* escolar, e por isso estão muito nervosas; ou que a mãe (ou a pessoa que realize a função materna) esteja deprimida e a criança precise se movimentar para colocá-la em movimento.

Um caso típico: uma criança vive angustiada porque seus pais estão por se separar. Está nervosa, com medo do que possa acontecer e lhe custa concentrar-se, está mais irritável, fica brava com outras crianças. E é fácil que seja diagnosticada com TDAH. Outro caso típico é o da criança muito exaltada que está buscando chamar a atenção porque sente que seus pais não lhe dedicam tempo suficiente, ou da criança que tem pânico de separar-se de seus pais e por isso está nervosa constantemente. Uma criança muito exaltada, dispersa e impulsiva é como um adulto com dor de cabeça com muita frequência.

Os problemas diversos que afetam a família nos momentos vitais não são conteúdos neste mundo em ação, e "movimentam" aos mais sensíveis: as crianças. Como a palavra não realiza a contenção, se recorre ao comprimido para que seja contida e para que tape o que em realidade está acontecendo naquela família. Se obtura o sintoma, mas o conflito permanece.

A mensagem que se está transmitindo é conseguir uma substância externa para produzir um efeito psíquico determinado. Não nos estranhemos de que anos mais tarde essas mesmas crianças, já adolescentes, falem que vão tomar uma série de drogas ou álcool para "curtir a noite".

Uma das queixas dos pais cujos filhos estão diagnosticados como TDAH é que estes não lhes prestam atenção. Mas conseguir a atenção das crianças tem a ver, muitas vezes, com a vontade dos pais em consegui-la. Se os pais, porque não conseguem já que estão fazendo mil coisas, ou porque não querem, não lhe prestam a seu filho a atenção necessária, como esperar que a criança esteja atenta?

Por outro lado, há crianças que se movimentam muito quando estão com fome, frio ou sono, por exemplo, e fazem o que fazem porque estão nervosas. É uma reação normal, não têm nenhum transtorno neurológico, simplesmente ainda não aprenderam a se controlar quando estão incomodadas por algum motivo. Os pais têm que ensinar seus filhos a esperar com calma quando estão com fome e não lhes dar o primeiro alimento que acham na geladeira; tem que relaxar a seu filho para que deite etc., mas para isso eles também têm que saber se acalmar, aceitar que nem tudo é possível e saber esperar.

Limites e calma são as duas melhores estratégias para as crianças que são muito exaltadas não o sejam tanto, algo muito difícil na atualidade.

Muitos professores têm tendência a suspeitar que uma criança sofre TDAH porque cada vez as crianças são mais difíceis de controlar em aulas. Mas, como podemos pedir para as crianças que não têm os limites adequados em casa e que estão acostumadas a se hiperestimular brincando duas horas cada tarde com um videojogo de guerra que passem oito horas sentadas ouvindo a um professor?

Também acreditamos que existe um problema de autoridade. Muitos professores não conseguem ter autoridade suficiente para dirigir suas aulas, e é melhor pensar que o problema de que uma criança se descontrole está no cérebro desta e não que a sociedade não está ajudando aos professores a que possam exercer a sua autoridade.

É necessário que a educação e seus trabalhadores tenham mais prestígio. Até pouco tempo atrás fazer magistério era algo valorizado pela sociedade. Hoje em dia, no entanto, há pais que falam mal dos professores, inclusive diante de seus filhos. Nas portas das escolas, muitos pais dizem: "esses caras tiram três meses de férias". Como as crianças vão prestar atenção em seus professores, se estão falando mal deles, se não são respeitados, se às vezes os próprios pais se alinham com seus filhos frente aos professores?

A profissão do mestre não é valorizada como deveria. A sociedade deveria ser mais justa com os professores, pois as crianças passam grande parte de suas vidas com eles. E a função dos mestres vai muito mais além das tabelas de multiplicar.

Capítulo 10

O trabalho com os pais em psicanálise de crianças

10.1. Introdução histórica

Desde os começos da psicanálise tem-se contado com os pais para trabalhar com os conflitos que as crianças apresentam.

Prova disso é o lugar que S. Freud destinou ao pai do pequeno Hans no tratamento de suas fobias. É tanta sua importância nessa primeira análise de uma criança que, lendo o caso, fica claro que este pai ocupa o lugar do terapeuta, e Freud o do supervisor. Muitas coisas se passaram desde então.

Passaram-se mais de 70 anos do famoso Simpósio sobre Psicanálise Infantil em que Anna Freud e Melanie Klein tentaram anular suas diferenças. A partir daí, os seguidores de Anna Freud colocaram os pais no lugar de educadores de seus filhos que se deverá formar, instruir, aconselhar. Este seria, para eles, o lugar para os pais em um tratamento de crianças. A partir da posição kleiniana, os pais reais passaram a ocupar um segundo plano: o tratamento analisará com a criança as imagos parentais internalizadas. Os pais que levam um filho para tratamento são meros transportadores. A partir dessa posição teórica os pais passaram a ser uma interferência no trabalho clínico com o paciente.

A. Aberastury, discípula de M. Klein e seguidora de suas ideias, diz: "Minha experiência permitiu fazer uma série de modificações; estas se baseiam numa forma de conduzir e utilizar as entrevistas com os pais, que seja possível reduzir a psicanálise das crianças a uma relação bipessoal como com os adultos".

A autora propõe várias entrevistas iniciais com os pais para coletar informações. Essas entrevistas devem ser muito dirigidas porque "os pais têm a tendência a escapar do tema mediante confidências sobre eles mesmos"; logo acrescenta: "Em minha técnica me mantenho sempre no papel de terapeuta e só confio em meu trabalho com a criança mantendo os pais à parte. Seguindo Klein, deixo os pais fora de tratamento, sustentando que as mudanças operadas na criança ao longo de uma análise deverão produzir as transformações necessárias na estrutura familiar". Se não for assim, envia os pais a um tratamento pessoal ou a grupos de orientação para pais, campo no qual foi uma verdadeira pioneira.

Para M. Klein e os seguidores de seus ensinamentos e de sua técnica, manter entrevistas periódicas com os pais promove nas crianças pacientes a aparição de fantasias paranoides com a figura do analista, a quem podem considerar como aliado dos pais. Estas fantasias persecutórias seriam um obstáculo para a análise e a solução frente a ele é ver os pais o menos possível. Assim como as fantasias persecutórias aparecem nas crianças pacientes, também aparecem em alguns pais. Por isso, alguns pós-kleinianos, na raiz de sua prática clínica foram permitindo e favorecendo estas entrevistas com os pais, sobretudo se aparece nos mesmos este tipo de fantasias paranoides a respeito da figura do analista ou do processo analítico.

Assim, não surpreende encontrar textos como os de Betty Garma (Betty Garma, *Crianças em Psicanálise*, Kargieman, Buenos Aires, 1992), analista formada na escola kleiniana, que assegura que deve se escutar este tipo de pais e, se necessário, incluí-los em algumas sessões com os filhos.

Passara-se mais de 30 anos da publicação do livro de Maud Mannoni, *A Primeira Entrevista com o Psicanalista*. Para esta autora a adaptação da técnica à situação particular que representa para o adulto o aproximar-se de uma criança, não altera o campo sobre o qual opera o terapeuta. Esse campo é o da linguagem, inclusive quando a criança não fala. O discurso que dirige envolve os pais, a criança e o analista. Trata-se de um discurso coletivo constituído em torno do sintoma que a criança apresenta. O trabalho com pacientes em situação de dependência passará então por conseguir um efeito de desprendimento, uma espécie de resgate na busca de um lugar próprio e, portanto, de um desejo próprio.

Muito antes, na 34ª palestra de *As novas conferências de introdução à psicanálise*, Freud afirma: "Não tivemos nenhuma dúvida em aplicar a terapia psicanalítica nestas crianças que mostravam inequívocos sintomas neuróticos ou então estavam no caminho do desenvolvimento indesejável de caráter. Era sem fundamento o medo de que a psicanálise pudesse causar dano à criança, tal como expressavam os adversários da psicanálise. Nosso benefício em tais empreendimentos foi o de poder comprovar no objeto vivente o que no adulto havíamos aclarado, por assim dizer, partindo de documentos históricos. Mas também para as crianças foi muito rico o benefício. Mostrou-se que a criança é um objeto muito favorável para a terapia analítica; os êxitos são radicais e duradouros. Portanto, é preciso modificar muito a técnica de tratamento elaborada para adultos. Psicologicamente, a criança é um objeto diferente do adulto, mas não possui um Superego, não tolera muito os métodos de associação livre, e a transferência desempenha outro papel, já que os progenitores reais continuam presentes. As resistências internas que combatemos no adulto estão substituídas na criança, na maioria das vezes, por dificuldades externas. Quando os pais se constituem em portadores da resistência, sempre periga a meta da análise ou esta mesma, e por isso pode ser necessário acrescentar à análise de criança alguma influência analítica sobre seus progenitores. Por outra parte, as inevitáveis divergências deste tipo de análise diminuem com relação ao adulto, pela circunstância de que muitos de nossos pacientes conservaram tantos traços de caráter infantis que o analista, adaptando-se também aqui a seu objeto, só pode usar com eles certas técnicas de análise de crianças".

10.2. O trabalho com os pais

Como se pode ver, Freud já alertava em 1933: as resistências dos pais podem ser, e de fato o são, as principais causadoras dos tratamentos de crianças que se interrompem de forma drástica ou, inclusive, de alguns tratamentos que nem se quer podem chegar a começar.

Caso Rita

Os pais de Rita pedem uma consulta urgente para tratá-la, no início do mês de maio. Era tal a angústia dos pais que desejavam fazer a consulta por telefone. A escola vai expulsá-la, depois de uma aula na qual "fez mil e umas". Acaba de fazer a maldade que transbordou o vaso sanitário.

Rita tem 11 anos e sua última atuação no colégio foi furtar 5.000 pesetas da professora. Aproveitou um momento de recreio para subir à classe, furtar o dinheiro e no dia seguinte aparecer no colégio com chocolates, balas e várias guloseimas para toda a classe. Comentou então iludida que era seu aniversário. Diz à mãe: "É que sempre fui uma menina muito mentirosa, mas muito boa; veja que gastei o dinheiro para comprar coisas para todos...!". Os pais contam que não era a primeira vez que Rita furtava, mas nunca dinheiro: "Outra vez levou a caneta de outra menina, coisas pouco importantes... Em casa é uma menina que se comporta muito bem, a não ser pelo movimento, "que não fica quieta nem frente à televisão, até dormindo se mexe"; na escola sempre teve dificuldade, "eu creio que é um pouquinho burra", comenta a mãe, e, como não gosta de estudar, se porta mal. Diz o pai: "Eu não a recrimino porque em nossa família não somos intelectuais, sabemos ganhar dinheiro e trabalhamos muito bem, mas nada de estudos". Como atuam os pais desta garota frente a seus comportamentos?: "Já tentamos todos os tipos de castigos, deixá-la sem sair nos fins de semana, não ver televisão, ficar sem sobremesa, trancá-la no quarto; nada funciona, parece que se chateia, mas no dia seguinte tudo segue igual"; "no colégio não tem amigas, antes tinha, mas foram deixando-a, não a suportam, sobretudo neste último ano; dizem que gruda, que se aborrece em seguida, empurra as outras ou lhes estraga a brincadeira".

Rita vai a um colégio de freiras desde os quatro anos, que seus pais escolheram pelo prestígio e para que fique só com meninas. Nesta primeira entrevista o pai diz que parte das alterações de sua filha vem desde que deixaram entrar meninos no colégio, fato que não lhes pareceu nada bom. Tem medo que a menina "imite" comportamentos de menino. É importante comentar alguns aspectos concernentes a estes pais: o pai é um costureiro muito famoso; segue sua própria teoria, por estar sempre entre mulheres "imitou" grande parte de suas condutas, fundamentalmente seus gestos, ou forma de sentar e falar, inclusive tem uma maneira de se vestir bastante chamativa. A mãe, em troca, se apresenta masculina, e é ela que administra as contas de sua empresa, não gosta de trabalhar com as pessoas.

Para completar esta primeira entrevista e poder escutar algo mais do que as queixas sobre o comportamento na escola, o terapeuta lhes pediu que relatassem os primeiros anos de vida da menina. Chamou a atenção que demoraram para responder algo e a pouca vontade que tiveram de estender-se sobre o tema. Responderam que tudo estava bem, tudo normal, nenhum problema, "além disso, você nos perdoe, mas viemos pelo que acontece agora não por outras coisas...".

Rita começa sua primeira entrevista dizendo: "Quero esclarecer que não vejo nada de mal no que fiz, eu pensei em devolver o dinheiro à professora quando meus pais me derem a mesada, e queria festejar algo com minhas amigas para que me estimem, porque ninguém gosta de mim". O terapeuta lhe esclarece que não vai julgar o que fez, em tal caso parece que isso é coisa da escola, mas que se pode tentar entender o que lhe acontece. "Então não lhe parece estranho nem que eu tenha inventado um aniversário?". Foram várias suas perguntas, havia nela uma necessidade inquietante em aclarar o que é bom e o que é mau, na realidade não queria falar de outra coisa. "Não creio que você possa me ajudar, uma menina da minha classe que vai ao psicólogo é muito chorona e tonta e não parou de chorar na classe e nem nos outros lugares". O analista propôs tentar compreender algumas coisas, ao que protestou bastante, mas concordou em fazer uns desenhos (não quis tocar nos brinquedos porque são para bem pequenos).

O chamativo dos desenhos foram as histórias que relatou – quando desenhou a casa inventou uma história sobre uma menina que se perdia no bosque enquanto buscava rosas para pôr no vaso; no bosque não havia roseiras, mas ela encontrou rosas em outras plantas e os pais da menina se surpreenderam porque encontrou rosas, porém ela havia se perdido por vários dias... A árvore era uma árvore encantada, na realidade era uma amendoeira que por encantamento podia dar morangos, e as crianças iam buscar morangos na amendoeira. A pessoa era um camponês (no desenho aparecia claros componentes femininos: lábios e olhos pintados, tipo de cabelo) que para vir à cidade trocava de nome porque assim não o reconheceriam. Finalmente, quando lhe foi pedido que desenhasse uma família fez um casal e de um lado, sobre algo parecido a um prato de comida para cachorros, desenhou um bebê. O relato aqui foi mais simples, "um casal decide ter um bebê, vai buscá-lo, o tem, lhe põem um nome e pronto". Nesse momento Rita faz uma ligação com a questão dos nomes, não decide como chamar cada um dos pais desenhados nem resolve como chamar o bebê. Parece aborrecida, apaga várias vezes e no final coloca "o papai", "a mamãe" e Ferrán na beira do berço estranho. Nesse momento da entrevista, aproveitando a história do desenho da família (tendo já a certeza absoluta de que algo no nascimento não estava nada claro) o analista pergunta a Rita o que ela sabe de seu nascimento. A resposta foi muito contundente: "Eu já sabia que você também achou errado eu ter inventado um aniversário".

Na entrevista seguinte com os pais o analista lhes pede que aclarem esta questão. Então apareceu a angústia: "Olhe, isso é um segredo muito nosso...". O casamento não foi aceito por nenhuma das duas famílias, os pais dela diziam que ele era homossexual e que esse matrimônio não iria para frente; os pais dele diziam que ela era idônea e que se casava pela fortuna pessoal dele. Ambos sustentam que esta oposição familiar atuou como um malefício que os tornou estéreis. Não quiseram prosseguir os estudos sobre fertilidade por não saber quem dos dois era o culpado, mas tramaram um plano para que ninguém descobrisse a situação deles. Iniciaram os trâmites correspondentes para uma adoção no exterior. Pediram expressamente um país que lhes garantisse uma criança de características físicas similares a eles e disseram a familiares e amigos que se mudariam por um ano a este país, "para inaugurar uma sucursal da empresa de moda"; dali eles voltaram com Rita, que apresentaram como a própria filha.

Recolheram a menina com quase 20 dias e não quiseram saber nada de sua origem. Tratava-se de um tipo de adoção bastante comum, que beira a ilegalidade e em que muitos pontos ficam pouco claros. Sem dúvida, nunca lhes ocorreu que deviam dizer nada disso a Rita, e "não tanto por ela, que é nossa filha, mas por nossas famílias", desde a chegada da menina as relações com a família melhoraram consideravelmente, incluindo as avós que se alternam para tê-la e cuidá-la.

Sabe-se que Édipo cresceu na corte de Polibo e Melibea acreditando realmente ser filho de ambos. Em uma versão do mito, Melibea (igual a mulher do costureiro) ao recolher o menino abandonado se escondeu atrás de um matagal e fingiu um parto, deste modo pode apresentar Édipo como seu próprio filho.

A adoção enfrenta o problema da verdade, uma verdade que ao não ser dita, ao não poder ser simbolizada pela criança, se converte caracteristicamente em uma complexa rede de sintomas e patologias. Quando a verdade sobre a origem é ocultada de uma criança é muito possível que nos encontremos com importantes falhas na aquisição das categorias de filiação, de proibido/permitido, lícito/ilícito e possível/impossível. Rita não sabe o que está bem e o que está mal, não adquiriu a noção do proibido e o permitido. Já se escutou suas próprias teorias sobre a filiação com o desenho da família. A respeito de suas origens, ela mesma está mostrando quando inventa um aniversário ou quando precisa roubar coisas de outras crianças. Escutando seus pais e sua própria história, pode-se entender melhor o que lhe acontece. Segundo Marisa Rodulfo em seu trabalho sobre *A Subjetividade Destituída*: "Para que exista uma verdadeira adoção, e não meramente uma usurpação, a mesma deve se basear em primeiro lugar em uma doação libidinal por parte dos adultos implicados nessa situação, ligada ao reconhecimento das origens e da história que, por outro lado, pertence à criança. A não devolução de sua trama geracional leva a criança à perda de sua autonomia potencial de pessoa e a submete a ser manipulada pelos adultos como elemento de uma estratégia quase sempre inconsciente, mas sempre aberrante, destinada a que essa criança seja depositária das perdas ou dos traumas que se tornaram insuportáveis para o adulto, que utiliza a criança abusivamente em função de seu próprio gozo".

Quanto a Rita, era incapaz de dirigir sua atenção até os múltiplos interesses epistemofílicos próprios da latência. Estava sempre presa a uma compulsão ao movimento, como se com sua hipercinesia estivesse sempre buscando seus objetos parentais originais, cujo paradeiro e existência ela desconhecia. A hipercinesia não só obedecia a uma insuficiente continência de seus pais adotivos como também, essencialmente, ao escasso desenvolvimento que haviam adquirido seus processos de pensamento que, como se sabe, servem a todas as pessoas como uma maneira de mediatizar a ação, de postergar o princípio do prazer em benefício do princípio da realidade e, por fim, favorecem o desenvolvimento intelectual, tão empobrecido nessa criança.

Cabe acrescentar sobre este caso que possivelmente foi devido à idade, quer dizer, à entrada na puberdade, que todos os seus sintomas se agravaram, tornando-se uma menina "insuportável". Foi muito interessante constatar, nas entrevistas posteriores com os pais adotivos, que não esperavam um crescimento tão rápido: "Não é possível que apareçam seus peitos agora, a menstruação só me aconteceu aos 15 anos!" – disse a mãe numa sessão, mostrando desse modo tão claro a negação de sua filha como sua própria filha.

Escutando esses pais, propus-lhes manter tantas entrevistas quantas fossem necessárias para poder entender o que acontecia com sua filha e a possível relação que isso teria com o encobrimento de uma história real.

Não era possível aceitar Rita como paciente enquanto seus pais adotivos não pudessem ser os porta-vozes desta história. Se aceitar, o analista pode se converter em cúmplice dessa situação, sem ajudar Rita nem seus pais.

Mantiveram poucas entrevistas, mas o colégio preferiu proporcionar-lhes um terapeuta que lhes prometeu modificar as condutas antissociais da menina sem "incomodá-los". Ambos aceitaram esta proposta como libertadora, o pai telefonou para explicar... "Entenda-me, nós não podemos".

Interessa destacar que o trabalho terapêutico com crianças sem constituir uma especialidade implica certa especificidade que o caracteriza: a mais central. Mas não a única, é que a criança está se constituindo como sujeito.

A presença dos pais – já mencionada anteriormente – é outro elemento importante que marca especificidades. Deve-se considerar um medo que deve ser trabalhado com os pais que consultam, muito relacionado com a ferida narcísica que informa o reconhecimento de que alguma coisa não funciona bem no filho e com o filho. Trata-se do medo de ser culpabilizado em suas funções parentais por um profissional qualificado, o que supõe um saber que vai penalizá-los ou verificar todas as coisas ruins que fizeram.

Tudo isso determina um trabalho especialmente complicado na escuta dos pais que consultam. A difícil tarefa, como se disse em outras oportunidades, será que o analista não se deixe aprisionar por esses limites e ajuda os pais a expor sua demanda, incluindo-os sempre que pareça necessário no tratamento da criança.

Nas entrevistas que se mantém com os pais pode-se pôr em evidência os conflitos destes como pais, quer dizer, presos em questões de seu próprio passado que se atualizam nos sintomas que apresenta o filho, como um eco que provém de sua história e lhes recorda aquilo que acreditavam superado, reprimido ou simplesmente negado.

Alain de Mijolla escreve sobre os fantasmas de identificações inconscientes em que define como verdadeiros cenários fantasmáticos inconscientes, em que se reconstituem episódios de pessoas primordiais do passado familiar de um sujeito, cenários que darão conta de repetições que muitas vezes se escutam na clínica.

Segundo esse autor – que na realidade se baseia numa fiel leitura da obra freudiana –, estes cenários se organizam na infância e têm lugar muito importante na constituição e evolução da personalidade de todo indivíduo: "Os pais e as mães não se comportam de uma ou outra forma com seu filho apenas em função de seu próprio ser, nem no bem nem no mal, mas sim porque a existência desse filho reacende neles todo o seu passado. Neste tempo pré-histórico eles foram apenas crianças ligadas a seus pais por seus afetos, por representações conscientes e inconscientes, cuja persistência exerce sua influência oculta desde seu acesso ao papel parental".

Como já mencionado, Mijolla não faz outra coisa que lembrar Freud quando, em *As Novas Conferências*, aponta: "Em geral, pais e autoridades semelhantes a eles obedecem na educação da criança aos preceitos de seu próprio Superego. Não importa como se arranjou neles seu Eu com seu Superego; na educação da criança se mostram rigorosos e exigentes. Esquecem as dificuldades de sua própria infância, estão contentes em poder identificar-se agora plenamente com seus próprios pais, que no seu tempo impuseram a eles mesmos essas fortes limitações. Assim, o Superego da criança não se edifica de verdade segundo o modelo de seus progenitores, mas segundo o Superego deles; se preenche com o mesmo conteúdo, torna-se portador da tradição, de todos os valores duráveis que se produziram no caminho ao longo das gerações".

Todas estas questões mencionadas a partir deste suporte teórico são as que se poderá desenvolver na clínica quando se incluem entrevistas periódicas com os pais durante os tratamentos de seus filhos. Pode-se desenvolver sempre que o enquadre analítico permitir e instaurar uma transferência positiva de trabalho entre os pais, o analista de seu filho e o próprio processo de análise.

Se essas questões não são colocadas, ficam de algum modo obstruídas as vias para poder analisar determinadas situações e, desta maneira, fica aberta a possibilidade por parte dos pais, que geralmente consiste em tirar a criança do tratamento.

Em muitas entrevistas com pais se escutam ecos de seu passado. Escutar analiticamente certas histórias é dar-lhes a oportunidade de compreendê-las, entendê-las e oferecer novo significado no novo contexto que é a vida desse filho que eles trazem em consulta.

Muitas vezes se escuta de pais de crianças com enurese a frase-sentença: "Isso não tem importância, eu também molhei a cama e passou com o crescimento". Deixar essa frase, esse verdadeiro fantasma de identificação inconsciente, sem trabalhá-la, elaborá-la com esse pai, não possibilita "sua resolução" e pode promover uma identificação ainda mais forte com o sintoma do filho. Este, preso neste fantasma, fica ligado a um pai, mesmo que seja por meio de um sintoma.

Quando não se oferece um lugar de escrita e de elaboração a esses ecos do passado dos pais, os tratamentos podem ser interrompidos. Mais de uma vez – e isso se observa sempre em supervisões de análises de crianças –, a interrupção de um tratamento se deve ao terapeuta. É o analista que resiste em ver os pais nas entrevistas, resistências que podem estar encobertas em posturas teóricas diversas, mas que em definitivo o que se evita é o cruzamento das múltiplas transferências que se multiplicam.

Caso Eloy

A mãe de Eloy pede uma hora de consulta para falar de seu filho de seis anos, enviada pela escola que ele frequenta desde os três anos, porque a sua permanência na escola corre risco. A diretora avisou-a que se Eloy não mudar de conduta, serão obrigados a enviar a criança a uma escola especial.

Na primeira entrevista a mãe se mostrou muito angustiada com os comportamentos tão graves que disseram que seu filho tem na escola. Em casa não o via assim, "um pouco estranho e às vezes chateado, difícil de pôr limites, mas não as coisas que faz lá na escola". Na escola morde e cospe nas crianças e adultos, bate a cabeça na parede, tenta fugir para a rua ou se fecha muito tempo no banheiro.

Quando o analista pergunta a essa mãe pelo pai de Eloy, disse que é mãe solteira e começa a contar parte de sua história: "Após os 40 anos e vendo que todos meus namoros fracassavam, decidi ter um filho sozinha. Conheci um homem numa festa que me pareceu muito atraente, ideal para gerar um filho bonito. Saímos um tempo juntos até que fiquei grávida e o abandonei para me dedicar a meu filho. Depois que Eloy nasceu, dei-me conta de que também fracassaria como mãe, mas já era tarde...".

Na hora lúdica do diagnóstico, Eloy entra na consulta sem ao menos olhar onde estava a mãe. Cumprimenta corretamente o terapeuta e abre a caixa de brinquedos. Esparrama todos os brinquedos da caixa pela sala e fica um bom momento observando com qual objeto vai brincar. Descobre entre os animais um jacaré de plástico com a boca articulada. Este mecanismo rudimentar do animalzinho lhe permite abrir e fechar a boca deixando ver seus dentes. Enquanto experimenta como fazê-lo, Eloy abre e fecha a boca como o jacaré, fazendo o gesto de engolir acompanhado inclusive de sons guturais. Assim o jacaré começa a engolir todos os objetos esparramados pela sala. Quando acaba com os brinquedos o jacaré continua engolindo os móveis, e, ao acabar os móveis, o menino comenta: "Pronto, eu comi tudo, agora só falta você"; aproxima o jacaré da mão do terapeuta, que lhe oferece um dedo para ser mordido pelo animal, para constatar o que era brincadeira e o que era real nesse ato; o terapeuta, ao ser mordido pelo jacaré, diz: "Ai!". Eloy tem um ataque de pânico e começa a gritar desesperadamente: "Mamãe, mamãe, vem que eu comi o psicólogo e estou sozinho". A mãe, da sala de espera o escuta e o acode imediatamente para acalmar o filho; abraça-o fortemente e lhe diz: "Calma, não foi nada, cuspa-o e ele volta". O ato mágico teve o seu efeito. Eloy cuspe e pode voltar a ver o terapeuta, de quem se despede tão corretamente como havia feito ao entrar.

Em sua segunda sessão o terapeuta lhe convida a desenhar e, quando lhe pede uma figura humana, Eloy desenha pedaços cortados do corpo humano espalhados pela folha de papel: uma orelha, um nariz com muco escorrendo, uma mão, um olho, dedos...

Numa entrevista com a mãe, o terapeuta pôde constatar o quanto esta mãe nega o estado patológico de seu filho; também comenta que na realidade seu filho a angustia muito e que fica pouco com ele; quem se encarrega da criança são seus pais – os avós maternos de Eloy. Quando o terapeuta pergunta à mãe sobre a gravidez e o primeiro ano de vida de seu filho, ela comenta: "Quase no final da gravidez acreditava que estava louca; ao ver uma ultrassonografia não podia ver meu filho inteiro, só via o que me parecia uma perna solta, ou um braço solto, acreditei que havia se despedaçado dentro de mim [...]. Quando nasceu não quis nem vê-lo; meus pais me asseguravam que estava bem e são, mas eu não acreditava; no dia do parto pensei que este filho era filho de meu pai e meu e que minha mãe se zangaria comigo por ter feito uma loucura assim".

Quando consegue relatar algo de sua história o analista se inteira que a mãe de Eloy fora tratada psicanaliticamente em várias ocasiões, e que seus tratamentos, como seus namoros, também fracassaram. Filha única de um casamento peculiar, muito reconhecido em seu meio, ambos os pais com vários irmãos em uma mistura familiar estilo clã, na qual todos se encarregam um pouco de todos. Na conversa desta mãe também se pode escutar a história com seus pais, mas muito contaminada por uma espécie de psicanálise silvestre que não lhe permitia elaborar nada, apenas repetir: "Jamais superei o complexo de Édipo com meu pai". Do pai conta que ele mesmo não superou o complexo de Édipo com sua própria mãe; esta avó, morta em um bombardeio na guerra civil, era adorada por seu pai, a ponto de, ainda muito pequeno quando ocorreu esta morte, prometer a si mesmo ter uma filha que levaria o nome da sua mãe. Esta promessa, cumprida 30 anos mais tarde, se concretiza. A criança que leva o nome da adorada avó morta, cresceu cuidada por toda a família, levada de um lado para outro em manifestações, atos públicos, sempre rodeada de adultos sábios e idolatrados.

O analista decide começar um tratamento com o menino, que ao longo do mesmo vai desenrolando toda essa fantasmática. O menino é levado ao atendimento por várias pessoas, muitas desconhecidas pelo analista. Em algumas ocasiões, Eloy vem com algum tio, irmão ou irmã dos avós, para depois ser buscado por alguns dos avós ou outras pessoas desconhecidas. Esse trânsito de pessoas na vida de Eloy, que se refletia perfeitamente nessas atuações sobre o enquadre, era a repetição atuada na transferência da história contada pela mãe. O analista então reflete que não conta com ninguém, sozinho tem que fazer alguma modificação de horários ou algum comentário sobre o menino ou sobre o processo analítico, e assim deve se sentir Eloy: levado e trazido por todos, depositado na consulta do analista para ver o que se pode fazer com ele, mas sem lugar algum que sirva de suporte da vida cotidiana desta criança.

Tal situação leva o analista a tomar a decisão de entrevistar também os avós: nunca podem vir juntos, por suas diferentes atividades, mas cada um conta sua história, fala de seu passado, da filha e do neto. Por meio destas entrevistas com a família de Eloy, o terapeuta se inteira que, dependendo com quem esteja, a criança come ou não come, vai dormir uma hora ou outra, deixam ver televisão ou o fecham no quarto, permitem quebrar os móveis da casa dos avós ou lhe recriminam por atirar um copo de água sobre a mesa. Essas entrevistas com os avós modificaram algumas questões importantes; a avó comentou que não aguenta mais esta situação de instabilidade e tanta instabilidade explica a excitação e as atuações do pequeno paciente.

Assim, algo importante ocorre ao se abrir um espaço de escuta sobre a história de Eloy e sua mãe. A mãe comenta numa entrevista: "Eu fiz muita terapia, mas meus pais nunca falaram de mim com tanta sinceridade", agora a mãe sentia uma profunda dor e pediu ao terapeuta de Eloy o nome de um profissional para retomar seu tratamento analítico.

As entrevistas com os avós e a mãe também permitiram pôr em ordem a vida de Eloy. O terapeuta assinalou como indispensáveis algumas mudanças na vida cotidiana do menino e que só uma pessoa se encarregaria de suas atividades de rotina e cuidado. Assinalou também à família que seus membros deveriam adotar posturas comuns, pequenos acordos quanto às rotinas de cuidado de Eloy: dormir no mesmo quarto, na hora certa, respeitar os horários das refeições, pôr um limite a tanta gente opinando e atuando sobre a criança.

Um pouco antes de começar um novo tratamento a mãe se mudou para viver sozinha com seu filho, em um apartamento pequeno, perto do apartamento dos pais. A vida de Eloy foi se organizando, e seus comportamentos estranhos na escola desapareceram. A análise pessoal da mãe pôde abrir novas formas e possibilidades de colocar seu filho em sua estrutura narcísica.

Muitos anos mais tarde, quando o avô de Eloy morreu, seu tratamento já havia terminado, mas ele pediu à mãe que ligasse para seu terapeuta para que fosse ao velório. Quando o analista chegou ao velório, Eloy o cumprimentou com profundo agradecimento e lhe disse: "Por favor, fique um pouco comigo a sós, aqui vem muita gente que me cumprimenta e eu não sei o que fazer". Pouco tempo depois escreveu uma carta ao analista comentando que estava trabalhando em um sítio, se ocupava em cuidar dos animais e das hortaliças e que se sentia tranquilo consigo mesmo.

10.2.1. Conselhos ou receitas?

Muitos pais procuram a consulta de analistas de crianças em busca de algum conselho que lhes permita tratar determinada problemática de seus filhos. Isso é herança direta de um discurso médico que ainda hoje segue vigente na sociedade atual. Na realidade, mais que um conselho, eles estão pedindo uma receita, uma fórmula mágica que graças ao saber do analista solucione todos os conflitos. "O que podemos fazer para que nosso filho deixe de molhar a cama? Para que coma mais ou melhor, para que estude mais, para que vença nos estudos, para acabar com suas birras, para que durma", e ainda um longo etecetera.

Dar uma resposta direta a essas perguntas, satisfazer essa demanda de forma absoluta representa obstruir esse espaço de reflexão e escuta sobre o que verdadeiramente está se passando com a criança.

Não responder em absoluto essa demanda, advertindo os pais que o analista não vai dar nenhum conselho, também pode ser prejudicial e promover atuações dos pais, possivelmente em muitos casos ao se sentirem abandonados pelo profissional que estão consultando.

A. Aberastury comenta no texto já citado, que no começo de seu trabalho com os pais dava muitos conselhos ou simplesmente diretrizes para que algum aspecto da dinâmica familiar mudasse, mas, com os anos, deu-se conta que a maioria desses conselhos não era seguida pelos pais, e nos casos que seguiam os conselhos, era por um sentimento masoquista pela figura do analista e não por um convencimento próprio.

Tanto em um caso como em outro, sempre segundo esta autora, o analista fica em um lugar superegoico e perseguidor, do qual só podem desligar-se mediante atuações ou interrompendo o tratamento do filho.

A partir dessa posição, as sugestões que o analista pode dar aos pais só promovem neles um sentimento de inferioridade em relação a ele, enquanto contratransferencialmente o analista se coloca num lugar de competidor inconsciente com esses pais, começando uma luta silenciosa para ver quem sabe fazê-lo melhor, quem é o melhor pai, aumentando assim os sentimentos de inveja tanto por parte dos pais como do próprio analista.

Mas lidos *a posteriori* para os analistas de crianças, tais "conselhos técnicos" aparecem como verdadeiros ditames e possivelmente seja na maneira como se trabalha estes temas com os pais o que vai possibilitar uma escuta colaborativa e produtora de mudanças. Dizer a pais, que ainda põem fraldas à noite numa criança de cinco anos, que tirem as fraldas imediatamente (estes exemplos abundam na literatura analítica), não é o mesmo que lhes propor que falem sobre isso, que podem comentar porque o fazem, que podem escutar e ser escutados dentro de um marco transferencial que lhes permita mudar por eles mesmos, certas condutas patognômicas.

Nesse sentido, pedir-lhes uma troca de atitude diante de um determinado problema, sem elaboração alguma, é uma receita mais próxima do discurso médico e, portanto, uma atuação pouco terapêutica do ponto de vista da psicanálise. Isso não quer dizer que, em mais de um caso, o analista deva exercer certa função de corte frente a esta problemática e abrir assim um espaço de reflexão elaborativa.

Como assinala Diego García Reinoso em seu trabalho *O Discurso Familiar como Escrita Transindividual na Análise de Crianças*: "Nos sintomas dos filhos aparecem as palavras enclausuradas dos pais. Por esses motivos prefiro pensar nas neuroses infantis em termos de clausuras no desenvolvimento emocional. A prática clínica com crianças tem me mostrado que é possível reestruturar situações familiares provocadoras de conflitos na família e na criança escutando a todos e com intervenções que às vezes me têm parecido mínimas, mas facilitadoras de aberturas importantes na família e na criança assinalada como doente"; para logo acrescentar: "Minha preocupação tem sido considerar que na cura de uma criança, conhecer o conjunto familiar é de importância capital. As entrevistas separadas com os pais e com as crianças, com frequência não me permitem saber algo do que realmente acontece, sobretudo se não chego a compreender quais são os fantasmas mais importantes que afetam os pais".

Em outros capítulos se disse que um analista de crianças deve saber e conhecer muito bem os diferentes momentos evolutivos que podem gerar conflitos posteriores se não são encarados de uma determinada maneira. Alguns conflitos, que a criança e os pais trazem, poderiam melhorar qualitativamente com este saber teórico que o analista escuta.

Na clínica atual, escuta-se muitos problemas deste tipo. O terapeuta se depara então com uma dupla posição: se não diz nada a respeito, amparando-se na maneira como são esses pais em suas funções, está se aliando a um sintoma que sabe que será perturbador para o desenvolvimento da criança. Se, ao contrário, opina, dando uma receita concreta, pode pensar que está se intrometendo na dinâmica familiar, correndo o risco de não ser escutado. Entre essas duas posturas, se insiste que cabe a possibilidade de não dar receita alguma, mas de algum modo promover e permitir que se fale do tema concretamente, e, chegado o momento, sempre seguindo a regra básica de que não há modos de operar em análise que sejam idênticos, quer dizer, sempre se centrando em caso a caso, pode chegar um momento no qual um conselho seja necessário sempre que se assegure esse imprescindível trabalho elaborativo sobre o tema em questão.

Muitos são os problemas desse tipo que aparecem ao longo dos tratamentos com crianças. Em muitas ocasiões não são os pais que os contam, consideram-nos normais, ou se esquecem de comentá-los nas entrevistas iniciais, ou simplesmente não pensam que sejam elementos perturbadores no desenvolvimento de seus filhos. Provavelmente porque, como se disse anteriormente, eles estão ancorados na história dos pais como filhos e são o eco de uma repetição arcaica, uma "palavra enclausurada", em termos de García Reinoso. O analista se intera do tema em questão pela criança que está tratando ou, às vezes, por um comentário superficial de um dos pais quando vem buscar ou trazer para a consulta.

Há crianças às quais se mantém alimentação própria de um bebê, oferecendo mamadeira de leite à noite, "mamãe se zangou porque não terminei a mamadeira"; crianças que utilizam a chupeta para dormir; crianças que não conseguem dormir e vão toda noite para a cama dos pais, deslocando um deles para outra cama ou ficando no meio de ambos; crianças que com mais de oito anos não se vestem sozinhas, "chegamos tarde porque o menino não se veste sozinho"; crianças que não têm a menor intimidade para fazer suas necessidades, "meus pais sempre me olham se limpei bem o bumbum"; crianças que presenciam de modo permanente a nudez de seus pais, que por sua vez se queixam da vergonha do filho, "não sei o que acontece agora a este menino que não quer que o vejamos despido, quando nós sempre estamos despidos pela casa"; estes são alguns exemplos que aparecem durante o tratamento e que são de tal importância na constituição e estruturação dessas crianças que não se pode deixar de falar disso, com a criança e com os pais mesmos.

Caso Fran

Fran tem seis anos quando começa sua análise. Apresenta uma sintomatologia fóbica variada, é muito inquieto, nervoso e também sofre uma enurese secundária que, aparentemente, é o sintoma que funcionou em seu momento como disparador de uma demanda de tratamento por parte da mãe.

Nas entrevistas iniciais com a mãe pode-se escutar como aparece esse sintoma que tanto a preocupa. Fran tinha dois anos quando seu pai abandonou a casa familiar ao conhecer outra mulher e mudar-se com ela para viver em outra cidade. A mãe comenta que ficou "despedaçada" por este abandono, e fala do pai de seu filho com muito rancor. Segundo a mãe, este pai sempre se desentendeu por completo com ela e o filho; ela o processou por abandono de lar e, apesar de haver ganho e conseguido assim o pagamento de uma pensão compensatória, o pai de Fran nunca chegou a obedecer a ordem judicial, deixando ela e seu filho em uma situação econômica precária, para não falar a situação emocional.

O sintoma de enurese de Fran apareceu quando o pai fez seus próprios movimentos de aproximação do filho. Depois de quatro anos o pai reinicia um processo judicial para poder ver o filho. Durante o processo se encontra com a mãe de Fran e lhe explica que sua intenção de "recuperar" Fran tem a ver com a gravidez de sua mulher atual e que quer que seu filho se relacione com seu futuro irmão.

Fran, desde o momento do abandono do pai, se transforma no "único que tenho" para esta mulher. Devido à situação econômica, esta mãe tem que começar a trabalhar muitas horas, sentindo-se muito culpada por "ter que abandoná-lo tanto". Para compensar essas horas de abandono, ela se dedica única e exclusivamente ao filho, dormindo com ele, satisfazendo todos os seus gostos e caprichos. Aparentemente, substituiu sua relação conjugal pela relação com seu filho, de quem era muito difícil se separar. Isso foi notado claramente durante o tratamento; ela esperava seu filho na sala de espera, mas Fran, mais de uma vez, excitado pelos conteúdos de suas brincadeiras ia ao banheiro. Às vezes, ao abrir a porta da sala, o filho e o terapeuta, surpresos, encontravam a mãe com a orelha grudada na porta da sala, e vendo-se numa situação incômoda, só podia desculpar-se de sua intromissão.

Quando Fran ia ao banheiro para urinar, o terapeuta observou que a mãe sempre o acompanhava. O filho tentava urinar em pé e a mãe o obrigava a fazê-lo sentado, e depois de urinar a mãe lhe pedia que se limpasse com papel higiênico. Desta maneira Fran era colocado em uma posição feminina. Em entrevistas posteriores com ela, pode-se escutar o porquê desta situação. O ódio que esta mãe sentia pelos homens não estava assentado unicamente em seu fracasso matrimonial. Muito antes disso, durante sua infância, sentiu que seus pais preferiam seu irmão dois anos menor; ser um homem representava para esta mulher ter um lugar na dinâmica familiar, ser mulher, como lhe dizia sua mãe, era só para se preparar para um casamento. Sempre apegada à mãe, quando seu projeto matrimonial fracassou, transformou seu filho na "irmã que sempre quis ter".

Ao explicar a esta mãe que os homens urinavam em pé e que a limpeza do pênis podia consistir em uma simples manobra, a senhora ficou horrorizada e respondeu: "É como se masturbasse toda vez que vai urinar, não penso em permitir isso!". Exatamente como uma associação livre, na entrevista comentou o incômodo que sentia na sua adolescência quando seu irmão se fechava horas no banheiro, seguramente porque se masturbava, e ela não podia permitir o mesmo com uma criança tão pequena.

Não importava então que esta mãe, como a mãe do pequeno Hans, não o recriminasse para sua atividade masturbatória, inconscientemente lhe transmitia todas as fantasias castradoras que tinha a respeito.

Fran estava entranhado nesta relação simbiótica com a mãe, mas as entrevistas que se mantiveram com a mesma permitiram certas modificações que ajudaram mãe e filho a se separarem desta relação tão patológica.

Fran brincava com seu analista de estar num parque de diversões, quando tinha que subir em um brinquedo perigoso, o analista, por indicações do paciente, tinha que morrer de medo e ter um ataque do coração e morrer. Depois das entrevistas com a mãe, nas quais pode manifestar toda sua problemática arcaica, a brincadeira com a criança mudou, continuava brincando na montanha russa imaginária, mas o terapeuta em lugar de morrer deveria rir e passar sem ser percebido.

Caso Esteban

Os pais de Esteban solicitam uma consulta porque no colégio dizem que o menino sofre de uma síndrome de hiperatividade; uma criança incômoda na escola e também em sua casa, já não dorme tranquilo e acorda várias vezes durante a noite.

Nas entrevistas com os pais e novamente com um sintoma de pouca importância, sua impossibilidade de dormir está relacionada com uma enurese secundária que apareceu depois do nascimento de seu irmão, quando Esteban tinha cinco anos.

Nas entrevistas com os pais antes do tratamento não surge nenhum tema que faça o terapeuta pensar que existem traços patológicos na dinâmica familiar.

Esteban tinha dez anos ao começar o tratamento e em suas brincadeiras com os bonecos da caixa aparecem temas de forte tendência sexual. O terapeuta assinala aspectos de sua pré-puberdade que o preocupam e o mantém excitado, excitação que desloca para esta síndrome de hiperatividade que perceberam na escola.

Em uma brincadeira que monta na sessão, todos os animais se banham juntos em um lago e se divertem tocando-se uns nos outros. O analista pergunta se isso acontece na sua casa. Esteban responde que muitas vezes fazem-no tomar banho com seu irmão para "poupar água", e que às vezes que tem que banhar-se com o pai sente muita vergonha porque via o pênis dele e ele não acredita que chegará a ter uma coisa assim, "tão grande e cheia de pelos". O analista pergunta pela mãe e o paciente responde: "Às vezes entra no banho comigo, mas tem tantos pelos que não posso ver seu pênis".

Na entrevista seguinte com os pais é possível abordar o tema. Os pais se sentem perseguidos e respondem com um discurso que sempre se escuta na clínica atual. Ambos são de famílias extremamente repressivas e religiosas "franquistas, você sabe" e, para se opor a esta educação recebida, concordaram em fazer tudo ao contrário com seus filhos. "Quando chegamos em casa pomos qualquer coisa, e se faz muito calor ficamos nus"; "queremos que nossos filhos vivam o que nós não vivemos na idade deles, vamos a praias de nudismo e nos banhamos com eles para que vejam nosso corpo e não tenham tantas repressões como nós". "Em casa não tem trinco no banheiro, acreditamos que é bom que qualquer pessoa possa entrar em qualquer momento, nos incomoda muito que desde que Esteban começou seu tratamento queira fechar-se no banheiro para fazer suas necessidades; nós, que o vemos desnudo a toda hora, e agora não quer que o vejamos no banheiro". O analista comenta que é essa possível falta de privacidade o que mantém o filho tão excitado e alterado. Os pais se negam a compreender, insistem que eles sofreram mais pela atitude repressiva de seus próprios pais e ao falarem disso, puderam recordar as manobras que deviam fazer quando pequenos, para saber algo sobre a sexualidade, espiar atrás das portas ou revistar as gavetas de roupas íntimas... "eu fiquei alucinado no dia que descobri no quarto de meus pais uma caixa de preservativos, nunca pensei que faziam amor". Esta formação reativa a respeito de seu próprio trabalho lhe servia como álibi para continuar com uma conduta inadequada que provinha de gerações anteriores. O analista lhes aponta que também não se separaram de seus pais como eles acreditavam, que com esta conduta mantêm um laço especial com seus ancestrais mesmo que pelo caminho da negação. Esta pequena intervenção faz os pais pensarem muito, mudam sua atitude em casa e começam a respeitar a privacidade do filho. "Magicamente", como eles disseram depois, o filho deixou de urinar à noite e sua hiperatividade parou. Em uma entrevista posterior o pai pergunta ao analista: "mas você não nos explicou a relação entre a sexualidade e o fracasso escolar". A pergunta fica no ar para que eles mesmos achassem uma resposta.

Caso Andrés

Os pais de Andrés levam-no à consulta quando aos dez anos sofre uma fobia generalizada, com temor a lugares fechados, não pode entrar em nenhum elevador, receia ir à escola, mas também não pode entrar no carro do pai. A mãe não dirige e confessa ter os mesmos medos que seu filho, mesmo se tratando com comprimidos.

É uma família muito rica, que, pelo conselho de um psicólogo comportamental, mandou instalar em sua própria casa um elevador para que a mãe superasse seus medos. Por assuntos de trabalho, o pai viaja muito e requer a companhia de sua mulher, que se mostra incapaz de subir no avião.

Quando Andrés era pequeno, a mãe decretou que ele teria medo do escuro e mandou instalar luzes em todos os corredores da casa e uma luz especial para seu filho, no quarto.

Andrés é o filho mais velho de sete irmãos, ambos os pais provêm de famílias religiosas e cada um tem vários irmãos, dez o pai e nove a mãe.

A mãe comenta nas entrevistas: "A cada família corresponde uma desgraça, na família de meu marido, o mais velho dos irmãos está internado em um hospital psiquiátrico, meu irmão mais velho, se curou".

Ser o filho mais velho nesta família parece ficar ligado à loucura familiar, a repetição se faz indispensável. Andrés deve ocupar este lugar inevitavelmente, sua análise e o trabalho com os pais lhe permite sair deste lugar pernicioso.

Caso Flora

Os pais de Flora foram enviados pelo colégio onde ela está em risco de repetir a quinta série pois não presta atenção, briga com as outras crianças e faz pouco caso dos avisos dos professores. Quando os pais relatam a vida cotidiana com sua filha, dizem que vivem num eterno martírio.

"Toda manhã tem que acordar uma hora antes porque ela não pode vestir-se sozinha". Têm que acordá-la, e custa muito, e logo brigam com ela na hora de vesti-la. Ao perguntar por que sua filha não se vestia sozinha, os pais responderam: "Tentamos, mas foi pior; leva mais tempo e nos põe muito nervosos".

Ao começar o tratamento com a menina o terapeuta encontra uma criança que só fala de televisão, parece uma revista sentimentaloide, sabe todas as fofocas inerentes aos artistas e outros personagens da imprensa cor-de-rosa (coluna social). Por outro lado, mantém uma conduta "adulta", não quer brincar com brinquedos da caixa, porque são para crianças pequenas. Pede ao terapeuta para jogar cartas, em que inventa os jogos e não tolera perder.

Em entrevistas posteriores com os pais, o analista pode escutar sua história: noivos desde adolescentes, casaram-se pensando em ter um só filho porque não gostavam de crianças, ambos tinham muitos irmãos e se sentiram abandonados por seus pais por terem que se ocupar de tantos filhos. Casualmente, seu "desgosto" pelas crianças os levou a escolher profissões que tem que estar em contato com muitas crianças: "já temos bastante com o trabalho, cuidar de Flora nos esgota".

Desde bem pequena a menina acordava nos fins de semana muito cedo interrompendo o sono dos pais. Decidiram então colocá-la para ver televisão para continuarem descansando e esta situação perdura até agora, Flora adquiriu o hábito de acordar e ligar a televisão, para não atrapalhar o descanso dos pais. É uma criança que se sente só, mas que não pode e nem sabe ficar só. Por isso, também não pode ficar com as outras crianças, as vê muito infantis e incômodas, repetindo, assim, o discurso dos pais.

Flora, como tantas outras crianças, só tem a companhia da televisão. A atenção parental não aparece. Os pais se surpreendem quando o analista alerta-os de que devem cuidar mais de Flora e ficar com a filha. É a própria menina que com suas mudanças produzidas pela análise começa a propor--lhes saídas familiares.

10.2.2. Segredos e mentiras

Ao começar este capítulo expôs-se como os pais de Rita não puderam contar-lhe a verdade sobre suas origens, o que impossibilitou um possível tratamento para a menina.

Em seu livro sobre *Técnica Psicanalítica de Crianças*, A. Aberastury comenta como trabalha este tipo de caso em tratamento, advertindo aos pais que, pelo efeito da análise, a criança perguntará sobre a verdade, e que os pais devem estar dispostos a dizer-lhe. Hoje em dia não funciona assim, há verdadeiras mentiras que impedem o desenvolvimento da criança, é preferível que os pais contem a verdade da história a seu filho para que este possa trazê-la à análise e assim elaborá-la e metabolizá-la.

A questão sobre as mentiras precisa de um tratamento especial e singular.

Tratou-se em outros capítulos, ao se mencionar a morte de um progenitor sendo ocultada ou disfarçada, e todos os efeitos patológicos que isso produz.

Há temas que permanecem vigentes e afetam a atitude dos terapeutas com a realidade. Uma realidade que se faz indispensável tratar com os pais. Crianças que chegam às consultas cheias de medos e terrores: que veem fantasmas no escuro de seus quartos, que veem monstros atrás de suas cortinas e que ao chegar o dia dos Reis Magos, continuam acreditando que três seres vindos do espaço aparecerão com balas entrando em suas casas e deixando os brinquedos que desejam. O tema dos Reis Magos, Papai Noel ou o Rato Perez é algo a ser tratado com os pais e se relaciona especialmente com a verdade.

Dizer aos pais que contem a verdade a seus filhos sobre estes mitos gera enormes resistências. Essas resistências estão ancoradas na história dos pais; deixar de ser os reis onipotentes que adivinham os desejos de seus filhos, deixar de ocupar o lugar dos reis magos é deixar um espaço narcisista que muitos pais negam com desculpas históricas: "Também fizeram comigo a não me produziu nenhum trauma", "se lhe contamos dirá às outras crianças e os decepcionará, ou nos trará problemas com os outros pais". Muitos pais temem deixar esse lugar e muitos terapeutas têm que lidar com essa problemática. Conhecer a verdade, um tema central na psicanálise com crianças, não elimina nem fecha o espaço do brincar que a ocasião proporciona. Muitas crianças, tranquilizadas em suas fantasias sobre pais-reis onipotentes, continuam recebendo os presentes dos Reis Magos com a mesma ilusão que o brinquedo infantil proporciona: "Eu ponho uma garrafa de champanhe para os Reis, já sei que papai e mamãe a tomarão enquanto me deixam os presentes", comenta um menino fóbico, durante seu tratamento.

No entanto, nem todas as mentiras se baseiam em mitos coletivos, em muitas famílias há mentiras ou segredos que, ao não serem ditos, ficam retidos como sintomas nas crianças.

Caso Jordi

A mãe de Jordi, de seis anos, vai à consulta porque seu filho sofre de "ausências", "a cabeça voa", "fica desligado". Depois de passar por médicos e neuropediatras, um deles a orienta para a psicanálise descartando todo tipo de organicidade.

Jordi tem ausências nas sessões, fica olhando o nada, às vezes bate sua cabeça contra a parede. Em suas brincadeiras com os bonecos tenta organizar uma família realizando diversas atividades, mas o pai sempre fica fora, morre, desmaia, vai dormir, se cansa ou simplesmente se vai porque não aguenta ficar com a família.

Isso ocorre também na realidade: o pai dele é convocado a várias entrevistas, comparece só a uma e se mantém bastante silencioso; curiosamente diz: "É como se não fosse meu filho, minha mulher é tão madrasta!".

Em entrevistas posteriores com a mãe, ela fala de seu segredo: Procurou ficar grávida durante vários anos e não conseguiu, ambos fizeram exames pertinentes de esterilidade, mas o marido nunca foi buscar os resultados, assim ela se intera que o marido é estéril e, em lugar de comentar com ele, decidiu com o médico uma inseminação *in vitro* com sêmen de um doador.

Este segredo permanece na relação triangular, o pai se acredita pai de um filho que não é seu e o filho sofre de ausências. Trabalhando com a mãe, esta chega a pensar que deve dizer toda a verdade a seu marido. Esta verdade oculta, uma vez descoberta, provoca uma separação imediata, mesmo que já anunciada por certos vestígios.

O pai de Jordi inicia quase de imediato uma nova relação com outra mulher; para surpresa da mãe de Jordi, esta mulher engravida em pouco tempo. Jordi deixa de bater a cabeça e visita o pai e depois seu irmão com quem estabelece uma relação de ciúme e carinho. Suas ausências desaparecem. A mãe, desesperada, pede um tratamento para ela.

Jordi nunca soube a verdade sobre suas origens, mas recuperou um pai que até o momento não havia desempenhado sua função.

10.2.3. Pais separados

Em muitos textos sobre psicanálise infantil se aborda este tema sem chegar a uma conclusão concreta.

Há analistas que consideram que apesar da separação dos pais, eles não se divorciam em sua função paterna, e que, portanto, quando se trata de uma criança de pais separados, devem se manter entrevistas conjuntas.

Sempre seguindo caso a caso, já que o trabalho do analista requer, esta técnica terá que ser repensada.

Sempre se supõe que no inconsciente de toda criança, quando os pais se separam ou divorciam, seu desejo passa a ser reuni-los.

Na clínica psicanalítica infantil isso é encontrado de modo considerável; mantendo-se entrevistas conjuntas com pais separados, a criança fantasia com uma união impossível; ao mesmo tempo, esse tipo de entrevista se transforma em mais de uma ocasião no lugar idôneo para colocar o terapeuta num lugar equívoco, mediador, juiz, advogado, mas nunca na pessoa que deve escutar a história do filho em relação a seus pais.

Caso Paco

Paco é enviado à consulta pela escola; aos 11 anos, suas dificuldades para a aquisição do aprendizado básico preocupam pais e professores. Quando a mãe telefona para pedir uma consulta é dito que compareça com seu marido.

Ambos se apresentam à consulta com uma atitude beligerante, então o terapeuta fica sabendo que estão separados desde que seu filho tinha três anos; se encontram tensos e incomodados. Durante a entrevista se acusam mutuamente pelo sofrimento do filho. Não demora muito para falarem dos motivos que os levou ao divórcio: incompatibilidade de temperamentos, infidelidades, tensão entre as famílias.

O analista os chama em separado; então cada um pode falar sobre o que sente e opinar sobre o filho.

Não escapa ao terapeuta as acusações que um tem sobre o outro, "a mãe o protege", "o pai não lhe dá atenção...".

Aparentemente separados há anos, este casal segue unido pelo ódio e o rancor. Com esta união tão mortífera não é de estranhar que Paco não possa aprender nem estudar.

Em suas sessões brinca sempre de lutas, batalhas ou guerras. A separação de seus pais ficou como um luto impossível de elaborar. Seu tratamento e as entrevistas periódicas com os pais em separado lhe permitiram ficar mais tranquilo, atreveu-se a perguntar aos pais sobre os motivos do divórcio e pôde compreender sua situação de forma mais adequada.

Caso Antonio

Antonio está com dez anos, tem um irmão três anos mais velho e seus pais se separaram há quatro anos. A mãe marca hora para ele e acrescenta que comparecerá com seu ex-marido. Diz que ambos os filhos necessitam tratamento, mas para ela a prioridade é Antonio. Comenta que este filho tem menos recursos, tem sérias dificuldades na aprendizagem e na relação com seus colegas. Lê e escreve com dificuldade, custa-lhe entender os conceitos de soma e subtração. Não brinca, não expressa seus sentimentos, não o veem chorar. "Fica como espectador". O irmão é mais disperso, ingênuo. "Confio mais em seus recursos, é mais capaz de fazer amigos".

O pai se indispõe com sua ex-mulher e comenta: "Antonio brinca de maneira distinta das crianças de sua idade e tem mais recursos que seu irmão. Brinca sozinho e é feliz brincando. É sensível, tem uma percepção exagerada do seu meio. Não tem atrasos, tem vontade de aprender, de ler. Continua muito apegado a sua mãe, necessita um empurrão para tornar-se um homem, mas o vejo com mais força. Seu irmão tem muito baixa autoestima, não tem iniciativa para nada, é um submisso e lhe falta bom-senso. Não sabe fazer as coisas por si mesmo, não sabe enfrentar os problemas. Precisa de ajuda e tem vontade que o ajudem. Deve-se dar o lugar que lhe corresponde e ele necessita o tratamento primeiro".

Situação difícil que se apresenta. Pais separados que colocam ao terapeuta a avaliação de qual dos filhos tem menos recursos e necessita primeiro um tratamento, e a qual dos pais dar razão, se é que têm...

Colocam o terapeuta no lugar de juiz. Algo que tem a ver com a lei parece comprometer esta particular demanda. Pedem que o terapeuta "veja" os dois filhos, quer dizer, tentam situá-lo no lugar de espectador, como a mãe qualifica a atitude de Antonio.

O terapeuta decide trabalhar com os pais numa série de entrevistas individuais, e outras juntos, para aclarar a demanda e propiciar o desenvolvimento transferencial.

Na entrevista com a mãe, conta que aos três anos de casados tiveram o filho mais velho e que ela não tinha certeza de querer ter outro filho. "Em uma negociação aceitei, mas me dei conta mais tarde que não o desejava. Aos oito meses de gravidez caí, mas não aconteceu nada. Tinha a ideia que seria outro menino, penso que com as meninas a relação é difícil". "Éramos um casal ideal para os outros, mas quando Antonio nasceu, tive uma crise pessoal. Me senti estranha, desorientada, não acreditava que pudesse cuidar dele. Antonio dormia muito, ficava doente, parecia retardado. Me sentia com muito peso e muita culpa. Me apaixonei por outra pessoa, contei ao meu ex-marido e ele consentiu. Mas decidi me separar. Foi duro e doloroso. Meu filho maior é aberto, ideal, é o filho modelo. O pai não aceita as dificuldades de Antonio. Eu me identifico mais com meu filho maior, sou dispersa, pouco atenta. Antonio está sempre calculando tudo, é muito cuidadoso, até demais. Muito atento aos horários, a todas as mudanças, é muito obsessivo em tudo".

Na entrevista com o pai, ele conta: "Éramos um casal ideal, 'simbiótico', grudados um no outro. Me desliguei dela, eu a havia idealizado toda a minha vida, coloquei-a num pedestal. Mas ela se esqueceu de mim; quando nasceu Antonio o casal se quebrou. Eu era condescendente, assim não havia conflitos nem discussões". "Éramos um casal aberto, eu promovia a amizade dos casais e tínhamos relações cruzadas. Um desses casais se separou e eu propiciei que minha mulher o ajudasse, que não aconteceria nada. Com meu consentimento, devido à confiança cega que tinha nela, me contou depois que estava se apaixonando por ele e que queria se separar. Eu não podia imaginar que por essa paixão quisesse se separar. Fiquei arrasado. Pensei em meus filhos. Jamais aceitei a sua partida. Ninguém podia acreditar, mas acordei e me dei conta dos desgraçados que eram. Fiz que se sentissem culpados. Encontrei gosto na solidão. E há quatro anos me apaixonei por outra pessoa com quem vivo atualmente".

Continuam as entrevistas individuais com os pais, indagando suas histórias familiares.

A mãe conta que é filha única: "Mantinha uma relação muito próxima com a minha mãe, de corpo a corpo. Desde pequena era muito madura e com muitos medos. Meu pai era superprotetor, mas foi sempre um mistério, trabalhava muito, não sabia nada dele".

O pai tinha uma irmã mais velha: "Meu pai não fede nem cheira, sempre teve péssima relação com minha mãe. Minha mãe manda muito, manda no lugar dos dois. Meu pai é pisado, é negativo, muito crítico, não respeitou nem entendeu como são seus filhos. Nesse sentido fui órfão. Meu pai é solitário e se entende mais com Antonio porque ele também é assim. Antonio está muito ligado em sua mãe, que não o solta, é pouco autônomo". É assinalado ao pai de Antonio que havia algo parecido no que conta da relação entre seu filho e sua ex-mulher e entre ele e sua mãe. Concorda e acrescenta que "eu consegui sair, Antonio não tem recursos". Aqui há um ponto de inflexão no discurso do pai: identificando-se com este aspecto de Antonio, a dependência da mãe, reconhece que seu filho tem menos recursos, e pode aceitar o sofrimento de Antonio.

Resultam ilustrativas estas entrevistas com os pais, que no começo se percebe como tentam situar o analista no lugar do juiz que deverá no manifesto determinar qual dos dois filhos está pior, quer dizer, com qual começar um tratamento, e no latente discernir qual filho aceitar e qual rejeitar, quer dizer, optar para dar razão a um dos pais. Tentam fazer do analista um aliado de um e um rival do outro; reproduzem uma situação triangular transgressora e de alianças e exclusões como atuavam quando estavam casados. Também há um apelo a uma figura de lei, a um pai. Em suas histórias pessoais o pai dela "era um mistério, não sabia nada dele", e o seu pai "não fede nem cheira"; e mães demasiado próximas: nela, "uma relação muito próxima, de corpo a corpo" e nele "minha mãe mandava muito".

O trabalho com os pais antes de ver a criança possibilitou que desenvolvessem essas situações conflitivas na transferência, e que tivesse um começo de tentativa de reflexão e elaboração. O analista aponta que ainda que os dois filhos provavelmente precisem se tratar, como o pedido inicial era para Antonio, oferece fazer umas primeiras entrevistas diagnósticas e avaliar a indicação terapêutica, e que consultam outro profissional para o irmão. O trabalho que foi realizando com os pais possibilitou que aceitassem estas indicações.

Como se indicou ao longo de todos os capítulos, não se pode tratar a criança sem levar em conta que é um sujeito em constituição e, portanto, dependente dos pais. Por isso é necessário abordar qualquer problemática do mesmo mantendo uma comunicação aberta com quem exerce as funções parentais.

As crianças não são levadas por seus pais ao consultório de um analista para se desentender com eles; se isso acontece, não há análise possível, porque a criança é em si mesma o produto das repercussões dos pais. A transferência que esses pais fazem sobre o analista e no tratamento psicanalítico é básica e fundamental para se chegar à cura.

Capítulo 11

O final da análise

Tema complicado e pouco tratado entre os psicanalistas, a finalização da psicanálise infantil está sujeita a vicissitudes particulares e, como todo o desenvolvimento de uma cura, será o produto da participação dos pais, da criança e do analista.

Surgem muitas perguntas sobre o final de uma análise: em primeiro lugar, o caráter específico de cada caso. Alguns terminam onde outros começam.

Não existe "fim" da análise, mas diferentes finalizações, de acordo com o tipo predominante de patologia, quer dizer, seu ponto de partida. Não é o mesmo para uma neurose, uma psicose ou uma perversão. Daí a íntima relação entre o fim e o começo. É preciso levar em conta que na criança não nos encontramos com a rígida cristalização do adulto e que seu aparelho psíquico está em construção.

Freud disse: "A análise termina quando analista e paciente já não se encontram na sessão de trabalho analítico. E isso ocorrerá quando estiverem quase cumpridas duas condições: a primeira, que o paciente já não sofra a causa de seus sintomas e tenha superado suas angústias, assim como suas inibições, e a segunda, que o analista julgue ter tornado consciente ao paciente um tanto do reprimido, esclarecido um tanto do incompreensível, e eliminado um tanto da resistência interior, que já não caiba temer que se repitam os processos patológicos em questão. E, se não é possível alcançar esta meta por dificuldades externas, melhor se falar de uma análise imperfeita do que de uma não terminada".

Para M. Klein, no fim da análise haverá modificações psíquicas que se devem notar nas ansiedades e nas relações objetais. As ansiedades paranoides devem decrescer, o que fará diminuir a angústia. A angústia depressiva deverá ceder lugar à atividade sublimatória baseada na reparação. Deverá modificar-se o Superego arcaico, formado pelas pulsões de morte e de extrema severidade e que é um dos principais agentes da doença.

Para M. Mannoni, o sintoma da criança será o porta-voz de algo não reprimido por ele, mas reprimido ou não dito pelos pais. O que decidirá a saúde e a doença, assim como os sintomas, dependerá, segundo Dolto, do Édipo dos pais (em cujos superegos estão representados os avós da criança) e no não dito de seus conflitos.

A análise de crianças está sujeita a uma "escuta" dupla e por isso a dois finais: um com os pais e outro com a criança. São vários os implicados, já que o sintoma da criança afeta não só ela, como também seus pais e às vezes seus professores. Os pais põem em jogo com a criança seus próprios ideais e outorgam ao analista o poder de modelá-la à imagem e semelhança desses valores. São eles que esperarão modificações na criança a partir do tratamento.

A demanda inicial e o final não dependem então estritamente da criança. Sua palavra está sujeita à revisão de seus pais quanto à sua pertinência, e os pais, por sua transferência, estão sujeitos à palavra do analista de seu filho. Frequentemente, a decisão de concluir a análise parte dos pais. Pode ser que o desaparecimento circunstancial dos sintomas lhes pareça suficiente ou porque a relação com o analista fica insuportável. A criança, como efeito de estrutura, está presa em sua posição de dependência do adulto e sua pergunta em relação com a castração do Outro. Pergunta sobre este desejo desta maneira: "você pode me perder?". Propõe-se a si mesmo como objeto do desejo.

A difícil tarefa do psicanalista será, como já se falou anteriormente, a de não se deixar aprisionar por tais limites e ajudar o paciente a articular sua demanda.

Não se pode curar a criança da presença dos pais. Será possível apenas ajudá-la a mudar sua posição subjetiva, situando-a de maneira diferente, frente à castração e ao desejo do Outro. A elaboração de fantasias motivadas pela angústia de castração indica uma mudança de posição favorável na triangulação edípica.

Trata-se de propiciar a ligação do traumático que caracteriza a construção de cada sujeito através da repetição que se desdobra na transferência com o analista, que pode emprestar palavras, dar outro sentido e ser aliado contra o "tanático". A construção do sujeito é em si traumática porque o aparelho psíquico não está suficientemente maduro para metabolizar os estímulos que recebe dos adultos: a presença que narcisa, mas também erotiza, os ideais projetados no filho, e a organização edípico-narcisista dos pais, quer dizer, o Édipo ampliado da criança. A ausência do adulto – ainda que favoreça a capacidade simbolizadora da criança –, se excessiva, propicia sua desvalorização e falhas narcísicas e não põe freio ao excesso pulsional. A dor será melhor tolerada se houver um adulto que tolere sua angústia, que lhe fale e o acalme.

A criança é portadora de seus próprios sintomas e/ou é um sintoma de Outros. Este diagnóstico prévio é uma situação comprometida, que pode ter muito peso na vida da criança e de sua família. Trata-se do desejo dos pais e do desejo da criança: terão que coexistir durante o tratamento e na finalização do mesmo.

O sintoma é o que leva à consulta, como máscara cujo papel é ocultar o acontecimento perturbador ou o texto original. Um sintoma a partir do qual é possível encontrar a palavra perdida ou não dita no discurso parental.

Todos os sintomas são eliminados na análise, os objetivos foram cumpridos? Freud coloca que "não se proporá como meta limitar todas as particularidades humanas a favor de uma normalidade esquemática, nem demandará que os analisados a fundo registrem paixões nem possam desenvolver conflitos de nenhuma índole. A análise deve criar as condições psicológicas mais favoráveis para as funções do ego, com isso sua tarefa ficaria realizada".

Acontece frequentemente que um final de análise não tenha uma cura sintomática total; outras vezes parece tê-la e, sem dúvida, há questões que podem continuar preocupando. A permanência de um sintoma parece ser incompatível com o desejo dos pais de que o filho responda a esse ideal que construíram.

O social, o cultural e o normativo pressionam e a análise pode se sentir tentada a ser quase uma reeducação adaptativa e, assim, deslizar pela vertente do pedagógico, um dos perigos mais frequentes.

Na história *O Caso do Pequeno Hans*, Freud faz uma ponderação: "A meu ver demos muita importância aos sintomas e não nos ocupamos bastante de suas fontes de origem. Nossa única diretiva na educação de crianças é que nos deixem tranquilos e não nos oponham nenhuma dificuldade".

Há duas classes de separação ao terminar uma cura, e isto é valido tanto para os adultos como para as crianças.

Uma corresponde ao final da relação analista-analisando e termina com a última sessão: a relação analítica termina, é a separação do último dia, o dia do adeus. A outra separação, muito diferente desta despedida final, entre analisando e analista, consiste também em um "desprendimento" muito particular. Efetua-se no espaço intrapsíquico do analisando e acontece muito antes e muito depois da última sessão. É uma verdadeira autosseparação, um corte de uma parte de si mesmo.

A primeira separação se dá no registro temporal, cronológico e segue as vicissitudes da transferência.

O segundo registro da cura é o do processo psíquico da análise. Desenvolve-se num tempo limitado mas igualmente cíclico, que nasce como o primeiro embrião da consulta e se distancia, terminada a análise, para outra área desconhecida.

Na psicanálise infantil se trabalha sobre um conjunto construído ou armado, produzindo um "rearmado" que não apaga as pegadas, mas as organiza outorgando-lhes um novo sentido.

O analista, com seu silêncio e suas intervenções, cria as condições para propiciar o reviver do fantasma da castração. A castração se manifesta na criança como criança-adulto, como castrado não castrado, porque são os outros que falam na criança e a colocam numa permanente posição de carência imaginária frente aos ideais dos pais.

O fantasma refere duas posições do Outro que, se estruturam bem o sujeito, provocam angústia que a análise deverá reverter. A primeira é a queda do fantasma da mãe-fálica: sombra em um corpo luminoso, significa que a criança também pode sofrer algum dia a mutilação. Representa por sua vez uma ameaça que espanta e uma chamada que seduz. O fantasma da castração é angustiante, mas é a garantia que protege a criança fálica de ficar presa em um prazer sem limites.

A segunda posição é a do Outro da lei: é a versão paterna cuja função é a de proibir o desejo incestuoso representado por uma voz: a figura sonora e perigosa do fantasma da castração, na origem do Superego. Como fez frente ao Outro castrado, a criança foge e busca ao mesmo tempo a presença ameaçadora que assusta e tranquiliza. Diz que tem medo da lei, mas para que não deixem de lembrá-la constantemente. É necessário que mandem, proíbam e, se for necessário, a castiguem.

Para Freud, a negativa de abrir-se à angústia parece desembocar na interrupção da cura. Daí a célebre fórmula freudiana: "A análise se chocou com o obstáculo da rocha da castração".

Este atravessar a angústia como algo proveniente do analista ou surgindo de dentro do paciente permite aceitar a perda. O que se joga não é sempre um todo, mas uma parte, e uma parte que estará perdida para sempre. O risco será parcial e a perda inevitável. Esta perda tem inúmeras faces, diferentes para cada analisado, mas é antes de tudo perda de uma ilusão.

Adverte-se então que o luto de uma análise acabada não é o do psicanalista, mas o luto de uma ficção e de uma angústia. Entre as manifestações observáveis da elaboração desse luto, figura um sinal clínico indiscutível, que não passou desapercebido para os analistas que se interessaram pelo tema. Ferenczi, o primeiro a fazê-lo notar com força comovedora, reconhece um sinal perceptível: os pacientes começam a deixar de solicitar ao Outro, seu *partenaire* analítico, e aparecem relatos vinculados ao início do tratamento. Revisam sua caixa de brinquedos. Olham serenamente seus primeiros desenhos. Também trazem na análise sonhos singulares relacionados ao nascimento, com movimentos de partida, estações e transportes, gente que anda e coisas que chegam. Às vezes o analista se surpreende ao receber do paciente um saber que antes supunha ser dele.

A finalidade da cura não é então o desaparecimento dos sintomas. Alguns desaparecem surpreendentemente com as primeiras sessões, às vezes nas entrevistas diagnósticas, outros se metamorfoseiam no decorrer do tratamento, e existem outros sintomas que desaparecem ou reaparecem depois que a cura finalizou.

O fato de os sintomas desaparecerem não autoriza o analista a imaginar e esperar um término da análise. Deverá prestar atenção à mudança da posição subjetiva do analisando, mais que aos sintomas.

O término dá sentido retroativamente ao caminho analítico já percorrido. Isso leva ao problema do tempo de análise com crianças. Em seu crescimento uma criança vai estabelecendo seus modelos identificatórios e seus fantasmas. O tempo de um sujeito tem caráter próprio, é subjetivado. Removem-se obstáculos que impedem o desenvolvimento para que a vida siga seu curso com menos tropeços, vai se adquirindo processos simbolizantes e se instauram processos de historização no sentido que propõe P. Aulagnier, quer dizer, a capacidade de conter fatos significativos da realidade e situar-se dentro deles.

O fim da análise de uma criança necessita do acordo dos pais. No melhor dos casos, da situação de um sujeito, construindo-se frente à castração e a seu desejo, mas isso não garante a eficácia de nenhuma espécie de predição do futuro. E, no adulto, por acaso a psicanálise vacina? – pergunta-se Freud ao longo de sua obra.

Espera-se que se trate de uma criança com uma palavra própria e com possibilidade de transmitir suas angústias, mas sujeito a um Outro que o está estruturando. Pode-se falar de um começo, parafraseando Octave Mannoni "que não termina".

No final trata-se de distinguir as vicissitudes da transferência. A transferência, que é o conceito e o tempo mesmo da análise, é por sua vez motor e obstáculo. Seu modo de pulsação típico evidencia o movimento de fechamento e abertura do inconsciente. É inseparável da sugestão e, em sua dimensão de amor, sustenta a psicanálise e se manifesta mais além do imaginário, possibilitando o esclarecimento do saber inconsciente. A intervenção do analista varia desde promover esse saber até os limites do ato, tendo em conta que o eixo deve passar por não esquecer jamais o sofrimento da criança.

Pode haver resistências próprias do analista: o desejo de preservar um acordo amistoso com os pais, não querer deixar sair um paciente que não se aproxima do ideal que ele havia criado, ou a dificuldade de sustentar e ainda promover o processo de desidealização, fomentando a queda do sujeito que sabe tudo, para a criança e para seus pais.

Caso Pedro

No Capítulo 2 este caso foi apresentado em relação às primeiras entrevistas com os pais.

Pedro, de oito anos, se apresenta dizendo: "Faço as coisas mal e não sei o porquê. Quero que você me ajude". Conta que seus pais se separaram quando era bem pequeno. "Meu pai batia na minha mãe, chegou a jogá-la pela escada. E minha mãe o expulsou de casa. Vejo o meu pai a cada quinze dias, não gosto porque fala mal de minha mãe, diz que é boba. Também me punha na água com a boia e me deixava e me afogava. Se quiser me afundar não vai conseguir, já sei nadar. Este homem que acompanha minha mãe nos ajuda com dinheiro, para a comida. Você me agrada".

Pouco tempo do início do tratamento, Pedro tem vários sonhos de conteúdo transferencial no qual alguém rouba sua mãe ou desaparece com ele próprio, quer dizer, alguém os separa. Acorda chorando "porque um homem entrava em casa e fazia muito mal aos dois. É um homem que parece bom mas é mau".

Começa fazendo alguns comentários: "Não me olhe, porque quebrou o zíper"; e continua lançando à zona genital do terapeuta todo tipo de objetos de sua caixa: madeiras, cola, lápis. O analista impede-o que continue com esses atos violentos, e Pedro interpreta que ataca o analista porque teme que ele o separe de sua mãe como nos sonhos que teve, porque deseja ficar só com ela. Pergunta: "Para que você quer a minha mãe? Ela é extraordinária, faz de tudo, arruma a casa. Ninguém me rouba a minha mãe". Então pega uma tesoura e vai cortando folhas, enquanto diz: "Cortaria suas partes. Sabe que sou um conquistador?, sim, eu gosto. Agora vamos brincar que eu sou você e você é eu. Você é um conquistador e trepa em seu pai. Sim, vamos e você me fode, mas eu tenho o cu sujo porque ao cagar não me lavei, assim você vai tirá-lo cheio de merda. E no colégio você mete na professora.

Tenho um relógio que tem um curto-circuito, é homossexual, tem problemas sexuais, muita sexualidade, muitos beijos".

É chocante a exposição perversa de Pedro, com pouca censura no vocabulário e nos atos, o que leva a pensar no ambiente transgressor que o rodeia: a exibição da sexualidade do pai e o encobrimento mais evidente da relação da mãe com seu atual namorado. Pedro parece ser o fetiche de sua mãe.

Em outra sessão tira uma "carteira de agente secreto" e diz: "Prendo você por roubo. Você me rouba fazendo vir aqui. Não quero vir mais, vou explodir, quebrar tudo". Quer machucar os dedos do terapeuta, envolver suas mãos com um saco plástico e bater com uma madeira, cortar-lhe um dedo com a tesoura. É impiedoso, interpretando que ele deseja que sua mãe seja sua e que ninguém a roube, e deseja castrar o analista, como a todos os homens. O terapeuta decide tirar da caixa de brinquedos os objetos que podem machucar.

"Sabe que hoje uma garota me disse que sou muito bonito? Eu não tenho limite". O terapeuta pergunta: "Você não tem limite?", Pedro responde: "Meta . Sabe o que é meter e ficar com alguém? Chupa-me o cu, vem ao banheiro? Para eu rasgar teu cu? Quer nutella: leite, caca, avelãs (muco), e açúcar (xixi)?". "Os dejetos", assinala o terapeuta. "Eu não tenho limites", responde. O terapeuta assinala que "aqui, sim, tem limites; tem coisas que pode fazer e coisas que não pode; você não pode me machucar nem danificar as coisas da sala".

Continua a produção de grosserias e o vocabulário vulgar: "vamos, agora que estamos sozinhos, meta-me à vontade, chupa-me à vontade, você é pornográfico, vamos, negro, agora sim, é a oportunidade; por quanto me faz? Puto, cara de sapo, não hesite, porca leitoa, mame-a". O analista pergunta por que diz estas coisas, o que quer mostrar com isso. Ele se amarra e pede ao analista que o desamarre. O analista aponta: "Ao que você está amarrado?". Quer amarrar o analista e este interpreta que ele quer se amarrar de pés e mãos.

Aí conta uma história, a "sua" história: "Vou lhe falar a verdade: você não é ninguém. Seus pais não são seus pais, te adotaram. Seu pai teve outro filho que morreu e fez como se casasse com sua mãe, e logo ficou namorado de sua mãe e tudo isso. Teu mundo explodiu e te trouxeram aqui. E agora você pode ser um super-homem e ajudar os outros a ser um sujo como você. O que você decide? Se for um super-homem não terá limites, poderá tudo, terá tudo".

Continuam as referências à sua identidade sexual confusa: "Meu pai é uma tia", "quando eu era pequeno um homem me pegou e me violou por trás"; e a exibição perversa: "Olha o volume da calça, o melhor é se masturbar, eu o imagino nu, com muitos pelos, uma coisa lambe você, corta, não larga, duas boas rolas de carne, sou um conquistador".

As interpretações apontam para tentar efetuar uma ação de corte, de lei, que como tal, ao proibir, freia e limita o descontrole pulsional. Às vezes era necessário agir para evitar a violência agressiva de Pedro. Era importante que o analista não se deixasse enganar por este jogo perverso, sadomasoquista e de exibição e voyeurismo.

A função de proibição também era dirigida a sua mãe que se mudou para o apartamento de sua irmã porque decidiu fazer reformas no apartamento, e que, devido ao "pouco espaço", dorme com seu filho, o que contribui ainda mais para incrementar a excitação de Pedro. O analista pontuou que não é o mais aconselhável para seu filho. "Se você fala... ele dormirá na outra salinha.". A mãe aceita e respeita a função de lei do analista.

Pedro vai então se separando de sua mãe; no manifesto, em uma série de detalhes: não permite que ela lhe corte o cabelo e decide ir pela primeira vez a uma cabeleireira, deixa de se vestir como a mãe quer e escolhe a roupa segundo seu próprio gosto e produz uma aproximação maior do pai, que casualmente é destinado a um local de trabalho a poucas ruas do analista. Antes ou depois das sessões vai visitá-lo e começa a escutar outra história, contada por seu pai, diferente da que sempre escutou de sua mãe. Já não é o eco repetitivo de sua mãe, com o que começa a discordar e a questioná-la. Essa mãe fálica cai, todo-poderosa e ideal, e Pedro pode contar com seu pai

Em uma das brigas com sua mãe – "que não me entende e tenho que fazer tudo o que ela quer" –, pensa em viver com seu pai. Este lhe responde que será bem-vindo, mas que não acredita que seja o melhor sair da casa de sua mãe por um atrito, que tente falar com ela, que ele está lá para apoiá-lo, mas não para competir com sua mãe para ver quem é o melhor. O pai não entra numa disputa especular com sua ex-mulher, o que tranquiliza Pedro.

A sintomatologia transgressora de Pedro desaparece e seu rendimento escolar melhora. Pouco antes de terminar sua análise, aos quinze anos, entrega ao analista um livro que escreveu e que se intitula *Filosofia de um Jovem Adolescente*, com uma capa em que aparecem desenhadas duas mãos se apertando, e lhe pede: "eu agradeço se o ler quando puder e me der a sua opinião sincera; terminei depois de horas e horas de dedicação".

No Prólogo escreve: "Este livro foi feito para pessoas que amam a leitura filosófica, que sejam sensíveis à natureza como aos seres humanos e que queiram ao próximo como a si mesmos, indiferentemente da raça, ideologia, religião, sexo ou aos caracteres externos; isso sim, tendo em conta os fatos e os atos, coisas que não podem ser passadas por alto na hora de julgar uma pessoa, já que isto é o único que conta. Tentaremos encontrar respostas e soluções efetivas para criar um futuro melhor para todos, que seja muito favorável para todo mundo e sobretudo para os jovens. Gostaria de dedicar este livro a todas aquelas pessoas deste mundo que estão passando mal ou tenham dificuldade para sobreviver nestas cruéis e injustas paragens onde muito pouca gente os ajuda".

Alguns parágrafos do livro:

"Nós, os humanos, acreditamos que, porque somos uma das espécies mais abundantes deste mundo, já podemos dominá-lo e fazer com ele o que nos agrade, destruindo lenta e cegamente nosso progenitor a quem devemos tudo. Teríamos que respeitá-lo como a um pai e uma mãe, cuidando-o, olhando-o e tratando que ele se sentisse mais feliz ao nosso lado; deveríamos cuidar das ruas como de nossa casa, jogando os papéis e outras coisas no lixo; cuida da tua casa antes que ela desmorone".

"Não vamos por um bom caminho: as máquinas acabarão parecendo humanas e os humanos acabarão parecendo máquinas sem sentido algum. Tenhamos um pouco de amor e solidariedade."

No apêndice *Educação dos filhos*, escreve: "Quando nasce uma pessoa, é como uma folha em branco, que não conhece nada e tudo é novo para ela; por isso os pais têm a função de anotar nesta folha, pouco a pouco, uns conhecimentos básicos, os quais foram adquiridos por vocês há anos e que seus pais têm grande influência" (*parece se referir ao conceito de Édipo ampliado*)... vão com muito cuidado com os palavrões e grosserias, eles ainda não podem distingui-los. Há pontos-chave: tentem manter uma boa harmonia familiar, divirtam-se e aproveitem, se a criança vê felicidade, ela também será feliz; procurem criar interesses nos filhos mais pelas coisas construtivas do que pelas violentas. Nunca haverá má aprendizagem se houver bom professor; quer dizer, que vocês serão responsáveis até certa idade pelo que seus filhos forem. O ponto culminante deste modo de educação deveria ser o momento em que notarem que seu filho começa a ter ideias próprias, opiniões, ou então lhes surpreenda com um ato não ensinado por vocês; então cuidem: já não deverão ser sempre professor-aluno, mas conselheiro-recebedor do conselho. Este é um momento difícil e cada vez será mais: querem mais liberdade e independência. Eles têm um pouco o direito de escolher seu caminho. Deixem escolher quando tenham critério qual religião seguir, igual à roupa de que gostam. Não permitam nunca que lhes faltem ao respeito mas nem lhes ocorra vocês faltarem o respeito a eles pelo mero fato de ser maiores; eles são pessoas como vocês, com direitos e obrigações, gestos e opiniões. E, para concluir, nunca se esqueçam de informar-lhes e aconselhar-lhes sobre o que eles desejam realizar, mas não lhes proíbam fazer as coisas por medo; devem experimentar por si mesmos".

"Quando um filho sai de casa, aconteça o que acontecer, ou seja o que for, vocês poderão estar orgulhosos do trabalho realizado se fizeram o que deviam. Pensem que de um filho nunca se poderá conseguir absolutamente todo o desejado."

Inteligente síntese do fim da análise.

Caso Eduardo: o pequeno Ulisses

Numa manhã Eduardo entra na consulta. Vem à sua última sessão de um tratamento que durou sete anos. Traz na mão um livro, senta-se e diz: "Quase não pude dormir à noite, passei lendo este livro". Trata-se da Odisseia, em versão infantil. Conta que a leitura ficou tão interessante que começou e não pôde parar. O analista pergunta qual capítulo lhe interessou mais e diz que é o do Polifemo, sobretudo pela habilidade de Ulisses, que se faz chamar de "ninguém", e pode sair na barriga da ovelha. Este capítulo é interessante porque Ulisses chega na caverna e se enfrenta com Polifemo, que é um cíclope. Os cíclopes têm um olho só, no centro do rosto. Polifemo cuidava de um rebanho de ovelhas que punha em uma caverna. Ulisses, com sua habitual astúcia, embriaga o seu capturador e previamente, quando Polifemo lhe pergunta como se chama, ele diz "Ninguém". Para poder sair da caverna de manhã idealiza colocar-se nas barrigas das ovelhas, de tal maneira que quando Polifemo – agora cego, porque Ulisses lhe cravou uma vara no seu olho –, leva suas ovelhas para pastar, as conduz de tal forma que não escape nenhum de seus cachorros e nem consiga descobri-los. Graças a este ardil, Ulisses e seus companheiros escapam. Quando os outros cíclopes pretendem ajudar Polifemo, furioso com sua cegueira e sua dor, e lhe perguntam quem o machucou, este responde: "Ninguém", razão pela qual os cíclopes o abandonam. Uma vez a salvo, nosso herói grita a Polifemo que ele não se chama "Ninguém", mas Ulisses.

Sábia caracterização esta de um tratamento que foi uma odisseia para ele e para a analista, em que se denomina ninguém a um sujeito com nome, que sai garboso de uma situação mortífera, usando sua inteligência e sua astúcia.

O começo desta odisseia remonta a sete anos atrás, com o telefonema de uma senhora que pede a recomendação de um colégio com internação para retardados profundos. Ante a negativa de fazer tal consulta por telefone, responde que levará seu filho ao consultório. No dia seguinte, aparece com uma criança de cinco anos, com problemas motores evidentes, trôpego, que grita sons guturais, e que diante do convite para entrar na sala, se separa de sua mãe sem se despedir nem levar em conta a situação diferente e estranha.

Na sala há uma mesa pequena, duas cadeiras, um armário (onde se guardam as caixas de brinquedo) e uma pequena pia. O menino se dirige à caixa. Tira, uma por uma, as figuras humanas, os animais, os pratos, os talheres e os submerge na água até o fundo. Deixa-os ali uns segundos e tira-os gritando com força. Joga-os no chão, sem nenhuma ordem, até esgotar todos os objetos. Só deixa no fundo da caixa as tesouras.

Enquanto realizava esta atividade, parecia que não percebia a analista, mas com a mesma rapidez com que usou a água, se dirigiu até ela, que estava sentada diante da caixa, e com a tesoura aberta, tentou colocá-la nas têmporas. Como a tesoura era pequena e ia diretamente aos olhos, a analista o deteve e a tirou de suas mãos. Quando usou a tesoura seus gritos aumentaram e, sem que pudesse detê-lo, saiu da sala e se dirigiu à sala de espera. Respeita-se o seu tempo e se agenda outra entrevista, dizendo à mãe que a entrevista era necessária para aclarar a situação de Eduardo, e que era importante que também viesse o pai. Pensando no que havia acontecido com a criança, parece claro que não se tratava de um deficiente profundo, que estava encenando seu nascimento traumático, que essa era mais uma criança psicótica, mais uma que parece povoar os "depósitos-escolas" de deficientes. Era só uma impressão diagnóstica que precisava confirmar ou contestar.

Inicia-se a entrevista com os jovens pais. A mãe, fria e distante, fala de seu filho sem nenhuma emoção, mas não obstante escolhe a cadeira mais perto da analista. O pai se coloca num extremo da sala e não fala espontaneamente em nenhum momento, só se questionado. A mãe diz que quer interná-lo porque vai deixar toda a família louca. Tem mais dois filhos, uma menina de três anos e um menino recém-nascido. Eduardo é descrito como um pequeno monstro: não fala, não diz seu nome nem de seus familiares, só grita de forma estridente e bate em tudo que há ao seu redor. Foram a muitas consultas psiquiátricas, nenhuma de psicanalista, e o diagnóstico foi dano cerebral sem localização, responsável a princípio por seus problemas motores, sua fraqueza intelectual, sua perda de saliva e seu atraso na prensa dos objetos. Recomendaram sua internação já que era impossível qualquer tratamento reeducativo. Insultava, gritava, batia em quem se aproximasse.

A terapeuta insiste com a mãe para que fale de sua gravidez e parto e surge outra história. Eduardo foi confundido com um tumor até o quarto mês, quando começou a se mexer.

A ideia, compartilhada com o ginecologista era que se tratava de um fibroma, um tumor benigno. Ela não queria ter filhos, era filha única e ter filhos era um projeto distante, se não impossível. No quarto mês se deram conta que era um tumor com pernas. A mãe não pôde desejá-lo de outra maneira, ficou presa neste mal-entendido inicial.

Ao dar-lhe um nome, se apontam projetos sobre o filho, enquanto herdeiro significante. O primeiro dom libidinal da mãe é o investimento de um corpo imaginário do filho, corpo autônomo, unificado, completo. Neste caso, Eduardo foi percebido como recheio corporal, órgão superposto, significante corporal não significado. A criança, superinvestida então narcisicamente como parte do corpo materno, não se referirá ao pai, enquanto objeto sexual criador. Negado como filho do pai, é o filho de ninguém.

A mãe continua dizendo que quando se inteirou da gravidez decidiu negá-la, como se não acontecesse. Não podia fazer seu berço nem destinar-lhe um quarto em sua casa e prepará-lo. Finalmente Eduardo nasceu em uma clínica especializada. O parto foi longo, difícil e tiveram que aplicar fórceps. Como consequência do parto, a criança tinha um grande hematoma na cabeça, em forma de ponta, que lhe dava um aspecto muito estranho. Quando acordou da anestesia e o viu, a mãe começou a gritar: "Este não é meu filho, isto é um monstro, eu não o quero ao meu lado, levem-no". Tiveram que sedá-la e tentaram que visse seu filho em outras ocasiões, mas foi impossível. Sua mãe tentava convencê-la de que a criança estava cada dia mais normal, mas resistiu a vê-lo por três dias. Decidiu não amamentá-lo e, ao chegar em casa, contratou uma babá que cuidaria dele com a avó, que sentiu muita pena pelo recém-nascido, seu primeiro neto. A avó escolheu o nome com consentimento dos pais.

Todo sujeito ao nascer, e também antes, se inscreve num mito familiar, numa história. Os fantasmas dos pais, que se referem à sua própria história, já o configuraram, o ligaram quanto a um livre arbítrio de seu destino. Antes de ser um sujeito, Eduardo era um personagem não humano. Quando contou estes detalhes, a voz da mãe de Eduardo se quebrou e começou a soluçar de forma suave, enquanto o marido escutava como petrificado, mas sem fazer comentários. Tudo foi terrível para eles. Veio mal desde o início. Era um filho que não deveriam ter tido. Desejaram os outros para que compensassem tanta desgraça. Ficava claro o desejo filicida que agora se expressava em depositá-lo numa instituição, em fazê-lo desaparecer.

Descrevem a vida do menino, isolado num quarto do fundo da casa, ampla, com um grande jardim. Seu único companheiro era um cachorro, chamado Capitão, que numa ocasião participou de uma sessão e que cuidava e propiciava alguma carícia. Não brincava com brinquedos, mas guardava desenhos de objetos. Umas vezes comeu restos que colhia do cesto de lixo. Controlava esfíncteres, mas às vezes usava o xixi e o cocô em suas agressões. Dormia muito mal, com muitos pesadelos, e lhe medicavam com sedativos.

Quando estavam esperando a confirmação da internação lhes comunicam que havia fortes diferenças a respeito do diagnóstico prévio e sobre o tratamento indicado. O comportamento de Eduardo na hora lúdica e os elementos da história que haviam aparecido faziam o diagnóstico tender à psicose, sem negar sua problemática intelectual atual. Esta troca de diagnóstico supunha também a possibilidade de outro tipo de tratamento, de várias sessões semanais, que seria um esforço para todos, já que excluiria a internação em uma instituição: abandonar toda esperança de melhora.

Havia nesta história uma falta de história: o menino foi investido no nível funcional, mas não no nível do desejo. Seu corpo foi feito de fragmentos, testemunho da lei materna. Para o psicótico o que aparece não é o corpo imaginado, mas esta imagem de castrado que não pode evitar. Também era evidente o desejo da analista em ajudá-lo, aceitando o desafio de uma psicanálise difícil de realizar e reservada quanto a seu prognóstico.

Uma semana depois solicitam uma entrevista e comunicam que aceitam realizar uma psicanálise. Custa muito a decisão, já que a internação supunha um alívio para todos. É estabelecido um contrato de cinco sessões semanais e algumas entrevistas com os pais ao longo do ano. No momento se omite outra intervenção, como a reeducativa, já que se considera importante não propiciar outras transferências. Nesse momento, conta-se com uma descrição da criança, quase uma história, com uma mãe que deve suportar um desejo mortífero, um pai ausente, uma avó que tenta ficar perto de Eduardo, e um avô que fica de fora e, em troca, ocupa-se das outras duas crianças. É questionável essa análise sem um trabalho com a família.

Na primeira entrevista com Eduardo, que foi muito curta, parece claro que efetivamente não se tratava de um deficiente profundo já que pode simbolizar a situação de sufoco que passou durante o parto (através da imersão de todos os brinquedos da caixa na água) e o fórceps (quando tentou pôr a tesoura no seio da terapeuta). A primeira ideia da analista foi que ele havia nascido com fórceps. A situação de nascimento foi tão terrível, tão traumática, que não se podia falar.

Pode-se dividir este tratamento em quatro etapas. A primeira se caracterizou pela extrema violência. Separava-se com facilidade da mãe, a princípio não considerava a analista e atacava a terapia. A saída o enlouquecia e respondia com pânico, mas não fazia tentativas de sair. Não falava, gritava, uivava. Tentava agarrar e chutar a analista. Tinha uma confusão total entre ele e a terapeuta, que se evidenciava, por exemplo, em cobrir-se de saliva, e tentar fazer o mesmo com ela. Esta fabricação de superfícies não tem a ver com algo do interno e de externo, mas o que lhe interessava era a não solução de continuidade. Era uma primeira forma de fazer uma unificação corporal por meio de uma superfície, sem nenhuma descontinuidade com o corpo do outro. Fazia o mesmo com mucos, já que sempre estava resfriado, com material fecal e com urina, algumas vezes. Isso lembra as brincadeiras de lambuzar do bebê.

As interpretações eram dirigidas a nomeá-lo e nomear a analista, quer dizer, a diferenciá-lo. Ao final desta etapa, começou a pôr restos de brinquedos, já que havia destruído tudo, na água, com gritos de pânico. Descobriu o armário e tentou pôr ali os pedaços. Tratava-se então de uma relação continente-contido, que também se expressava por meio de tentativas de esburacar o corpo da analista, como pôr os dedos nos olhos, nas orelhas, na boca. Este trabalho de extração do corpo materno remete aos descobrimentos kleinianos, se bem que os lacanianos também admitem estes fenômenos, incluindo a falta do Outro. Sem outro há somente um real (não há outros e há deserto) vazio. O outro deve estar perfurado pelo significante para que o pequeno corpo não esteja nele. Na falta da presença deste Outro, que ocupa um lugar fundamental, o real não se transforma em imaginário significante e, portanto, tampouco há simbólico. Esta etapa foi longa e difícil, em alguns momentos invadia o desânimo e o cansaço. Às vezes entrava na sala engatinhando, com ossos na boca que pegara no cesto de lixo e pedindo que o chamasse pelo nome do cachorro da analista, que havia escutado em uma ocasião.

Na segunda etapa, a mudança foi dada por uma alucinação carregada de morte. Nesse dia chegou e entrou gritando, se deteve no meio do consultório e olhou de forma ensimesmada o teto. Parecia que algo iria acontecer, mas não se sabia o quê. Num momento subiu na mesa com grande rapidez e dali se jogou no pescoço da analista para sufocá-la, enquanto gritava desesperado:

"Bruxa, bruxa, seus dentes estão crescendo, vai me comer". A analista teve que se defender do sufocamento e com esforço pôde se desvencilhar de Eduardo, com uma toalha que havia junto à pia o rodeou suavemente e lhe interpretou o desejo de fazer parecer no real, a analista como a mãe devoradora. Sua atitude mudou, disse suavemente "mamãe" e foi para um canto, se colocou em posição fetal e chorou com lágrimas pela primeira vez. A partir deste momento começou a falar correntemente, depois de dizer "mamãe", com uma mistura de ternura e dor. Antes já tinha o uso da linguagem, ainda que não a utilizasse nas sessões. Fora das sessões falava muito pouco, mas falava. A partir de então apareceram seus fantasmas orais. Dar e receber comidas, comer e ser comido. Passou por etapas de intenso pânico, em que novamente gritava "bruxa", que não se interpretava como alucinação, mas no nível da relação dual, a analista como imago dissociada, carregada de maldade. Apareceram autoataques, que implicavam sofrimento ao seu corpo.

Quando saía das sessões, se sua mãe não o segurava, ia até metade da rua e tombava com o evidente risco de um acidente. Foi pedida uma entrevista com os pais, que aceitaram que o menino havia feito grandes progressos. Ao assinalar-lhes os ataques contra ele mesmo, o atribuíram ao acaso: caídas, topadas etc. A analista solicitou que cuidassem dele de forma especial... no entanto a mãe começou a esquecer de buscá-lo à saída das sessões. Chegava tarde e logo deixou de ir. Um dia, Eduardo ficou esperando-a na beira da calçada, com muito trânsito, e diante do perigo que corria, uma vizinha o trouxe à consulta. Chamou-se novamente os pais e se indagou a mãe em relação a estas atuações. Respondeu: "Bom, o destino é o destino". A analista lhe responde que este destino tem um nome, que se chamava "filicídio" e lhes põe como condição para seguir o tratamento de seu filho que ela se tratasse também. O pai saiu de seu mutismo habitual e disse que na realidade os dois deveriam se tratar. A mãe decidiu entrar num grupo terapêutico de mães. A palavra produziu o efeito de uma proibição: "Não matarás".

Coincidindo com esta situação, Eduardo, nadando numa piscina, teve um desmaio produzido por uma cardiopatia congênita, da qual nunca se havia falado. Tratava-se de uma estenose da válvula da artéria pulmonar, que punha o menino em risco iminente de morte. Novamente entre a vida e a morte. O cirurgião deu um prazo de quinze dias para que se pudesse prepará-lo para a intervenção. As sessões eram muito difíceis. Não queria ouvir, tapava os ouvidos, gritava, mas brincava de enganchar e desenganchar pequenas peças de cor azul e vermelho, simbolizando o problema de seu sangue. Dramatizou sua operação com um boneco. A operação durou oito horas e foi um êxito. Um sintoma inicial de Eduardo que era se babar, que lhe dava o aspecto de um débil profundo, desapareceu. Mas, depois de sair do pós-operatório, após 48 horas, teve sessões diárias no hospital, e nas primeiras se percebeu que estava babando de novo e, ao mesmo tempo, que apareceram movimentos estranhos, parecidos aos que tinha no início. Perguntado sobre o que havia ocorrido, ele respondeu: "Me destamparam a ferida, eu via a ferida". O médico quis prescrever uma consulta neurológica e a analista sugeriu que possivelmente estes sintomas tinham a ver com a visão da ferida. Como era um menino pequeno, a ferida tomava todo o tórax. Pediu-se 48 horas de espera antes de decidir pela consulta neurológica, e em duas sessões se analisou a castração no real. O sintoma desapareceu.

A mãe se sentia muito mal, culpada e aterrorizada que esse cumprisse seus desejos de morte. Pediu uma entrevista e relatou momentos difíceis de sua vida: uma infância solitária, sua relação simbiótica com a mãe, o pai ausente de tudo e seu casamento sem amor.

Era professora de Letras, gosta de escrever, mas não podia fazê-lo. Aconselha-se a iniciar um tratamento individual. Necessitava, entre outras coisas, ser reconhecida como mãe. Quanto ao pai, durante a operação manteve-se distante, alheio a tudo. Era um pai simbolicamente ausente. Esse é um dos fatores que tem a ver com a formação de uma psicose.

A terceira etapa foi a da aprendizagem. Eduardo falava e sorria e estabeleceu um vínculo carinhoso com a mãe. Despedia-se com um beijo e se aproximava dos braços da mãe que o acolhia com uma ternura inusitada. Incorporou-se à vida familiar, se aproximou do irmão menor. Iniciou então um tratamento psicopedagógico e respondeu com rapidez.

Sua irmãzinha apresentou sintomas de tipo neurótico na aprendizagem. O brincar nas sessões era rico, dramatizava as situações familiares por meio de uma incipiente identificação masculina. As interpretações se referiam fundamentalmente ao trânsito edípico.

A última etapa se relaciona com a escolarização. Entra como aluno em uma escola para crianças com problemas, mas não de deficientes mentais. Lia na sessão e fora dela, desenhava muito em papéis e na lousa. A mãe começou a escrever poesias e devido ao trabalho do pai deixaram o país. Eduardo tinha já 12 anos e estava menos desenvolvido quanto ao tamanho do que correspondia a sua idade. Assim terminou o tratamento.

Os últimos três anos, quando já estava muitíssimo melhor, ele começou a ir sozinho à terapia. A primeira vez, muito orgulhoso, foi a pé e trouxe

Capitão, que interveio na sessão. Capitão colocou-se debaixo da cadeira da analista e quando interpretava coisas que tinham a ver com ele, que havia sido um companheiro fiel importantíssimo, quanto à relação afetiva, sua resposta era mexer o rabo. Ouvia-se a batida do rabo no chão, e ficou em seu lugar até que terminou a sessão.

Foi a primeira vez que o trouxe, para mostrar a importância identificatória que este animal havia tido em sua vida. Era um importante elemento afetivo que tinha, vínculo que também era recíproco, porque Capitão era seu acompanhante permanente. Como não podia brincar nem relacionar-se com ninguém, estava só e isolado. A mãe lhe havia isolado dos irmãos porque tinha comportamentos enciumados com um irmão recém-nascido quando começou a análise. Com este irmão teve depois uma relação excelente, constituindo-se em seu protetor.

Eduardo tinha uma atitude que angustiava a mãe: odiava os velhos. Quando vinham às sessões escapava do controle da mãe e, se podia, empurrava um velho que atravessava a rua, que parecia expressar um deslocamento do vínculo com seus avós. Um ponto de melhora foi que um dia a mãe muito surpresa comentou: "Eu não sei o que aconteceu, mas uma velhinha queria atravessar a rua e ele lhe deu a mão e a ajudou a atravessar".

Voltando à última sessão, depois de comentar o conto de Polifemo e Ulisses, a analista expõe o que significou a análise e de sua passagem de Ninguém a Eduardo. Então Eduardo disse que queria fazer uma brincadeira. Abriu o armário das caixas e se meteu na última estante, que estava vazia. Pediu que lhe fechasse com a chave, que ele bateria na porta quando desejasse sair, e que a analista o tirasse suavemente pela cabeça. Assim foi: reproduziu seu nascimento; desta vez nascia quando queria e foi recebido com cuidado. A analista o tirou lentamente, pegando sua cabeça entre as mãos. Pôs-se de pé e disse: "Já posso ir". E se foi.

Dez anos depois retorna por sua própria iniciativa. Volta ao país para ficar. É um jovem muito alto, que com simpatia relata que faz curso de ensino secundário comercial e espera começar a trabalhar. Seus pais se separaram; sua mãe escreve poesia; relembra a sua analista, também a última sessão, mas não recorda o desenvolvimento da análise.

São estas as análises que marcam a vida de um analista, porque foi mais uma humanização do que uma análise. Mas afinal de contas, toda análise não é um processo de humanização?

Bibliografia

ABERASTURY, A. *El Niño y sus Juegos*. Buenos Aires: Paidós, 1968.

_____. *Teoría y Técnica del Psicoanálisis de Niños*. Buenos Aires: Paidós, 1972.

_____. Los Dibujos Infantiles como Relato. In: _____. (Ed.). *Aportaciones al Psicoanálisis de Niños*. Buenos Aires: Paidós, 1991.

_____. *Un Intérprete en Busca de Sentido*. México: Siglo XXI, 1994.

AULAGNIER, P. *La Violencia de la Interpretación*. Buenos Aires: Amorrortu, 1977.

BELINSKY, J. *El Retorno del Padre. Ficción, Mito y Teoría*. Barcelona: Lumen, 1991.

_____. *Bombones Envenenados y Otros Ensayos sobre Imaginario, Cultura y Psicoanálisis*. Barcelona: Ediciones del Serbal, 2000.

BLEICHMAR, E. D. *Temores y Fobias. Condiciones de Génesis en la Infancia*. Buenos Aires: 1981.

_____. *Clínica Psicoanalítica y Neogénesis*. Buenos Aires: Amorrortu, 2000.

BLEICHMAR, S. *Psicoses en la Infancia*. Buenos Aires: Diarios clínicos, 1990.

BLINDER, C.; J., K. Una Mirada sobre el Dibujo en el Psicoanálisis de Niños. In: BARENBLIT, V. e GALENDE, E. (Ed.). *La Interpretación*. Buenos Aires: Lugar editorial, 1997, p. 171-187.

BLOCH, D. *Para que la Bruja no Me Coma: Fantasía y Miedo de los Niños al Infanticidio*. Madri: Siglo XXI de España, 1985, p. 251.

BLOOM, H. *The Anxiety of Influencies*. Londres: Oxford University Press, 1975.

BRUN, D. L'Enfant, le Psychanalyste et les Parents. In: BRUN, D. (Ed.). *Les Parents, le Pediatre et le Psychanalyste*. Paris: PAU, 1995.

_____. *La Novela Familiar del Niño. El Análisis de Mikael*. Barcelona: PAU, 1997.

CANTIS, S. El lugar de los Padres Psicoanálisis de Niños. Una Reflexión "Teórico-Clínica". *Revista de Psicoanálisis de la Asociación Psicoanalítica de Madrid*, v. 24, 1996.

CASAS DE PEREDA, M. *En el Camino de la Simbolización: Producción del Sujeto Psíquico*. Buenos Aires: Paidós, 1999.

CEBRIAN, J. L. *La Red*. Madri: Taurus, 1998.

CENA, M. T. El Niño del Psicoanálisis, Distintos Modelos Teóricos y sus Consecuencias en la Clínica. Buenos Aires. *Actualización en Psicoanálisis de Niños*, v. 15, 1988, p. 61-79.

_____. En los Bordes de las Psicosis. Buenos Aires. *Revista Diarios Clínicos*, v. 2, 1990.

CORMAN. *Psicología de la Rivalidad Fraterna*. Barcelona: Herder, 1980.

CORRIGAN, E. G. *The Mind Object*. Londres: Karnac, 1995.

DIATKINE, R. et al. *Problemas de la Interpretación en Psicoanálisis de Niños*. Barcelona: Gedisa, 1981.

DINERSTEIN, A. *¿Qui se Juega en Psicoanálisis de Niños?*. Buenos Aires: Lugar, 1987.

DOLTO, F. *Tener Hijos 1 – Niños Agresivos a Niños Agredidos*. Barcelona: Paidós, 1981.

_____. *Tener Hijos 2 – ¿Tiene el Niño Derecho a Saberlo Todo?*. Barcelona: Paidós, 1981.

_____. *Tener Hijos 3 – Niño Deseada, Niño Feliz*. Barcelona: Paidós, 1982.

_____. *En el Juego del Deseo*. México: Siglo XXI, 1983.

_____. *Seminario de Psicoanálisis de Niños*. México: Siglo XXI, 1984.

_____. *La Cause des Enfants*. Paris: Robert Laffont, 1985.

_____. *Seminario de Psicoanálisis de Niños 2*. México: Siglo XXI, 1987.

_____. *Diálogos en Québec – Sobre Pubertad, Adopción y Otros Temas*. Buenos Aires: Paidós, 1988.

_____. *La Causa de los Adolescentes – El Verdadero Lenguaje para Dialogar con los Jóvenes*. Barcelona: Seix Barral, 1990.

_____. *Autobibliografía de una Psicoanalista*. México: Siglo XXI, 1991.

_____. *La Dificultad de Vivir – 1 Familia y Sentimientos. El Psicoanalista y la Prevención de la Neurosis*. Barcelona: Gedisa, 1992.

DOLTO, F.; NASIO, D. *L'Enfant du Miroir*. Paris: Rivages, 1987.

DORON, J. *Las Envolturas Psíquicas*. Buenos Aires: Amorrortu, 1990.

ETCHEGOYEN, H. *Los Fundamentos de la Técnica Psicoanalítica*. Buenos Aires: Amorrortu, 1986.

FAIN, M.; DAVID, C. Aspects Fonctionnels de la Vie Onirique. Barcelona. *Revue Française de Psychanalyse*, v. 27, 1963, p. 345-356.

FAIRBAIN, W. R. D. *Estudio Psicoanalítico de la Personalidad*. Buenos Aires: Hormé, 1962.

FEINSILBER, E. Fin de Análisis de Niños. *Revista de l'Associación Escuela Argentina de Psicoterapia para Graduados*, v. 15 (Actualización en Psicoanálisis de Niños), 1988, p. 129-141.

FENDRIK, S. *Psicoanálisis para Niños. Ficción de sus Orígenes*. Buenos Aires: Amorrortu, 1989.

FERRO, A. *Técnicas de Psicoanálisis Infantil*. Madri: Biblioteca Nueva, 1998.

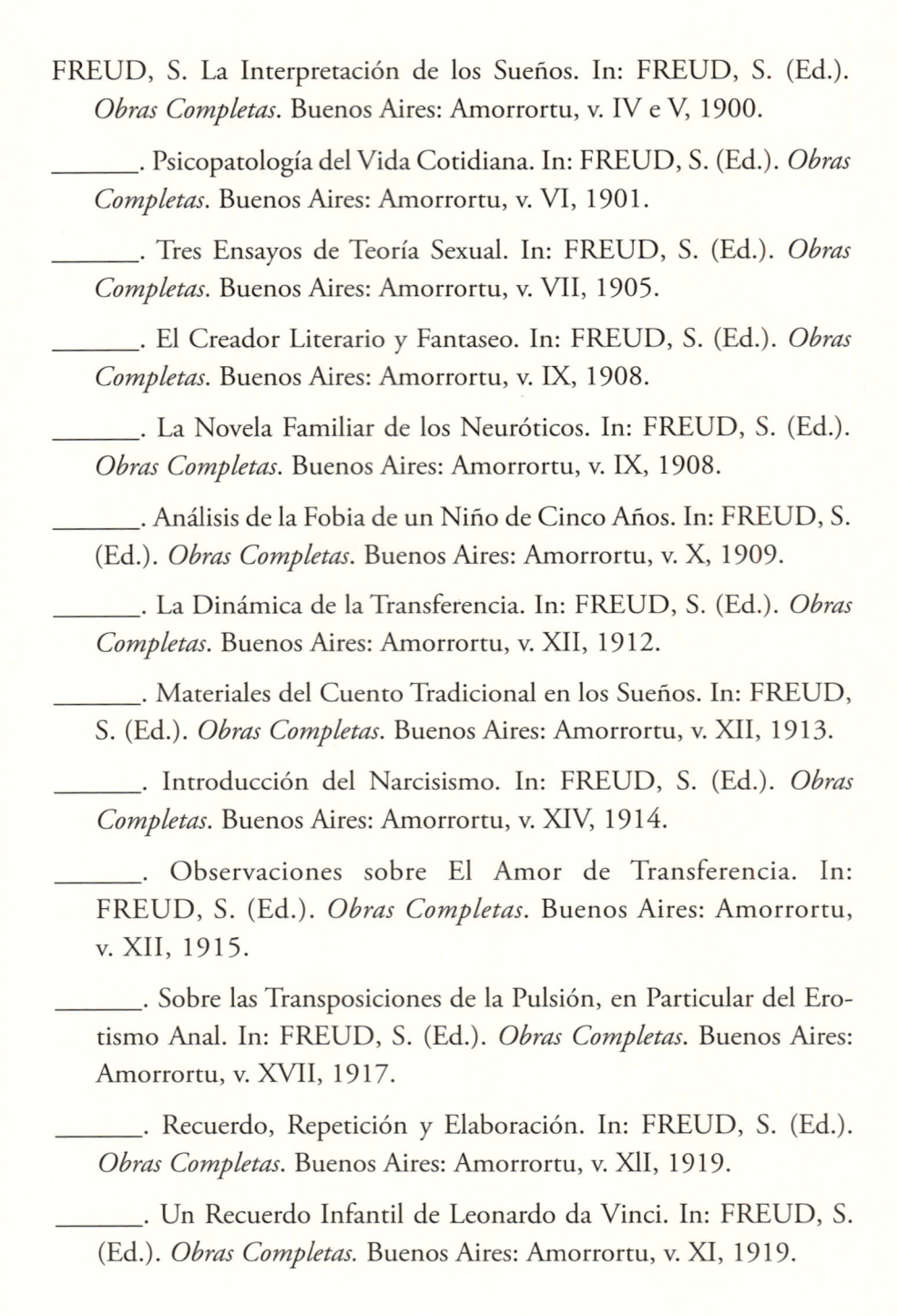

FREUD, S. La Interpretación de los Sueños. In: FREUD, S. (Ed.). *Obras Completas*. Buenos Aires: Amorrortu, v. IV e V, 1900.

_____. Psicopatología del Vida Cotidiana. In: FREUD, S. (Ed.). *Obras Completas*. Buenos Aires: Amorrortu, v. VI, 1901.

_____. Tres Ensayos de Teoría Sexual. In: FREUD, S. (Ed.). *Obras Completas*. Buenos Aires: Amorrortu, v. VII, 1905.

_____. El Creador Literario y Fantaseo. In: FREUD, S. (Ed.). *Obras Completas*. Buenos Aires: Amorrortu, v. IX, 1908.

_____. La Novela Familiar de los Neuróticos. In: FREUD, S. (Ed.). *Obras Completas*. Buenos Aires: Amorrortu, v. IX, 1908.

_____. Análisis de la Fobia de un Niño de Cinco Años. In: FREUD, S. (Ed.). *Obras Completas*. Buenos Aires: Amorrortu, v. X, 1909.

_____. La Dinámica de la Transferencia. In: FREUD, S. (Ed.). *Obras Completas*. Buenos Aires: Amorrortu, v. XII, 1912.

_____. Materiales del Cuento Tradicional en los Sueños. In: FREUD, S. (Ed.). *Obras Completas*. Buenos Aires: Amorrortu, v. XII, 1913.

_____. Introducción del Narcisismo. In: FREUD, S. (Ed.). *Obras Completas*. Buenos Aires: Amorrortu, v. XIV, 1914.

_____. Observaciones sobre El Amor de Transferencia. In: FREUD, S. (Ed.). *Obras Completas*. Buenos Aires: Amorrortu, v. XII, 1915.

_____. Sobre las Transposiciones de la Pulsión, en Particular del Erotismo Anal. In: FREUD, S. (Ed.). *Obras Completas*. Buenos Aires: Amorrortu, v. XVII, 1917.

_____. Recuerdo, Repetición y Elaboración. In: FREUD, S. (Ed.). *Obras Completas*. Buenos Aires: Amorrortu, v. XII, 1919.

_____. Un Recuerdo Infantil de Leonardo da Vinci. In: FREUD, S. (Ed.). *Obras Completas*. Buenos Aires: Amorrortu, v. XI, 1919.

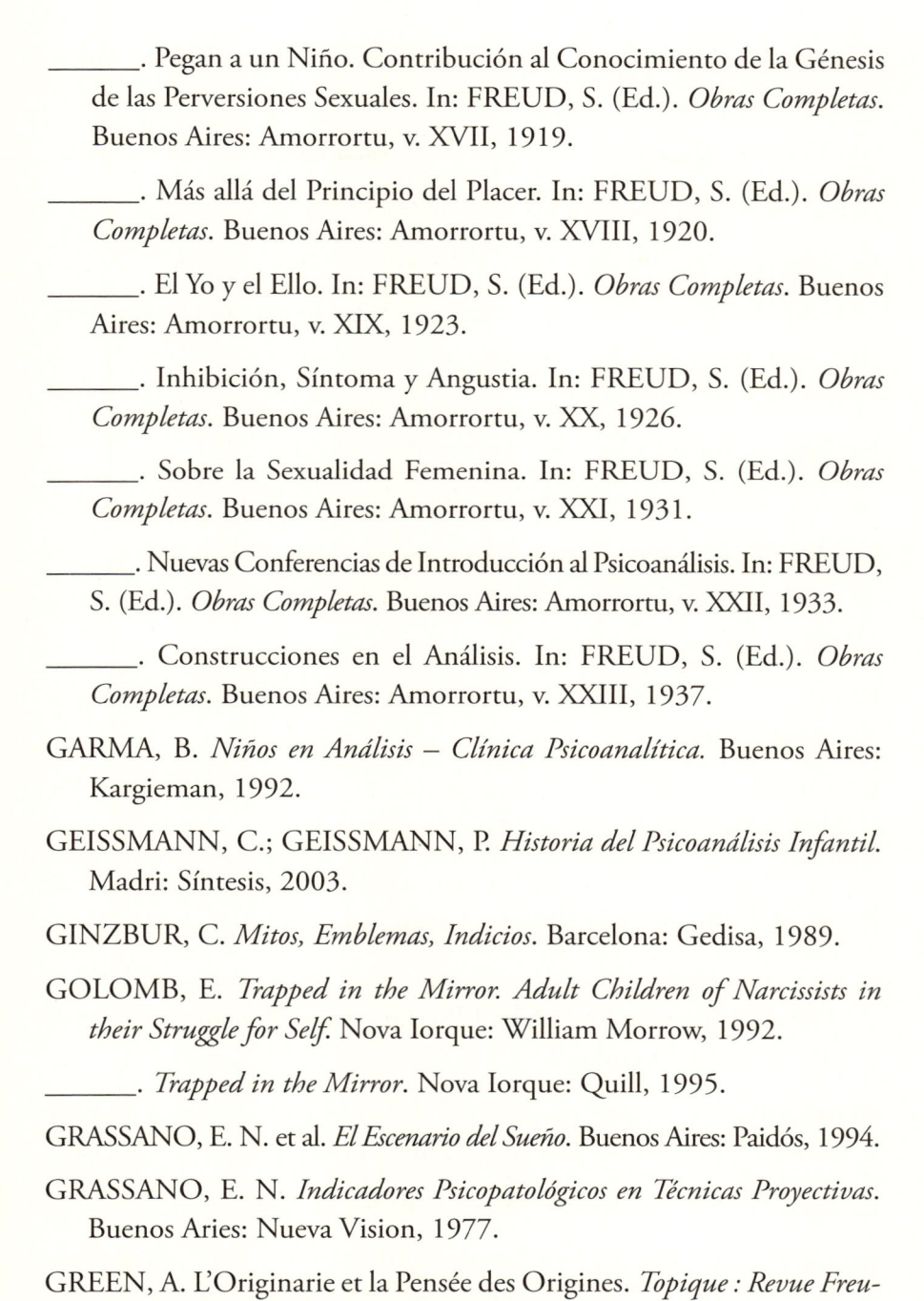

_____. Pegan a un Niño. Contribución al Conocimiento de la Génesis de las Perversiones Sexuales. In: FREUD, S. (Ed.). *Obras Completas*. Buenos Aires: Amorrortu, v. XVII, 1919.

_____. Más allá del Principio del Placer. In: FREUD, S. (Ed.). *Obras Completas*. Buenos Aires: Amorrortu, v. XVIII, 1920.

_____. El Yo y el Ello. In: FREUD, S. (Ed.). *Obras Completas*. Buenos Aires: Amorrortu, v. XIX, 1923.

_____. Inhibición, Síntoma y Angustia. In: FREUD, S. (Ed.). *Obras Completas*. Buenos Aires: Amorrortu, v. XX, 1926.

_____. Sobre la Sexualidad Femenina. In: FREUD, S. (Ed.). *Obras Completas*. Buenos Aires: Amorrortu, v. XXI, 1931.

_____. Nuevas Conferencias de Introducción al Psicoanálisis. In: FREUD, S. (Ed.). *Obras Completas*. Buenos Aires: Amorrortu, v. XXII, 1933.

_____. Construcciones en el Análisis. In: FREUD, S. (Ed.). *Obras Completas*. Buenos Aires: Amorrortu, v. XXIII, 1937.

GARMA, B. *Niños en Análisis – Clínica Psicoanalítica*. Buenos Aires: Kargieman, 1992.

GEISSMANN, C.; GEISSMANN, P. *Historia del Psicoanálisis Infantil*. Madri: Síntesis, 2003.

GINZBUR, C. *Mitos, Emblemas, Indicios*. Barcelona: Gedisa, 1989.

GOLOMB, E. *Trapped in the Mirror. Adult Children of Narcissists in their Struggle for Self*. Nova Iorque: William Morrow, 1992.

_____. *Trapped in the Mirror*. Nova Iorque: Quill, 1995.

GRASSANO, E. N. et al. *El Escenario del Sueño*. Buenos Aires: Paidós, 1994.

GRASSANO, E. N. *Indicadores Psicopatológicos en Técnicas Proyectivas*. Buenos Aries: Nueva Vision, 1977.

GREEN, A. L'Originarie et la Pensée des Origines. *Topique : Revue Freudienne*, v. 49, Le Bouscat 1992, p. 49-65.

_____. *Narcisismo de Vida, Narcisismo de Muerte*. Buenos Aires: Amorrortu, 1993.

GUTTON, P. *El Juego de los Niños*. Barcelona: Hogar del libro, 1982.

_____. *Lo Puberal*. Buenos Aires: Paidós, 1993.

HAMMER, E. F. *Testes Proyectivos Gráficos*. Buenos Aires: Paidós, 1978.

JARAST, R. Dibujos, Espejos e Imagines en las Teorías de Dolto y Winnicott. Buenos Aires. *Actualización en Psicoanálisis de Niños*, v. 15, 1988, p. 323-333.

KHAN, M. *Locura y Soledad*. Buenos Aires: Lugar, 1980.

_____. *Su Mundo y su Obra*. Barcelona: Paidós, 1990.

KLEIN, M. *El Psicoanálisis de Niños*. Buenos Aires: Paidós, 1964.

_____. *Psicoanálisis del Desarrollo Temprano*. Buenos Aires: Paidós (Blue Eagle Grou), 1983.

KLEIN, M. et al. *Grandes Casos del Psicoanálisis de Niños*. Buenos Aires: Hormé, 1959.

KNOBEL, J. *Infancia y Creatividad – Tres al Cuarto*, v. 6, 1995, p. 13-15.

_____. Prendre son Temps a la Consultation. In: BRUN, D. (Ed.). *Le Temps, l'Urgence et les Périodes de la Maladie*. Paris: PAU, 1997.

_____. La Interpretación de los Sueños en la Psicoterapia con Niños / Dream Interpretation in Child Psychotherapy. *Mudanças, Psicoterapia e Estudos Psicossociais*, v. 7, n. 12, jul-dez, 1999, p. 47-71.

KORMAN, V. La Transferencia. In: (Ed.). *Transferencia y Interpretación*. Madri: Libertaria (Colección La Pluma Rota), 1982.

_____. *El Oficio de Analista*. Barcelona: Paidós, 1996.

LACAN, J. Los Cuatro Conceptos Fundamentales del Psicoanálisis. In: LACAN, J. (Ed.). *El Seminario. Libro 11*. Barcelona: Paidós, 1973.

_____. Los Escritos Técnicos de Freud. In: LACAN, J. (Ed). *El Seminario. Libro I.* Barcelona: Paidós, 1975.

_____. *Escritos 1.* México: Siglo XXI, 1975.

_____. *Escritos 2.* México: Siglo XXI, 1975.

_____. Las Formaciones del Inconsciente. In: LACAN, J. (Ed.). *El Seminario. Libro V.* Barcelona: Paidós, 1998.

LAPLANCHE, J.; PONTALIS, J. B. *Diccionario de Psicoanálisis.* Barcelona: Labor, 1979.

LIBERMAN, D. et al. *Semiótica y Psicoanálisis de Niños.* Buenos Aires: Amorrortu, 1984.

MANCIA, M. *In the Gaze of Narcissus.* Londres: Karnac, 1993.

MANNONI, M. *La Primer a Entrevista con el Psicoanalista.* Barcelona: Gedisa, 1981.

_____. *El Nino, su Enfermedad y los Otros.* Buenos Aires: Nueva Visión, 1985.

MATHELIN, C. *Clínica Psicoanalítica con Niños – Uvas Verdes y Dentera.* Buenos Aires: Nueva Visión, 1995.

MIJOLLA, A. Parents, Grands-Parents, la Chaîne des Identifications. In: BRUN, D. (Ed.). *Les Parents, le Pediatre et le Psychanalyste.* Paris: PAU, 1995.

MILLER, P. *Le Rêve est Breve mais il Dure.* Paris: Dunod, 1987.

PELENTO, M. et al. Algunas Consideraciones sobre los Duelos en la Infancia. In: U.B.A. (Ed.). *Diarios Clínicos 6 – Duelo y Trauma.* Buenos Aires: Lugar Editorial, v. 6, 1993.

PIAGET, J. *La Formación del Símbolo en el Niño.* Buenos Aires: Fondo de Cultura Económica, 1961.

_____. *La Representación del Mundo en el Niño.* Madri: Morata, 1997.

RODULFO, M. *El Niño del Dibujo.* Buenos Aires: Paidós, 1991.

RODULFO, M.; GONZALEZ, N. *La Problemática del Síntoma*. Buenos Aires: Paidós, 1997.

RODULFO, M.; RODULFO, R. *Clínica Psicoanalítica: En Niños y Adolescentes*. Buenos Aires: Lugar, 1986.

RODULFO, R. *El Niño y el Significante*. Buenos Aires: Paidós, 1989.

_____. *Estudios Clínicos del Significante al Pictograma a través de la Práctica Psicoanalítica*. Buenos Aires: Paidós, 1992.

RODULFO, R. et al. *Pagar de Mas – Estudio sobre la Problemática del Cuerpo en el Niño y el Adolescente*. Buenos Aires: Nueva Visión, 1986.

RODULFO, R. et al. *Trastornos Narcisistas no Psicóticos*. Buenos Aires: Paidós, 1995.

ROSOLATO, G. Comment s'Isolent les Significants de Démarcation. *Topique: Revue Freudienne*, v. 49, 1992, p. 65-81.

SAPISOCHIN, G. Freud y/o Klein: a 50 anos de las Controversial Discussions. *Revista de Psicoanálisis de Asociación Psicoanalítica de Madrid*, v. 21, 1995.

SCHNAITH, N. *Paradojas de la Representación*. Barcelona: Edición Café Central, 1999.

SIQUIER, M. L. *La Heroína de los Cuentos – Tres al Cuarto*, v. 6, 1995, p. 20-22.

SIQUIER, M. L.; GARCÍA ARZENO, M. E.; GRASSANO, E. N. *Las Técnicas Proyectivas y el Proceso Psicodiagnóstico. Tomo 1*. Buenos Aires: Nueva Visión, 1979.

SOIFER, R. *El Niño y la Televisión*. Buenos Aires: Kapelusz, 1981.

SYMINGTON, N. *Narcissism: A New Theory*. Londres: Karnac, 1993.

THIS, B. *El Padre: Acto de Nacimiento*. Buenos Aires: Paidós, 1982.

URRIBARRI, R. Fin de Análisis de Niños. Buenos Aires. *Actualización en Psicoanálisis de Niños*, v. 15, 1988, p. 142-141.

VASSE, D. *El Ombligo y la Voz – Psicoanálisis de los Niños*. Buenos Aires: Amorrortu, 1974.

VOLONOVICH, J. C. *El Niño del 'Siglo del Niño'*. Buenos Aires: Lumen, 1999.

WIDLÖCHER, D. *L'Interpretation des Dessins d'Enfants*. Bruxelas: Pierre Mardaga, 1977.

WINNICOTT, D. W. *Escritos de Pediatría y Psicoanálisis*. Barcelona: Laia, 1958.

_____. *Through Paediatrics to Psycho-Analysis*. Londres: Karnac, 1958.

_____. *Playing and Reality*. Londres: Tavistock, 1971.

_____. *Psicoanálisis de una Niña Pequeña*. Barcelona: Gedisa, 1980.

_____. *El Proceso de Maduración del Niño*. Barcelona: Laia, 1981.

_____. *Exploraciones Psicoanalíticas I*. Buenos Aires: Paidós, 1991.

_____. *Exploraciones Psicoanalíticas II*. Buenos Aires: Paidós, 1991.

_____. *Sostén e Interpretación. Fragmento de un Análisis*. Buenos Aires: Paidós, 1992.

_____. *El Hogar, Nuestro Punta de Partida. Ensayos de un Psicoanalista*. Buenos Aires: Paidós, 1993.

_____. *El Niño y el Mundo Externo*. Buenos Aires: Lumen, 1993.

WITTEGENSTEIN, L. *Tractatus Logico-Philosophicus*. Buenos Aires: Alianza Universidad, 1993.

ZUSMAN DE ARBISER, S. *Familia y Psicoanálisis con Niños y Adolescentes*. Buenos Aires: Kargieman, 1984.